中山出版
ZHONGSHAN PUBLISHING
香山承文脉 好书读百年

Hello，侨中

吴粤萍 文　史梦霞 绘

SPM
南方出版传媒
广东人民出版社
·广州·

图书在版编目（CIP）数据

Hello，侨中 / 吴粤萍文；史梦霞绘. — 广州 : 广东人民出版社, 2019.12
ISBN 978-7-218-14111-4

Ⅰ. ①H… Ⅱ. ①吴… ②史… Ⅲ. ①中山市华侨中学 – 校史 – 图集 Ⅳ.
①G639.286.53–64

中国版本图书馆CIP数据核字(2019)第276479号

HELLO, QIAO ZHONG

Hello，侨中　吴粤萍　文　史梦霞　绘

出 版 人：肖风华

责任编辑：李锐锋　吕斯敏
装帧设计：陈宝玉

选题策划：广东人民出版社中山出版有限公司
统　　筹：王　忠
地　　址：中山市中山五路 1 号中山日报社 8 楼（邮编：528403）
电　　话：（0760）89882926　　（0760）89882925

出版发行：广东人民出版社
地　　址：广东省广州市海珠区新港西路204号2号楼（邮编：510300）
电　　话：（020）85716809（总编室）
传　　真：（020）85716872
网　　址：http://www.gdpph.com
印　　刷：广州市岭美文化科技有限公司
开　　本：787mm×1092mm　　1/32
印　　张：4　　字　　数：108千
版　　次：2019年12月第1版
印　　次：2019年12月第1次印刷
定　　价：35.00元

如发现印装质量问题影响阅读，请与出版社（0760-89882925）联系调换。
售书热线：（0760）88367862　邮购：（0760）89882925

序

写这些文字时，正是高三刚毕业的暑假。人的记忆很会玩花样，一旦你远离原来的环境，在别处生活一段时间，原来的生活方式就会以不可想象的速度在脑海中消退，轻易褪去那种经年累月的熟稔感。然后，又过了很长时间，记忆消退慢下来，有些片段经过时间的淘洗，就永远烙印在大脑的海马体中，等待哪一天再被触发。这是你为某个地方、某群人保留的，而且是仅有的记忆库存。

然而，尽管记忆会褪色，在中山市华侨中学（以下简称侨中）的六年生活已经融进了我的生命里。我的言谈举止是侨中，我的思维习惯是侨中，甚至我的人格、我的品行，都无不是侨中。我写下这本书，是因为怀着一种恐惧，害怕日后忘记这段简单美好的岁月，忘记自己是怎样成长起来的。

这本书得以出版，要感谢我的插画伙伴史梦霞，同时也要感谢后来通过出版社征集其余插画作品的侨中友人：李炫聪（19届）、布嘉琪、李秋霞、余子安（19届）、

1

徐琳（19届）、谢小羽（19届）、许仲昊（19届）、冯绮静（17届）、伍璇（18届）、杨蕊（11届）、卢彦澄（19届）、郑智泓（18届）、卢柏琪（11届）、吴晓靖（19届）。此外，我十分感谢广东人民出版社中山出版有限公司的大力支持，以及我的编辑斯敏的极力争取，多亏了她，此书才能够顺利出版。当然，还要感谢我们的高毅校长、郑玉良副校长、徐璇主任和谢海龙主任对这本书给予的帮助，他们为我写此书的学校历史部分提供了宝贵的资料。最后，要感谢所有我采访过的老师，书中出现过的同学们，以及我高中最好的朋友晓晴，他们是我写这本书的动力，也是我这段最纯粹时光的主体部分。

　　如果正在读这本书的你已经毕业多年，那么，在此我留下这颗记忆的种子，希望它同样能唤醒你们在校园里的青春往事。如果你依然是在读的学生，甚至正好就是侨中的学子，那么，你真的很幸运。好好享受你们的高中时光吧，你们现今所经历的一切，在我看来，当时只道是寻常。

吴粤萍

2019 年 11 月

目　录

乐在侨中

爱因斯坦他老人家说得好，当学生离开学校时，应当是一个和谐的人，而不是一个专家。对于侨中学子来说，仅仅成绩名列前茅已不是什么令人钦佩的事情，重要的是你不仅要会学，还要玩得转。会玩，代表你热爱生活、有自己的兴趣爱好，随之有一群和你趣味相投的朋友，这样的你是自信的、可爱的。侨中丰富的课余活动和自由的空气，确保了每个侨中人都有个人的成长空间，以充分施展自己潜能，收获无可替代的人生经历。

　　恐怕对所有人而言都是这样的，当回首高中生活，没有人希望在记忆的角落里只找到一堆积了灰的试卷和练习题。难道一纸高考成绩单就能概括高中三年吗？人生中最明媚而神采飞扬的 16、17、18 岁啊，如同汪曾祺笔下那只秋日里纯洁神秘的孤鹤一般，随着高中生活的逝去，是永远也不会回头了。我很幸运，当我历数在侨中的记忆，想起那些面孔，那些纯粹的快乐，有时候是疯乐，会由衷地感叹，这三年没白过。

新旧操场

　　走进白色拱形校门，下几级楼梯，便是一个椭圆形标准足球场和环绕着足球场的四百米红塑胶跑道。旧足球场位于教学楼和饭堂之间，几乎是学生每天的必经之地，长满了郁郁青草，人走得多的地方被踩秃了，裸露出泥地，少人经过的边缘绿草尤为繁茂，甚至会有无名野花偶尔探头。两个白色足球门装了球网，但是网拦不住球，因为它从底下就破了，估计破了有些年头，因为这三年来它都理直气壮地破着，我还当是足球网本该如此。旧操场虽然比较有年代感，却是平日里最多学生去的地方，毕竟离饭堂和教室近嘛。放学的时候就很滑稽了，冲去饭堂跑过球场时，若恰逢有人踢球，你得绕远跑。可不一会儿那群人就挟着球风风火火冲到你面前来了，只顾着脚底功夫都不瞅你一眼，你就只好再往一边躲，生怕他们脚底生风一抽胚，足球就直冲你

○ 旧操场（史梦霞　绘）

○ 夕阳下的校园（史梦霞　绘）

面门。这时候从高处看就会观赏到这样的景象：冲向饭堂的人流一般靠右侧跑道行走，偶尔跑得急的会横跨草地，穿着红红绿绿球服的球员在蓝白校服的海洋中成为一股逆流，狂放不羁地劈开人流，忽东忽西。

　　旧足球场和第二饭堂门口之间就是升旗台，逢周一在旧足球场举行升旗礼。升旗的人海比冲饭堂的更为壮观，毕竟集中了全校师生，但人流移动的速度比较和缓。如果说放学的人流是从嶙峋峭壁上奔腾的河流，在地心引力（饭堂）作用下飞流直下，全在一个速度，那么升旗和早操的人流就如同缓缓涨起的潮汐，不在速度而在有序、规律。可以想象，每个星期一，穿着一样蓝白校服的学生，磨蹭着走出教室，在楼道里堵一会儿，聊会儿天，下了楼，从足球场四面八方的B、C、D、E栋教学楼倾巢而出，由疏而密，缓缓集中到足球场的草地上，从叽叽喳喳到安静下来，排成方阵，听主持人宣布"出国旗"，听代表演讲，颁发流动红旗，是多少侨中学生的回忆。站在草地上的时候，麦克风的声音越来越远，太阳晒得人发昏，于是开始发呆，观察前面同学的后脑勺，看其他同学不同款式的鞋子，看一排一排的队伍投下的影子，碰到旁边人的眼神，就相视一笑，挤眼睛，做鬼脸。只是苦了这天的值日生，回教室时每个人鞋底都带一点足球场上的泥，就足够教室的座位底下积起一层薄土。

旧操场靠近教学楼的一侧跑道边种着一排榕树，榕树下有石凳，于是这条跑道就成为炎炎夏日的一片浓荫福地。上体育课时，学生运动完就在这里聚集，仰着脖梗灌水喝，或站在老榕树纵横着盘虬着暴露在地面上的树根上聊天。

边上还有两三株高大的木棉树，每年四月，红花落尽开始结棉。棉花繁多，仰头看时，每朵棉花如同一个羽绒鸟窝，在每个枝杈点缀着，经轻暖的春风一吹，落下一两片棉絮，在空中悬浮一会儿，成团的棉絮散开来，小朵的棉花如同伞兵一样缓缓降落，落到足球场的草地上，像布满了白色云朵。很多女生去捡，去接，捧在手里，小小的一团，像小动物一样柔软可爱，蓬蓬的棉花中心有一颗黑色棉籽。也不知道收集这些有什么用处，只看着满心欢喜。新操场也有不少木棉树，不过经过次数不多，想来景象也是一样的。

新操场在教学楼的另一边，中央也是足球场和跑道，和旧操场一致，不过草地更加厚密，春夏之交这边的草地就像一块长绒织毯，新绿的青草挺拔直立，长到脚脖子，踩在上面没有脚步声。到了立夏，特别是雨后初晴的两天，足球场边缘和中间的草地里会冒出一些顶盖圆圆的白色蘑菇，有的纤细有的肥硕。学生不敢碰它们，用脚踩开，蘑菇就倒了。

新操场的西北和东侧分别有几个篮球场，东侧篮球场边有两个羽毛球场。下午放学后常有男生来打球，有时打得上瘾会忘记吃饭。记得我们班男生常在晚修开始前几分钟才冲进教室，这群家伙头发和衣服全是湿的。原来他们在最后十分钟才冲回宿舍洗澡，没来得及擦干水就套上衣服。倒算他们注意形象，好歹身上的不是汗水，不然晚修教室的气味可要"飘香十里"了。

靠近羽毛球场边上，也就是教学楼那一侧，有一块沙滩排球场，里面铺满厚厚的白色沙粒，等着盛夏的太阳把它们晒得干爽。初秋不

○ 篮球场（史梦霞　绘）

太热的时候，我们上体育课时偶尔会来玩。大家在场边脱了鞋袜，进排球场，被太阳晒得热乎乎的沙子会埋没脚背。沙滩排球实则比硬地的好玩，因为摔在沙子上一点也不疼。但在沙子上奔跑速度会迟缓很多，接球的时候大家都忙着从沙子里拔出脚，怪相百出，非常有趣。

校运会

　　校运会是侨中人最大的狂欢，这不仅是一次长期学习生活中的调剂，也是一次在操场上的竞技和放飞自我。校运会连续两天，一般安排在周四和周五，或者和重大节假日连在一起。这意味着我们两天不用上课，周五下午就放学，有整整一个周末甚至更长的假期！校运会的早晨，大家都是在雀跃中从床上弹起来的，第一次起床铃响起来的时候，整栋宿舍楼惊现欢呼声。

　　这浩大的准备工程至少要提前一个星期开始，各班利用班会课、体育课，甚至一部分自习课时间进行比赛训练、班服设计、入场式队形和口号设计，还要商量用多少班费购置一些运动饮料，也会讨论并投票第一天的晚修要放什么电影。尽管一切准备得热火朝天，但学习任务仍然繁重，因为校运会过后不到一个月时间就要进行模拟考和市统考。当班内洋溢着过节般的轻松气氛时，要沉下心来看书，简直是一种磨炼。特别是班委，他们会面对各种各样的问题。比如下午入场式队形的排练出现不合作的现象，入场式设计的舞蹈时间不够，或者借不到音响……我虽不是班委，但也能够深刻感到他们的焦头烂额。这些问题，嘤嘤嗡嗡盘桓在脑子里，在晚修做作业的时候，稍一愣神就抢占大脑的处理进程，于是在书上看到的不再是圆锥曲线和立体几何，而是入场式的队形变换，是各种问题的 ABC 解决方案。这时候，如何在学习的时候一心一意，在参与活动的时候全情投入，把握两者的平衡，就成为想要能力和学习兼得者的必修技能，这种能力即使在未来也是很实用的。

校运会活动的训练和策划，班主任基本不会插手，全看班委的凝聚力和同学的积极性，一个班集体是否团结一致就在此刻显现出来。学习任务的繁重在如火般的热情面前不是问题，我们班同学在任务的分配和实施过程中，没有出现过相互推脱的情况。我印象最深刻的是，高二那年的入场式，我们全班同学两人一组合作跳一段双人舞，改编自街舞，动作有点复杂。校运会前一个星期，我们毅然放弃了大课间和体育课的自由活动，到天台上一个动作接着一个动作地练习。刚开始时两个人跳出来的同一个动作简直千差万别，如果当时楼对面正好有人，就会看到这边群魔乱舞的盛况，大概还会以为是什么邪教组织。后来按宿舍进行培训，班委先教会了每个宿舍的舍长，再由舍长教给其他人，于是出现了这样的景象：在宿舍里跳；把教室里把桌椅推到两边，在教室中间跳；在教室外的走廊里跳，就跟穿上了红舞鞋集体抽风了似的。甚至在去饭堂的路上，我和死党还比划着手势，争吵着谁的动作是对的。那段时间，这三分四十秒的音乐洗脑了班上每一个人，每节课间都在放，有人表示他睡觉时都听到这首节奏鬼畜的歌，甚至我如今还能准确无误地唱出来这个调子。努力自然不会白费，入场式很成功，大家共同做一件事的专注把每个人都紧紧联系在一起，这些以及许多回忆变成只有我们才知道的梗，说起来的时候，除了好笑，还有一种家人的暖心。我们班踏步入场的时候，跺脚得山响的脚步声在大家心中形成共振，这使我感受到，这一刻我们是一体的。

校运会正式开始的那天上午，每个班的学生都换上了千辛万苦设计出来的班服，搬上椅子来到新操场。搬椅子的队伍浩浩荡荡，走在校道上，色彩缤纷的班服琳琅满目，大家都趁机看一眼别人班的班服是怎样的，再比较一番，品评一番。操场两边的草坪和空地上已经搭好几十个红色或蓝色的遮阳篷，成为每个班的驻守基地，这两天大家的老巢就从教学楼搬到了这里，不用比赛时就留在原地吃零食、聊天、看小说。但事实上，校运会开幕后这些大本营大多是空巢，因为同学们都四处走动去观看比赛。值得肯定的是，学校对环境维护要求很严，同学们都很自觉。高三那年，校运会结束，众人打扫完毕才撤退，偌大的操场和草坪没留下一片纸屑。当晚年级主任讲话时很激动，对此作出了"严重"表扬。

○ 校运会入场仪式（李秋霞　绘）

11月末，天气已经转凉，大家参加入场式时还穿着短袖，但被兴奋的情绪感染，一点也不觉得冷，只是偶尔凉风吹过的时候鸡皮疙瘩会耸起来。于是，一个班接着一个班，在主持人打了鸡血的入场辞下，大家轰轰烈烈地大踏步进场，带头的班长挥舞着班旗，喊着"一、二、一"，大家走到主席台前大声吼出口号，紧接着变换队伍矩阵，拿出训练了一周的看家本领，亮出各种花样。有班级表演绸扇；有的用泡沫板组字；有的喊口令和段子；有的鸣礼炮甚至放氢气球（后来被禁止了）；有的（比如我们班）就跳一段舞。作为一个重要的加分项，各班对入场式都别出心裁，独出机杼，每个人都是打起十二分精神，青春蓬勃的朝气在每张脸上尽情飞扬。我们班同学入场前把上衣束进裤子里，有一年还戴了白手套，事实证明，傻是傻了点，但是班容更有精气神了，身姿也显得更笔挺。高毅校长坐在主席台上，穿着正装，眉开眼笑。主席台前的老师掏出手机录入场式小视频，估计是发微信。

说到入场式，不得不显摆一下，有一年新加坡莱佛士书院女中的学生来拜访，恰逢校运会，她们便也跟着参与了入场，让我们有幸一睹女中学生的芳容。还有一年美国学生来访，他们跟着高一（1）班的学生入场，其中年龄最小的一个小伙伴哼哧哼哧地跟在队伍后面，金发碧眼，小脸蛋红扑扑的，一脸憨态的紧张样儿。

入场式过后，校长致辞，校运会正式开幕。比赛项目五花八门，有常见的也有稀奇古怪的。常见的比赛项目有女子800米、男子1000米赛跑、男女200米混合赛跑、跳高、跳远、足球绕杆接力、上篮接力、跳大绳、定向越野……据说曾经有过二人三足比赛，更早还有扔铁饼。当时刘敏华老师还没成为校长夫人，在乔中就读时，她就是一个扔铁饼的好手，她的校内纪录至今无人打破。

我连续三年都参加了女子200米赛跑。比赛一段在第一天上午11点和第二天下午2点半。第一天早上，我在人来人往的操场上闲逛，津津有味地看着热闹，看身穿各色班服的侨中人路过身边，有人拿着拍立得合影，播音社的播音员在麦克风里念加油稿，参赛的运动员忙着热身。校运会不仅是参加比赛同学一显身手的好时机，校内各大社团也没闲着。红十字会在赛场边帮助校医护理运动受伤的同学；广播站的播音员筛选并念稿；学生裁判员坐在裁判席上忙着记录；还有校园电视台的编辑部和技术部的同学，扛着摄像机等设备，拿着毛茸茸的录音麦克风四处采访运动员。

　　10点半，我去热身，穿着短装，蹬着钉鞋，一身轻捷。11点左右去裁判那儿检录，而太阳在这个点"毒"了起来。200米起点处，排在我前面的运动员一组一组地在裁判号令下冲出去。该我了，裁判拖长声音说"预——备"的时候，我弯下身准备蹲踞式起跑，感觉小腿肚有点抖。这时赛道边有同学来看我，安慰我不要紧张，但是她看起来比我还紧张。我眯着眼，感觉自己绷成了一根弦，一切事物都在正午的太阳底下反射着耀眼的白光，脚底下的红塑胶跑道突然显得很

○ 卫生保健中心　（史梦霞　绘）

陌生，像全世界都消失在这滚烫的白光下。一朵云飘过来，视野突然暗了几秒，又亮了起来。枪声鸣响，我冲进了前面白茫茫一片的光影里。围在赛道旁边的人群轰动起来，我似乎听到有人撕着嗓子给我加油，但我什么也看不到，只看到前面对手交替着越跑越快的两条腿，以及自己粗重的喘气声和不断加快的心跳声。像是在做梦一样，我跑到了终点。

冯唐说过，有些道理无论多浅显，不是机缘巧合时你就是不明白。"自强不息，敢争第一"的校训，三年来学校像念咒一样地给我们灌输，都快听顺耳了。就在校运会的时候，我自己在奔跑，别人也在奔跑，人人都像没命似的向前冲刺，才明白，这句话在侨中人的筋骨里究竟扎得有多深。

跑完之后，我弯着身子，双手撑着膝盖在终点处喘气，班上应援的同学围过来，朋友扶着我，递水递毛巾，简直像国家级运动员的待遇。有人跑去看了名次，兴高采烈地回来："不错啊，你入围了！"

校运会期间最能让人感受到自己是集体中的一员。校运会前，班上传下来一张报名表，列了班上运动员的名单和他们各自的参赛时间，愿意为他们加油的人就在这个名字后面签名，每场比赛就可以保证每个班里的运动员都有人应援。校运会前一晚的晚修，我们甚至用卡纸画了应援牌，写着参赛同学的名字和绰号，到时大家就拿着应援牌到赛场边喊"加油"。所以，当运动员在赛场上拼尽全力时，赛场边上有一群人在烈日下流着汗举着他的名字，和他有着共同的呼吸和心跳，甚至叫得嗓子都哑了。男子 1000 米的比赛上，因为不能陪跑，因此在跑道的每一个拐弯处，都站着一个我们班的人。长跑最能挑战人的极限，到最后半圈，一般人已经到了临界值，然而此时还得加速，每一秒都在消耗人的意志力。我们看到，在最后半圈时，有人速度慢下来，甚至有人举步维艰。此刻，他们在与内心和极限对决。我们喊着"加油"，也是给他们多一份坚持的理由，名次是其次，重要的是让他们看见我们陪在他们身边，有人看见他们的付出。

至于集体项目，自然少不了跳大绳。跳大绳要提前三周开练，队员从选拔到磨合都非常考验同学之间的配合以及默契。越练到后期，绳速越快，默契度越高，十个人简直练成了一个人。跳大绳重在流畅连贯、一气呵成，一旦有第一次绊绳就会有第二次、第三次，越卡顿就越焦躁、越慌乱，就更加绊得厉害，所以跳大绳一定要沉得住气。大家都是屏着呼吸，即使汗流浃背，也不敢喘大气。为了保证速度，甩绳的人"唰唰唰"地像抽鞭子一样，绳子每次落地都能听到一声脆响，可想而知要是抽到身上该有多疼，但是冲到绳子里的人眼睛都不眨一下，踩着节奏点，十个人像灵活的鱼群一样一条条穿梭于飞舞的绳子之间。比赛的时候，由于速度太快，裁判员往往眼花缭乱，所以我们班专门派人去录像，以免被错判。高三时，我们班的记录是一分钟一百七十多个。

还有很多有趣的项目，比如袋鼠跳，学生下半身套着一只宽松的大麻袋，用手拎着袋口往前蹦跶，一群人在草地上这么蹦跶，像身处澳洲某个宽阔的大草原。最好看的还数男子跳高。跳高场地在足球门前侧的操场上，平时那里放着一只不锈钢的大箱子，我后来才知道这原来是折叠存放的跳高台，打开之后是一块军绿色的厚软垫，两边可以支起铁架。透过紧身衣背心，可以看到运动员身上的肌肉线条，结实

○ 校运会跳高项目 （卢彦澄 绘）

饱满。当他们跃到半空，身体就像一张上满弦的弓，"啪"一下全身舒展开，从横杆上飞过，拉出一个弧度，再轻盈落在垫上，此时观众响起一阵惊叹声，围观者多属女生。

校运会第一天的晚修在 7 点开始，大家悠闲地吃完晚餐，舒服地洗个澡后磨蹭回教室，就差不多开始放电影。关了灯，拉上窗帘，在一片昏暗之中，投影屏发出的微光映在每个人脸上，很有氛围。除了音响的声音，只剩偶尔的低语和嚼零食的声音，当然也会随着剧情起伏有喧哗和大笑。快乐一直延续到第二天下午放学，同学们身上的班服已经被荧光笔签满了名字。

国际文化节

每年的 5 月中旬，侨中会举办国际文化节，地点设在旧操场和小广场。新操场上同样搭满遮阳篷，作为每个班级的铺位，每个班有一个民族或国家主题，所卖物品中必须有一件与主题相关。一排排的遮阳篷把足球场划分成几条街，负责摊位的同学沿街叫卖。这儿有许多与主题有关的新鲜玩意儿，各种好吃的好玩的令人目不暇接，如同一个跳蚤市场，又像一个嘉年华。

除了班级摊位，还会有各社团的摊位，比如汉文化社卖眉心贴，模拟联合国社团卖各国的文化礼包，文学社卖一些很文艺的本子，甚至有的社团购买了设备搭出一个露天卡拉 OK 厅……

别看文化节气氛这么轻松欢快又热闹，每个班准备的时候都费尽心思，甚至还明争暗斗。其实每个班的摊位都不是随机分配的，而是在文化节之前，专门有一场铺租拍卖会，各班代表聚集在报告厅，由学生会会长主持拍卖活动。店铺的位置影响客流量，生意的好坏也会因此不一样。店铺按国家命名，位置划分红、蓝、白区，拍卖就从比较一般的店铺开始，一个个拍卖到最抢手的位置。由于预算有限，还要考虑后来购置货品，肯定不能在铺租上耗损太多，可是谁不想花最少钱抢到一个好摊位呢，于是就出现了这样的有趣现象——A 班派出一名间谍到 B 班找朋友探口风："哎哎哎，你们班想拍哪个国家啊？"B

○ 拍卖会现场（李秋霞 绘）

班同学讳莫如深，故作谦虚："就我们班这点预算，怎么能和你们比啊，能拍到一个小国就很满足咯！"

事实上，不管最初计划如何，在拍卖会中往往计划赶不上变化，全看代表们随机应变。我们班长当时肩负重任，一脸凝重地走进拍卖席，虽然见过大场面，还是不免让人大跌眼镜。拍卖时太讲究拿捏情绪的艺术了，隔壁班正准备举牌，被他们班小黑激动地按住："再等等，再等等，先别举。"出现过好摊位拍出很低的价格，也有一般的店铺拍出天价，特别是两个买家争一个摊位时，别的班不妨举牌抬抬价，捣个乱什么的。我们班长说得好，拍卖看一个快狠准，"该出手时就出手哇"。

现在回想起来，国际文化节真的很考验各班同学精打细算的能力，有经商头脑的赚得盆满钵满，经营不善的也会亏本。此处讲个趣事，我们班当时预算不够，又不想策动家长捐钱，希望能独立一回。正好班上的小航同学精通书法，为解决这个问题，他花了两个周末的时间，将班上各科任老师的名言写在折扇上，让舌灿莲花的班长去找老师募捐。其中有一幅写了校训，当班长战战兢兢地找到高校长，校长先是惊讶，后来看过字画，便慷慨又欣然地答应了。哈哈，当时也真是亏我们想出了这招。当然，难度系数高，就请勿模仿了。

至于班里面选定所卖商品的过程，其中剧情曲折，经过多次民主投票，就不再赘述。我参与卖东西的那年，上淘宝买了很多别致讨喜的信纸、明信片、本子。明信片拆开来一元一张地卖，文化节结束时虽然没卖完，但已经赚了成本的一倍。拿着赚到的钱，我又去逛别的摊位，买奶茶和烤串，极有成就感。

国际文化节除了经营店铺之外，还有很隆重的节目——环保时装秀。每个班按照领到的主题，用废弃材料做衣服——窗帘布、泡泡纸、海绵纸、瓦楞纸、塑料胶袋……各种各样，应有尽有。还别说，这些材料做出来的衣服居然颇为华丽，层层叠叠的瓦楞纸配上五彩缤纷的胶袋，可以做成洛丽塔款式的蓬蓬裙。特大号黑色垃圾袋裁开来，贴上金粉，在空中一抖罗，就是秦始皇的曳地披风。我们班的首席设计师是风风和阿琪，她俩为这件事操碎了心。据我们的模特小晴同学说，当时立志当设计师的风风，一丝不苟地上网查民国时代的衣服款式，画设计图纸，还每晚打电话和妈妈商量怎么缝，然后天天中午折腾手里那块布，特别端庄贤惠，特别像"慈母手中线"的场面。

○ 逛国际文化节（史梦霞　绘）

○ 环保时装秀（李秋霞　绘）

在文化节当天的 T 台秀上，模特穿着自己班设计师设计出来的衣服骄傲地走秀，虽然后来这在他们口中都成为独一无二的黑历史。那次的时装主题是从秦朝到民国各时期的服装秀，我们看到了秦始皇、穿着汉服襦裙的宫女、唐朝杨贵妃、元朝蒙古汉子，还有清朝的僵尸太监……他们走秀后也加入嘉年华，逛商铺的人流中就出现了奇装异服的各色"牛鬼蛇神"，时常有人过去与他们合影。

除了校运会和国际文化节，还有女生节、体艺节、华侨文化大讲堂、英语辩论赛、创客节、十大歌手比赛、元旦晚会、啦啦操赛、合唱比赛，与体育有关的还有高一排球赛、高二篮球赛和拔河比赛，要正经说起来，真是十天十夜也说不完了。

社团活动

进入高中之后，我发现，对我们这个年龄段的青少年来说，有时更重要的不是来自家长和老师的肯定，而是来自同龄人的群体内在认同。我们逐渐形成了对许多事情独立的看法，并且不断寻求他人的共鸣，这种情况下，同龄人所能给予的陪伴与信赖发挥着不可想象的作用，是我成长为一个完整的"我"的重要组成部分。在同龄人眼中，这个"我"，可能在教室里看来再平凡不过，可是在自己擅长的领域却拥有着燃烧的小宇宙，有自己的坚持和追求，这无疑是令自己熠熠生辉和变得特别的一件事。

这一切，都可以在侨中的众多社团中实现，让自己成为骄傲的自己。

侨中的特色社团有开明模拟联合国、中学生领导力协会、绿益环保公司、英语辩论队、红十字会，而与兴趣爱好有关的社团还有文学社、街舞社、汉文化社、话剧社、动漫社、茶话社等，各个社团林林总总据说有一百多个。侨中校园电视台下面还有各个部门，如技术部、编辑部，而学生会下面的分支更是不胜枚举。

高一高二时我参与过很多社团，有种趁当下要活出价值的紧迫感，每天都像陀螺一样旋转，像是来不及等到明天一样地活着。这段时间我在社团和学习之间走钢丝，艰难地维持着自己的平衡。当时真的很辛苦，压力又大，但也是这种爱折腾的性格，让我在这段时间拥有了色彩丰富的成长经历。

在此我想讲讲开明模拟联合国社团（以下简称模联）。这是侨中的一个特色社团，体现着侨中人的国际眼光。我高一入社，听说前辈们在会议上扮演过各国外交家，叱咤风云又风度翩翩，内心无限神往。模联会议遍布全球，由学校或教育机构举办，中学生模仿联合国的会议形式，商讨各种世界问题，如难民问题、气候问题、网络和平安全问题，甚至会模拟历史上的著名会议，如雅尔塔会议、巴黎和会。代表们外出参会时会接触到不同学校、不同城市、甚至不同国籍的同龄爱好者。

我参与过五场会议。在高一下学期期末，某日晚修的第一节下课，白炽灯亮得晃人眼，课间正是人来人往的时候，我在一片人声鼎沸中头昏脑涨地背着书。这时候阿远走过来，表情有点严肃，带着他那种习惯性的小正经："我觉得有件事你有必要知道一下。"他不顾小威的劝阻，告诉我在深圳那场我关注的会议有席位空缺，但必须这两天

○ 开明模拟联合国社团（布嘉琪　绘）

报名并且面试。小威看到报名时间已经过了，见考试来临怕我分心，就没说。

机会宝贵不容错过。我当机立断，拉起他就跑去找我们班主任，要打电话给会议主席。然后，惨白的日光灯和背了一半的地理历史被我们抛在身后，我穿过楼梯和幢幢人影，以及课间无处不在的喋喋说话声，内心有种熟悉的激动。一种感到自己在追求所渴望事物的激动，好像要奔进一个截然不同的更开阔的世界里。

我们和很多同学一样，全情投入地参加社团活动。参会也许意味着这两天我要忙得连轴转，暑假开始后还要忙着学术准备和写立场文件，参会时更是各种博弈和能力考验，但这一切都值得。模联总给人一种感觉，它是一个平台，在这里我们找到了很多同类——那些热爱这个世界，并对这个世界上发生的一切有着浓厚兴趣的人；那些隐匿在教室里，内心却对政治、历史抱有自己独特见解的人。在模联，我们有幸认识彼此，在会议上唇枪舌剑、面红耳赤，在会后成为知音朋友。

开会之前，晚上写文章要熬夜到很晚，大家写到后面往往是横七竖八地倒在同一个房间里，捧着电脑，床上地上都有人，但没有人会介意。大家互相依靠，你一句我一句地写，直到累得昏睡过去。后来还没睡的同学就给睡得沉的盖一床被子让他继续睡，没睡沉的就叫醒送回房间。睡前还要调个闹钟，免得大家第二天早上都睡过头，集体撬会，把主席活活气死。

还有很多很多值得说的趣事，比如开会前有人莫名其妙半夜找你磋商，聊着聊着就相见恨晚；比如散会之后一起出去吃夜宵，美国和俄罗斯代表因为分吃一块鸡翅同意达成协议。我们为了得到一个精确的数据翻遍国内外各个网站；为了一份发言稿老老实实地一字一句地查字典；为了高度还原历史演绎角色查阅各种新闻和史料；为了充实学术辛辛苦苦啃各种大砖头；为了第二天的投票和竞争，紧张到晚上睡不着觉……

大概这都是模联人的集体记忆，就像对家乡的记忆一样，一旦知道某人属于这个群体，就会对他产生好感和不可胜数的共同语言。和这群人，虽然仅仅一起经历三四天，甚至有些人开完会就消失在彼此的生命里，再也不会遇到，但留下的记忆和友谊却是永恒的。有时深夜学习到很晚，也会忍住倦意坚持下去。因为我知道我不是一个人，

○ 晚自习时的校园（布嘉琪　绘）

○ 诚信小铺的最初模样（布嘉琪　绘）

大家都在努力地更新自己，拼命地生活。好像又回到那些并肩作战的日子，相信台灯下感受到这些共鸣的他们，也将会心一笑。默默奋斗的我们，并不孤单。

有时熬夜到很晚，看一眼外面万家灯火，觉得这个世界很喧嚣，但很美。而还有很多隐藏在背后的东西，那些黑暗、不平等、饥饿、贫困，也在等待着我们改变。我发过一条朋友圈，写着：每当有人问我微信联系人前为什么会冠以国家的名字，我就会想起，我们一起创造过的那个世界。

除了模联，侨中声名远扬的还有领导力协会，下面有多个项目，如亚铁离子、微爱、小黄鸭等，能锻炼中学生的策划和组织能力；绿益的诚信小铺，切实做一些有社会效益的事业。这里都不乏大神和有魄力的人，为完成一件事情付出心血。

付出使一样事物变得贵重。一个人最易打动别人的瞬间，是当他全心投入做一件事时，那种全世界都不能打扰他的神情。那瞬间，全世界为他静默。那种万事万物都已寂灭，一切只有他自己还有他手中的事情，那种追梦的姿态，使他全身都发着微光。侨中的社团活动让我明白了这点。

女生节

来调侃一句，侨中是个"重女轻男"的学校。在侨中，女生的地位一向都比较高。侨中有女生节，没有男生节，女生礼服有两套，都比男生的好看。学校很强调"女生教育"，着重培育'ECE'（刚健、关爱、进取）的女生。

女生节有评选"十佳"女生的活动，花季少女们在校园电视台的演播厅直播亮相，通过一段演讲，来打动屏幕前的观众。"十佳"女生评选活动一般选在下午的自习课，大家一边做作业一边听，偶尔抬头看一下屏幕。这时候面貌良好、声音好听的女生就很有优势，幽默有个性的演讲稿也会格外吸引人。评选结果出来之后，十佳女生的照片会"上墙"，在公告栏处展出，也会颁发一个证书和一个小水晶杯。

○ 青春期女生教育讲座（李秋霞　绘）

除了评选"十佳"女生，学校也会定期开展"青春期女生教育"系列讲座，这样的讲座当然只有女生可以享受。一般是心理老师或者妇产科医生主讲，讲的内容，嗯，你们大概也能想象得到。活动结束之后还会发小礼物，一般是卫生巾。

此外，还有插画比赛、花瓶设计比赛、水果拼盘大赛，每年都有所不同。

确实，侨中的女生一直都挺为自己感到骄傲的，而且，我由衷觉得，侨中的漂亮女生不少，那种美丽是由内而外的。

侨中有专门的礼仪队，有专门的老师为她们训练仪态，秉承"外塑仪态，内修气质"的宗旨，培养出我校亭亭玉立的形象代言人。礼仪队的队员有一套专门定制的白色礼服，配套一双白色高跟鞋。在学校的许多大型活动中都有她们的身影。如今礼仪队队员不仅仅有女生，还有男生，他们还会在校运会上表演交谊舞。

创客节

创客节是从 2016 年开始的，后来还在 A 栋教学楼开设了创客实

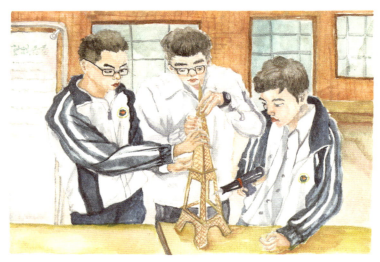

○ 创客节（李炫聪 绘）

○ 职业模拟招聘会（布嘉琪　绘）

验室。那时我高三了，很可惜没有亲身参与过。

创客节在旧操场和文化广场举行，那天草坪上支棱着一排排帐篷，可以说是人头攒动。我们高三学生正在教室里可怜巴巴地自习，只能听见外面热闹的喧嚣声，如同百爪挠心。

大课间的时候我撩开窗帘看，创客节真的非常盛大，地上跑着电动机器人，天上飞着遥控飞机和飞行器，如同新时代的飞禽走兽。一会儿人群突然散开，"嘭"一下从草地上升起一支冒着泡沫的火箭，喷了旁边的人一身水，大家都拍手叫好。

看他们这么热闹，真是难受死我了，我没忍住还是偷偷溜下楼，不管怎么样先逛一圈再说。

逛摊位的时候，我发现参与这次活动的不仅有我们学校的学生，还有其他学校的初中生，甚至小学生，更有不少创新型企业。每个摊位都别出心裁的科技作品，比如利用温室原理设计的供暖建筑模型、体感机器人等。我看到有个初中生在遥控一辆玩具车，一开始以为只是普通的玩具车，后来他告诉我，这是一辆"靠甲醛驱动的飞车"。还有一个模型，上面有一个指甲盖大小的汽车会自己移动，那个摊位的小学生告诉我（带着嫌弃大人的口吻），用的是磁原理，车道上的磁力会把车向前推。我瞬间汗颜，觉得自己还不如一个小学生。

除了创客节，同时举办的还有职业模拟招聘会。学生可以参与职业生涯规划讲座，进行职业倾向测试和咨询。现场还请到各大单位的工作人员进行"招聘"和"面试"，有中山电视台、咀香园食品有限公司、中山博雅艺术有限公司等。学生拿着简历排着队，参与各大公司的模拟招聘。

仅从创客节来看，我感觉侨中课余活动的丰富程度已经可以和许多大学相提并论了。在新时代的主题下，侨中非常注重培养学生的创造力，而这种重视不仅是"学"，还有"玩"。在玩的过程中使学生发现自身真正擅长的东西，充分发挥自己的天赋，也许在不经意间就改变了学生的志向和人生轨迹。

中外交流活动

侨中与海内外各学校的联系为学生打开了广阔的世界窗口。我们经常会听说有外国学生来校访问，而侨中学生也有许多机会参与到国际交流中去，甚至代表学校出国访问。这些机会都是面向全体学生的。

高二下学期时，我参与了侨中与澳大利亚本迪戈高中联合举办的文化交流活动，为期两周，期间我们住在寄宿家庭中，和当地学生一起上课，度过文化节，游览澳大利亚名胜。

本迪戈是个安静的小镇，离墨尔本较近。我和另外两个侨中女生的寄宿家庭地址在女王街的袋鼠公寓（Queen Street, Kangaroo Flat），听起来就像童话里的地名一样。房东是弗兰克和埃德娜，弗兰克七十来岁，是本地人，埃德娜大约比他稍小，来自菲律宾。他们都是很和蔼的人，他们家和许多寄宿家庭一样，作为志愿者接待过很多留学生。他们家是个小别墅，这条街的民居按政府要求都只建有一层楼，但是也足够大，有一个种满花草的搭棚庭院以及露天阳台，养着鱼，种着迷迭香、柠檬树、薰衣草、仙人掌。

弗兰克和我爷爷差不多大，晚上我们一起吃晚餐，饭后散步，走到附近的湿地喂水鸟。我们在晚餐时谈及宗教。作为一个从未直接接触过宗教的中国人，我对宗教信仰者有种敬畏和好奇。他告诉我们，他是天主教教徒，从小上教会学校，逢周日去镇上的小教堂"做礼拜"。他至今仍然虔诚地相信着上帝创世论，相信上帝确实存在。对他来说，宗教是一种信仰，科学也是一种信仰，他只是选择一种来相信罢了。我想，世界上有这么多令人迷惑的东西，人生苦短又无法穷究，由信仰给人们一个谜底，活在世上就多一份坦然吧。

在澳大利亚的生活有一些惊艳的细节回忆。有天夜里干燥炎热，天空中没有一丝云。晚上十点以后，弗兰克已经睡了，我和女孩子们到阳台晾衣服，露台的夜晚让我们瞬间屏住呼吸——我发誓我看到了银河！第一次，那么真真切切看到南半球的星空，一条广阔又闪烁的光带近在咫尺，能看清每一颗星星，让人看到除了大地上的海洋，天空中也是波光浩渺。我们借助手机软件辨认出南十字星、老人星、天狼星、木星。当理想中纯粹的美和奥秘来到面前，我忽然发现，真实世界粗糙劣质得如同虚幻。

我们还游览了哥特式尖顶的圣派翠克教堂，这是南半球最高的教

○ 中外交流活动时，在澳洲看到了银河（李炫聪　绘）

堂，镶着彩绘玻璃、有棕红木椅，早上坐在里面祈祷如同焕发圣光；去了大洋路的十二门徒石，看到海市蜃楼的云层里映出草原和牛群；去原始森林公园乘坐真正的蒸汽火车，去地下参观矿藏遗址；在墨尔本大学的红枫下拍照；还去了朱利安老师家的农场，看了羊驼和出没的袋鼠……这些是关于这次游学如梦似幻的部分。

至于在本迪戈高中的学习，我们遇到了许多有趣的同学。这边的男生似乎非常喜欢他们的金发，许多人有天然的卷毛，像单向乐队里的哈里。他们都很开放友好，我厚着脸皮找了一个同学合影，他还呼朋引伴叫来一群人，认识的不认识的统统把我簇拥在中间，拍成一张大合照。摄影课洗胶片的时候，我见到一个金色长发的帅哥，璀璨笔直的长发及腰，他笑着告诉我他去过两次中国。政治课上有一个丹尼尔，穿着字母衫，绑着头巾，有双机灵的眼睛，是个话痨，我们这个小组的成员整节课都在和他斗嘴，辩论着无政府主义什么的。

他们的课堂自习时间很多，老师新开一个课题，头两节课讲课，其余时间都是按计划自习，同学可以分小组讨论，老师就坐在讲台上，等学生上前提问。社会课上，我和澳洲同学聊到了我们繁重的课业，他们深表同情。相反，我去弗兰克朋友的家里作客时，这些爷爷奶奶都深深赞许中国的教育模式，他们赞不绝口的是在学校不准染发、不准早恋、不准带手机。

值得一提的是，在文化节上遇到了来自各国的人，也见识了澳大利亚土著文化。在本迪戈的国际部还有孔子课堂，在文化节时组织了很多活动，教小学生剪纸、用筷子、唱中文歌。小朋友都像极了小天使，有个一年级的宝宝问我几岁，我让他猜，他认真思考了一会儿，严肃地举起手指头说："六岁。"

在这个国度，或者说在每个国度，都会有这么一群人被允许睁大眼睛、像白痴一样看这个国家的风景，他们其中一些被叫做"小孩"，另一些被叫做"异乡人"。我恰好两者都是。

最感谢侨中给予我们这些接触外界的经历。让我们知道并亲眼见证生活不止一种模样，在另一个半球，在另一种文化中，有一群人这样活着。游学不仅仅是玩，它让我抽离枯燥的当下，离开自己狭小的

○ 中美高中生城市可持续发展交流论坛活动（郑智泓　绘）

一成不变的环境，激活新的好奇心，以陌生的眼光重新认识这个世界。这种视野会赋予学生未来无限可能。

除了澳大利亚，同一时期还有其他游学团，比如英国、美国、德国等。除此之外，还有中美交流，全名是"中美高中生城市可持续发展交流论坛"，这次是一群美国学生来侨中。这也是一段难忘的回忆，我和小组的外国小伙伴们现在还会偶尔视频聊天。其他活动如新加坡莱佛士书院女中来访、侨中学生参观香港筲箕湾东官立中学交流、阿根廷足球教练来访等。

景在侨中

状元林

在第二饭堂和高三楼之间，有一片高大常绿乔木组成的小林子，途经此地，上有浓荫蔽日，下有绿草如毯，春夏秋冬景致各有不同，但皆草木欣荣。草地上有一巨石，石上有字，曰：状元林。 状元林侧面有块石碑，被两只石刻的手握着，中间嵌一块铜板，刻着《论语》选录。

在上高中之前，我以为状元林就像小说里写的一样，摆着印有各届状元金手印的石板。如果在考试之前，到状元林一个个手印去试，哪个手印契合哪科就会考得特别好。然而事实证明，我果然是小说看多了。

没有金手印，状元林里倒是有很多石凳。家长开放日时，如果饭堂坐不下，状元林便是个好去处，在这里吃饭就像野餐一样。

状元林里有一棵树，我特别钟爱。它抽芽的时候，叶子慢慢地打开，等到完全打开了，它碧嫩饱满的叶子就像一串串绿提，等到每一片叶子都完全舒展，它就是一棵头发超级茂密又厚重的树了。最好看是在

○ 状元林（布嘉琪 绘）

花季时，黄色的椭圆形花瓣，只有小指的指甲盖大小，细细碎碎地铺满在地面上。没风的时候，半空中偶尔有一两枚花瓣晃晃悠悠地掉下来。起风时，则漫天都抛洒着金黄的麦粒。傍晚，斜晖耀眼，穿过枝叶，停在树下的石凳上。花瓣在落下时，就拉长了影子，含着一点闪光，让行人眼皮下好像有什么"忽"地掠过，回过神来却没有了。

空中花园

　　B、C 栋教学楼之间，在三楼有一个平台相连，这个平台被设计成一座空中花园。空中花园使人联想到远古国度古巴比伦，据说它的空中楼阁是由一位多情的国王为心爱的妃子修筑的。但到底如何巧夺天工、美轮美奂，我们现已无法得知。侨中的空中花园纵难与国王的后花园相比拟，却也足够动人了。

　　B 栋三楼的楼梯口附近，教室门前的走廊边，有两条路可以通往

○ B、C 栋之间的空中花园之一（史梦霞　绘）

C栋，一条是有蓝色塑料雨棚的走廊，天气好的时候从那里经过可以看到地砖上的蓝色光斑。如果是在雨季则更为美妙，抬头可以看到雨水划过透明的蓝色棚顶，声音闷闷的，留下一些走迷宫一样的纹路。若是瓢泼大雨，雨棚就会将雨水从两个倾斜面分流，从两侧挂下不规则的雨帘，此时听到的尽是"哗啦啦"的水声。

另一条路则是露天的，那就是空中花园了。上几级台阶，脚下的路由白色小砖块铺就，左右两侧都种有花草和一些灌木。空中花园中央有一座花坛，将小路分为左右两条。右侧有一座铁架结构的小凉亭，设有石凳，旁边有植被围绕，一些藤蔓便绕着凉亭的栏杆轻盈地向上盘旋，在春季凌空吐艳。

这座空中花园的设计妙在它使建筑形成空间的错落感，不管是远看近看还是俯瞰仰看，这悬在空中的花园和植物摇曳的身影，都有一些值得镜头捕捉的美感。况且，这座空中花园四周有不少高大的树木，两栋教学楼连通空中花园，就如同和谐地融入了自然之中。

○ B、C 栋之间的空中花园之二（史梦霞　绘）

桂园

　　侨中的绿化估计就有这样的特色，树木与花园往往和建筑相结合，教学楼之间布置着许多精致的小格局，使学生的日常学习生活处处皆风景。桂园就是这样一个例子，它被A栋教学楼圈在中央，外面看不见，走进来才发现别有一番天地。

　　园里常年坐着一个"人"——安徒生。他随意靠坐在长椅上，穿着礼服，右手拿着一本书，目光却不知望向何处。长椅上钉着一块小铜牌，上面是他说过的一句话：一个人必须经过一番刻苦的生活，才能有些成就。

　　除了安徒生坐着的长椅，周围鹅卵石铺就的小径旁还有很多一样的椅子，偶尔有学生在这里阅读，或者和安徒生一起发呆。

　　桂园里花木扶疏，此处空气四季都悬浮着一股桂花幽香。沿着纵横的小路往深处走，尽头有个鱼池，铺了木板路，鱼池由串着铁索的矮石柱拦着，四周种了一圈树木，池里悠闲地游着二十多条锦鲤，有

○ 桂园（史梦霞　绘）

几条已经非常大了，吐出的泡泡有半个拳头大小。池中水不深，池水是活水，潺潺流淌仿佛一个八音盒的乐声。由钢筋水泥筑成的建筑里有流动的水声，有几尾游鱼，便有了灵气。

鸭子湖

新操场那边有个湖，因为里面养鸭子，所以大家叫它鸭子湖。

第一次听闻鸭子湖，是初三的时候，还有一个月就中考了，高一的学长学姐来初中部做宣传，大家七嘴八舌地问他们关于考试的事情。有人问学姐："你考试压力大的时候会做什么？"学姐很幽默地回答："去鸭子湖边看鸭子！"说着就"嘎嘎嘎"地模仿了几下鸭子的叫声。

哇！原来高中部真的有湖！班上的气氛顿时热烈起来。

那段时间我正在看《瓦尔登湖》，就对这湖展开了一段曼妙的想象——白鹅的脖颈雪白纤长，它们游动时，在如镜的湖面推开几道圆弧般的涟漪，在广阔的湖面漾出一圈圈的褶皱，使群树和碧空在水中的倒影微微晃动……

然而事实是这样的——

当你沿着石板路走到湖边，会看到一群家禽争先恐后地从水里跳出来，摇摇晃晃地从泥滩上朝你走过来。走在后头的还会很急，扑扇着翅膀想要飞到前面插队。若不是有栅栏挡着，它们恐怕已经扑到你身上了。估计是被喂惯了，它们向每一个前来的人表达着对食物的渴望。如果你还没有动静，他们会伸长了脖子"嘎嘎嘎"地大声吵嚷，叫声此起彼伏。有些人觉得这声音尤为欢快热闹，而我落荒而逃。

缓缓沿湖漫步一周，发现这儿的景致真心不错——一圈起伏有致的草坪将湖包围在中间，四周有木棉树、红色的鸡蛋花树，还有供游人休憩的石凳石桌……然后，你就发现自己已经走完一圈了。嗯，鸭子湖其实很小，最多只有半个足球场大。

可是，这又有什么关系呢。侨中人打心眼里喜欢这个小湖。聒噪的鸭子，袖珍得像池塘一样的湖，比公园里洁白优雅的天鹅和波光粼粼的大湖可爱多了，因为这是我们的湖。

○ 鸭子湖边的石板路（史梦霞　绘）

被圈在湖中的还有鸸鹋。这些来自澳大利亚的物种是校董捐赠的。它们一般会待在操场边的小亭里，有时也会走进湖中。鸸鹋和鸵鸟一样是不能飞的鸟类。它们腿很长，羽毛呈灰褐色，眼睛是红的。我尝试和它对视，盯久了觉得心里发毛。鸸鹋在湖边走的时候，看到它有时会和鸭子为伍，看着实在滑稽。不知道它们私底下交情如何。

高三时，国庆节放假，我回校自习，学得很烦时就到鸭子湖边散步。这时一群鸭子不知从哪堆草丛里钻出来，浩浩荡荡地从我面前经过，留我在原地一脸惊愕。队伍居然很整齐，一只接一只，摇摇摆摆，"嘎嘎"地引吭高歌，排在队末的还有两只小雏，十分神气地迈着大步赶上前面大鸭子的步伐。估计是趁放假校园里没人，校工放它们出来散散心。不过鸸鹋太贵重，不能放出来，只能可怜巴巴地绕湖一圈圈地走。

在鸭子湖边我干过一件奇蠢无比的事。高三寒假时，我提前回来自习。午休的时候教室里很冷，我看外面阳光很足，于是把我的卧具：一张毯子、一条小棉被、一只咖啡猫形状的小枕头装在包里，带到鸭子湖边的草地上。把毯子铺在草坪上，棉被拿来盖，枕着枕头，再拿

○ 鸭子湖（余子安　绘）

一本语文书扣在脸上，太阳晒得全身暖暖的，还有点发热。四下无人，就我独享这寂静和诗意的午后时光。

不多时，我睁开眼，发现围在池塘里的鸬鹚正在看着我。也不知道这些家伙看了有多久了。四目相对，我沉默了一会儿，没理它们，背过身继续睡。现在想来估计它们的眼神意思是：没想到还有这么愚蠢的人类。

再过了一会，我睁开眼，看到学校保安正居高临下地看着我。

我想，这个故事不必再往下说了。

侨中的花木

校园里种遍花树，这里四时都有花季。记得白玉兰刚开时，有次我去上体育课，身边路过两个来参观的学生，我听到他们对学校的景色很惊叹："哇，这里像艺术学校一样……"我听到这句话，一边在心里笑他们大惊小怪，一边觉得很骄傲。

如果要来侨中赏景，切不可错过这几处景色。

首先，是春季的紫荆花。大卖部前面那条通往操场的路两旁种了很多棵洋紫荆。春天时，天空常阴暗，空气湿冷，空中飘着细雨，开得娇艳的紫荆花在这背景的衬托下越发鲜明。花瓣的粉红色从花心里向外晕染，花蕊纤长，犹如一簇古代女子的凤冠头饰。一束束繁花团簇在一起，仰头看去，如同飘在半空的粉色轻云。一阵风来，轻云落雨，空中便簌簌地落下粉的白的花瓣。

这时，你可以深切地感受到，万物在幽微中舒展筋骨，潮湿的水汽和清纯猛烈的草木香盘桓在植物的精魂四周。

某个初晨，我一个人走在冷清的校道上，四周静寂得有些异常，没有一点人声。此时两旁的植物，那些紫荆、矮灌木丛、杜鹃、鸡蛋花树，仿佛都活了过来，他们在如梦似幻的雾的遮挡下窃窃私语。他们盯着我这个不速之客，不时在冷风中摆弄一下他们崭新而华丽的衣裙，在我回过头来前交头接耳。似乎只要我一走远，他们就会立即离开自己的位置，继续他们在春天的狂欢。

○ 紫荆花（徐　琳　绘）

　　其次，是夏季的紫薇花。在图书馆前有好几棵紫薇花树，女生宿舍楼前也有一棵紫薇花树，树枝伸进窗户的栏杆里。夏天中午起床之后，就会看到明媚的阳光下，窗户边有紫薇的花影，它淘气地伸进一根树枝，还举着一朵小花。

　　初夏，紫薇花在灿烂的阳光下绽放，此时花朵的颜色是最深的，是一种素雅的紫色。紫薇花比紫荆花更小，花朵也更繁密。我一直觉得那颜色有种难以描述的美，像一个安静的女生在煦日下朝你微笑，眼睛笑得弯弯的。

　　经过白天的曝晒，到了夏末，紫薇花的颜色慢慢淡下去，褪得透明。树上开始结毛茸茸的果子，成熟后掉在地上，是黑色的小球。

　　除了紫薇、紫荆，还有白玉兰、木棉花树。这些都是学校比较多的树种。另有一些单株的树，也挺引人注目的。比如在空中花园附近有凤凰木和火焰木，听这名字都觉得很传奇。凤凰木的叶子是羽状的，花为橙红色，花朵细小。古人形容它"叶如飞凰之羽，花若丹凤之冠"，实在是太恰当了。

○ 紫荆花（史梦霞　绘）

至于火焰木，它的花叶比凤凰木更硕大，花朵像是杯状，呈鲜红色，火焰木在花季时远看真如烈火焚身，像金庸小说里鲜衣怒马的烈性女子。

侨中的猫

侨中的猫被女生宠得有点目中无人。其中有一只最霸道的橘猫，我们叫它大黄。当一群猫在饭堂边晒太阳时，有意捣乱的男生冲过去惊吓它们，小猫咪们便四散而逃，而大黄依然横卧在那里，毫不介意地露出肚皮，最多抬起头来斜睨那个男生一眼，仿佛在说："白痴。"

大黄有很多女粉丝，当它在操场上或者草坪上散步时，就会有女生跟在它后面，想要摸一摸它。大黄心情好的时候，很乐意接受这种免费按摩，若它心情不好，或者只是单纯嫌弃这个人，那就连碰一下也是不可能的了。有时还能看见它在足球场上吃草，也不是大口大口

○ 女生宿舍楼下的猫（卢柏琪　绘）

地吃，而是嚼草根。这时它的身影便在草丛间若隐若现。估计是喂食的人太多，吃撑了，要吃点草帮助消化。

有一次大黄被发现躺在升旗台上，耳背和后腿有明显的伤痕。可能是晚上和哪只猫打架了。女生们很心疼，第二天带来碘酒和药膏帮它包扎，还带来猫粮喂它。大黄已经奄奄一息，就只好任由她们摆布了。过了大概半个月，它又活蹦乱跳起来了。

学在侨中

学习是学校生活最重要的一个内容。也许是因为一直置身侨中，高中三年，我自己本身就是侨中的一部分，所以一直没有注意过学校的学风究竟是怎么样的。在我看来，侨中的各个角落里都能看到认真学习的身影，是再自然不过的事情。

当我重返侨中，以一个外人的眼光重新审视这里——时至傍晚，学生们三三两两从饭堂穿过足球场回教学楼，走路的人多在与同伴说笑，也不乏手里拿着书在路上记诵的。走在林荫道上，可以听到饭堂和操场上远远的喧哗声，广播里放着音乐，是那一句："用心吐字，用爱归音，您现在听到的是……"

斜晖之下，榕树的树影斑驳。走在我前面的女生留着短发、齐刘海，手捧一本书，低着头慢悠悠地走过一地树影，光斑就在她的校服上一个个掠过。

回忆慢慢鲜活起来。我记得考试前一周每天早起，在走廊或者天台上背古文和提纲，看着清晨的天色慢慢亮起来；饭堂里排队的同学默默低着头看书做题；第一宿舍旁的平台有几张石凳和石桌，经常有女生在那里自习；学校后门的小咖啡座有墨绿的阳伞和铁艺桌椅，放学后也常有人做着练习题等家长。总之，校园里凡是有座位的地方，都能用来学习。

认真学习原来就是学生的本分，原本不该专门写的。可是现在我毕业了，又看到这些随处可见的认真模样，才觉得能在这种干净明亮的岁月里，简简单单地看本书，讨论习题，其实是件很享受的事情。

B、C、D栋教学楼

B栋教学楼色调是蓝色和白色，一楼的大堂是大理石地面，前面的台阶用花岗岩铺就。二楼及以上是教室，中间的楼层很巧妙地设计成一座塔楼的形状，镶嵌着侨中的校徽，校徽上方顶楼的天台上飞扬着一面国旗。

某天，我和小晴突发奇想，揣测着这面国旗是怎么升上去的。因为在我们的印象中，并没有任何楼梯可以通往这个有国旗的天台，我

们整个高一时期也不知道有这个顶楼天台。然而国旗旁边明明有一个向下的楼梯口，真好奇这入口在哪里。

于是，趁高一学生都放学了，我们两个像熊孩子一样跑遍了整栋教学楼的教室，去寻找这个神秘的入口。结果，真给我们找到了。在高一（3）班没有窗的那面墙上，有一处镶着白色木板，我们敲了敲，里面是空的。我们又跑到楼外面看，高一（3）班正上方就是那面国旗。原来，这块木板里面确实有个通道，每隔一段时间会有工人打开它，爬上天台更换新的国旗。我和小晴因为发现了这个秘密而兴奋不已。

然而，这并不是我们偶尔一次的发神经，这是我们的特质。对待学习，很多人都是怀着这种神经质，学习新东西时有一种探险似的兴奋，不解决问题誓不罢休。我身边的侨中人有很多都是如此，比如理

○ B栋教学楼（史梦霞　绘）

科班的阿远同学，半夜想数学题兴奋到睡不着，爬起来计算（这位仁兄已经毕业，寒假还回学校自习）。他们宿舍有一位夏绝，上课快要迟到了，她还没起床，舍友好心叫他起床，这位仁兄闭着眼在睡梦中嘟囔着："别吵……我就快算出来了。"

　　我坚信好奇心激发探究力，探究力又使人进一步执著，是新发现的开始，使人保有敏锐的洞察力和感悟力。一个人对世界怀有好奇心，生活就不会无趣。我很高兴在侨中的三年里，我的好奇心还是被保护得好好的，没有让它在教科书和试卷堆里闷死。这大概是当今教育很难做到的地方。

　　B栋教学楼一楼的大堂较宽阔，逢活动，师生会在这里列队合影，每个学期这里还会举办几次书展，能买到一些装帧很不错的书。大堂

○ C、D栋教学楼之间，可看见晚霞的地方（史梦霞　绘）

左右两侧都有阶梯可以上二楼，墙壁上贴着大幅照片，有蔡继有先生和习近平总书记的合影等，横梁上也钉着一些荣誉证书。

　　在 B 栋一楼沿着走道向 C 栋走，可以看到多媒体一室，它是阶梯教室，我们经常在这里上社团课，里面有一台走音的钢琴，午休前后偶尔会响起悠扬的钢琴声，是手痒的学生在这里叮叮咚咚地弹。再向前走，来到多媒体二室，全是红色的椅子，也是阶梯教室。

　　B、C、D 三栋教学楼并排伫立，它们的二楼和三楼之间有横跨的走廊相通，是真正的"复道行空"。B 栋二楼通往 C 栋的走廊上，会经过一间阅览室，阅览室外有不锈钢的桌子和长凳，偶尔会有学生黄昏时在这里写作业，也有人在这里吃泡面，晚修时会有老师坐在这里给学生讲题。B、C 栋的三楼之间是侨中著名的空中花园，前文已述。

　　高一时，我课间为了找高二的社团负责人，要从 B 栋的五楼跑下三楼，穿过空中花园到达 C 栋，再"蹭蹭蹭"地从 C 栋三楼跑上五楼。

我找到学长，抓紧时间交代清楚工作，又要踩着上课铃气喘吁吁地原路返回。刚开始时只觉得这三栋教学楼的走道真是错综复杂，有几次我记错楼层，找不到回去的走廊，感觉这些通道像霍格沃茨的魔法楼梯一样会"乱跑"。

侨中的学风是单纯、沉稳而又活跃的，至少我所体会到的就是如此。说它单纯，是因为大家都一心一意想真的学到点东西，不仅为了考大学，也是因为学习是成长经历的一部分。这时期不需要我们考虑别的，只要我们心无旁骛地汲取知识、丰富自己。说它沉稳，是因为我见过的侨中人都挺有主见，知道对自己来说最重要的是什么，也知道自己想要什么，所以不会浮躁，在学习压力最大的时候也把握着自己的节奏。说它活跃，又因为像我和小晴这种充满好奇心的人很多，教室里常常是一派活泼开放的探讨问题的景象，上课时学生们可以随时打断老师来提问，甚至会有学生不同意老师的解题思路，跑到黑板前写写画画，讲解更好的方法。

A 栋综合楼

A 栋综合楼是我们最喜欢的一栋楼，我们在那里上音乐课、戏剧课、电脑课，总之是一些最好玩的课。理科班还会在这里上物化生的实验课，社团的负责人也会借用这里的教室开展活动。

A 栋其实是挺特别的一栋建筑，环形的楼，有一半是教室，一半是走道，一楼的中间圈着一个小花园，也就是"桂园"。不知道为什么要专门设计一个"桂园"，大概是取了"蟾宫折桂"的意头吧。

一楼有一个圆桌会议厅，还有一些物化生实验室。二楼是校长室、资料室、行政办公室。三楼有校园电视台，电视台旁边就是电视监控中心。我高一时经常出入电视台工作室，跟前辈学习录新闻。星期一如果下雨，升旗仪式就在监控中心进行，投影到各班的屏幕上，主持人在麦克风里重复三次"由于天气原因，升旗仪式在室内进行，请各班打开投影仪"。听到这句话我们一般会欢呼雀跃一下，因为这意味着早自习至少会多出 20 分钟，我们可以用来补英语作业。

三楼电视监控中心旁边是舞蹈室，社团课时，街舞社的同学就喜欢拿一个音响放歌，在走廊空地上练舞，很刻苦也很勤快，在地板上各种"摸爬滚打"，动作一点儿都不含糊，所以这里的地面比别的地方都干净。

四楼有电脑室，高二时我们在此上电脑课，后来也在这里完成了英语口语考试，以及高考志愿填报的确认。另一侧是戏剧表演室，高一的时候我就在这里放飞自我。后来这里还添了创客实验室和通用技术实验室，经过的时候我只能嫉妒得咬牙切齿，羡慕地看着里面摆满的各种模型和仪器。

然而我最喜欢的还是五楼。五楼楼梯口边就是一台废弃的钢琴，不知是什么年份被音乐老师抛弃在这里。有一回，我忘了是考差了还是和谁吵架，趁周末回家前跑到这里来，掀起琴盖就"咣咣咣"地一顿乱弹，震得整栋楼在回响，弹完赶紧跑。五楼还有音乐大教室和音乐创作室。学校组建的弦乐团就在大音乐教室排练，这儿的地板被刷成绿色，讲台旁放着一架钢琴。我没见过乐团排练的样子，不过每次我去那里，都看到十几个竖着的乐谱架，还有横七竖八的椅子。

○ A栋教学楼（李炫聪　绘）

○ 音乐教室（杨　蕊　绘）

　　这儿的门一般都是上锁的，可是窗户却没有关死，很轻松就爬窗进来了。嘘，不要举报我。我喜欢没事的时候在音乐教室里坐坐，看看书，清静清静。一个人坐在空旷的教室里，透过窗户，看到外面的天台，大大的太阳暖暖地晒了进来，感觉天空好像离这儿很近很近，有时还有风撩起水蓝色的窗帘。

　　我们有几次在这里上音乐课，听着德彪西的《牧神的午后》和穆索尔斯基的《荒山之夜》，仿佛久远的音符穿越时空直击脑门，听着听着就睡着了，只觉得窗帘偶尔被风带了起来。音乐教室后面有个门通往一个小隔间，里面摆放着十几把小提琴，并弥漫着松香的味道。这隔间专门装了一台空调，昼夜不停地制冷恒温来保存这些小提琴。

E 栋高三楼

　　与高一高二的教学楼隔离开来的是 E 栋教学楼，又称高三楼，与大礼堂连在一起。每每次经过，我都怀着一种肃然起敬的心情，踮着脚尖放轻脚步。

走进高三楼，首先看到左侧整面墙壁上贴着大红色高考光荣榜，上面列着考上重点本科的学长学姐名单，从清华大学到中山大学，再到海外各所名校。再往前走，有一片露天的空地，课间会有学生在这里打羽毛球，老师也会参与。抬头，可看到高考倒计时的红色 LED 灯镶在广告板上，显示着离高考还有多少天。左右两侧的教学楼挂着巨幅红布对联，都是些什么"踏朝露，披星戴月"之类的口号，从楼顶挂下来，一直垂到二楼。

　　沿着光荣榜的那面墙向左走，是一座鲤鱼池，游来游去的鲤鱼为整栋楼添了生气。鲤鱼池前面是团委办公室，学生会和社团部的很多工作都在这里进行。路过团委再向前走就是开明图书馆。从图书馆外

面的楼梯走上去，二楼是高三的阅览室，三楼和四楼都是电子阅览室，一般用来做高考口语练习。

　　高三的生活节奏就像诺兰用在《敦刻尔克》里的无限音阶一样，沉溺在其中的人并无知觉，但一切都在递进中加速。按理说，高三生活应该充满着理想信念和热血沸腾，有一股拼命向前冲的莽劲。事实上，百日誓师和高三动员大会中，全体学生在台前宣誓的时候，热血和干劲自然是有的，那也仅限于台上吼的那一嗓子。日后就剩下不断减少的红色倒计时，以及日复一日拉锯战般的生活，十次模拟考一波又一波像潮水一样袭来，不断消磨着学生的意志。复习到后期，觉得自己每天都在干体力活，早上传下来一张一张的白色套题，我们就把

　　○ E栋高三楼（史梦霞　绘）

○ E栋高三楼（史梦霞　绘）

它们叠好，放在桌子左上角，再一张张像流水线一样把它们填满。难的不是做一天的题，难的是每天早上都要打起精神来做题。有段时间每周来一次"体力考"，一天之内语、数、英、文综全考完，晚上十点写完最后一张文综卷，笔掉在桌面，手指抽搐了两下，整个人就软在桌子上，感觉脑子和全身都耗空了。

许多人说自己很怀念高三奋斗的光阴。真想把他们押回去复读，看他们干不干。

高三时，我们班在五楼，从窗户看出去，可以看到一座高架桥，桥附近是一些错落的楼盘。晚上的时候路灯都亮起来，车辆闪着灯光来来往往。自习时耳朵常常捕捉到车经过时带起的风声，不知窗外是怎样一番"车如流水马如龙"。从教室的角度看出去，外面那些桥啊、路啊、车啊、灯啊，全缩得很小，明明近在咫尺，但外部的真实世界似乎已经成为一个遥远的、虚假的玩具模型，因为我们一个月才有机会接触一次。

　　某天夜里，我看向高三教学楼，看着一间间教室里坐满的学生，感觉他们像被某种魔法收在一些神奇的亮着白炽灯的盒子里。从窗口望进去，一个个学生排列得整整齐齐，安分守己地垂着头写作业，不知不觉地滑向既定的人生轨迹。我也是其中的一员。

　　犹记得某个班后面的黑板报上写着"你喜欢我没用，我喜欢学习"，两句话之间画着一个紧握的拳头。如果在自习的时候，有男生想借着问题目的理由回头找女生聊天，就会看到这句意味深长的话，如果此时他低下头，就会看见女生垂下的整齐刘海，以及刘海下专注做题的眼神。

　　记得高三下学期开学时，刚开春，天空灰蒙蒙的，人的心情也很阴郁。大课间时，我趴在走廊的栏杆上看楼下的人打羽毛球，这栋教

○ 高三喊楼活动（谢小羽　绘）

学楼埋在阴影里，就像一栋毫无生气的钢筋水泥体。这时眼前忽然升起一只硕大的泡泡，不是幻觉，因为紧接着又有一串升了起来。原来有人买了泡泡水，大课间时在阳台外面吹，漫天飞舞的泡泡缓缓上升，伴着广播里青春热血的音乐，仿佛灰白的天空也因此七彩并且律动起来。那天我随手写下这句话：我们高三，并不代表用灰暗埋葬最后的高中时光。我们高三，我们也是十八岁，梦想着像泡泡一样飞舞着的青春，梦想着升腾、超越，突破这令人窒息的抑郁与单调。

如今想起来，其实高三生活也没有说起来的那么难熬。许多人的陪伴填满日子的缝隙，大家相互支持和安慰，偶尔与老师谈心，与朋友打闹，晚修后回到宿舍与父母通电话，这一切都不断加固我们对抗压力的防线。

高考前，高三楼前组织了传统的喊楼活动。当时我在五楼走廊上探头往下看，心想着，这次终于轮到别人为我们喊楼了。走廊边的栏杆上都挤满了同学，大家异常兴奋又万般感慨地看着，像过节一样。喊楼声势浩大，有乐队来助兴，主唱右手拿麦，左手高举，那架势犹如在开万人演唱会，青春不悔的歌词响彻整栋高三楼。当学弟学妹们在楼下用纸板拼出"侨中必胜"的字样，我们拿出准备好的纸飞机，从空中掷下，漫天的纸飞机如同雪花，有一两只绕着教学楼盘旋了好几圈。

喊楼结束后，人群散去，我去帮忙清理地面的纸飞机，大部分都写满了演算和草稿。其中有一只是用蓝色信纸折的，展开之后发现一行蝇头小字，像是女生的字迹："希望和某某一起考上中山大学。"可以想象女生一笔一画写下这行字的神情。不知道她最后是否如愿以偿。

阅览室

记忆里侨中有两间阅览室，一间在B栋的二楼，一间在E栋的二楼。

先说B栋的阅览室。阅览室是玻璃门，门外有一排雨伞钩。进阅览室前要把书包放在门口的架子上。进去后，就看到长条的、横截面是梯形、有倾斜度的木质书桌，这样的设计确实更合适翻书阅读。每张书桌底下并列摆放着五六张黑色的金属圈椅。挨着墙壁的地方，有一侧摆着十来个立起来的报纸夹，夹着阅览室老师整理好的各种报纸，如《中国青年报》《羊城晚报》《参考消息》《环球时报》等。除了周末和节假日外，报纸每天都会更新。墙壁另一侧摆着书架，上面是各种杂志，《读者》《经济学人》《意林》之类的都有。

高一高二时，下午放学后如果有空闲，可以带一份作业到阅览室写，也顺便翻翻报纸。侨中人热爱学习，从阅览室就可以看出来。晚修前一个小时内阅览室常常人满为患，圈椅被坐完了，同学们就搬来胶凳见缝插针地坐。人虽然很多，却依旧安静得只有翻书声和笔画声。

最讨厌的是用书占位子的人，别人没地方坐，占着书桌的人却老半天不来，而且这样占位是明令禁止的。每每遇到这样的事情，我就毫不客气地把书推到一边，自己心安理得地坐下来。书的主人回来后，就灰溜溜地把书拿走，毕竟他是不在理的那个。搞笑的是有几次我居然发现对方是认识的人，尴尬了半晌，两个人就扑哧一笑。

我高三的时候去阅览室去得更勤了，也保留下了看报的习惯。为了同学们能了解时事，积累写作素材，我们班也订了报纸。不过班上

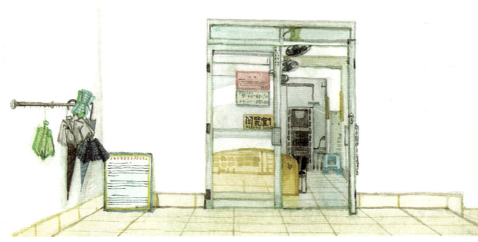

○ 阅览室（史梦霞　绘）

的报纸传阅来传阅去都传不到我手上，我还是到阅览室读报，并且带一个本子做点摘录。为了能凑出二十分钟读报，我晚饭吃的很急。这几乎是我高三了解外界新闻的唯一途径。

高三楼阅览室位于开明图书馆楼上，内部配置和 B 栋的一样，窗外面有几棵紫薇花树，花开的时候，淡紫色的花影就映在玻璃窗上，向外看隐约可以看到远处的旧操场。

开明图书馆

开明图书馆由钟昆明副董事长出资，于2009年建成，取名"开明"，英文是"Illuminated"，意思是被照亮的、启蒙。

○ 大榕树下（史梦霞　绘）

○ 开明图书馆（伍　璇　绘）

　　开明图书馆是除了宿舍之外，在侨中让我感到最幸福的地方。阅读就是那么好的事情，你随时可以与最智慧的人交谈——只要你从书架上取下一本好书，翻开，阅读。

　　开明图书馆的大门是木门，入口处是放书包的柜子，柜子后面就是借阅办理处，管理员在窗口后面坐着。办理处旁的窗户边有一张古色古香的硬木书桌配着四把高背椅，供学生们自习。窗台边还放着小盆栽。往里面走就是一排排的铁质书架，分门别类标着：习题、中国古代文学、中国现代文学、外国小说、杂文、诗歌、心理学、哲学等。前面小说的书架上多是新书，越往里走书就越旧，有一股好闻的灰尘味道。

　　初次来侨中图书馆的时候，说实话我挺失望的。这里不大，应该说是比较狭小。我想象中的图书馆应该有一排排高大的木质书架，是宽阔敞亮的。但事实证明，图书馆虽小，书柜的阴影里却沉睡着不少好书，值得我们的一番翻检。

　　侦探小说从东野圭吾到阿加莎·克里斯蒂，从柯南道尔到爱伦坡，无不使我眼睛发亮。还有很多叫不出名字的作者，一本本翻过去，还能找到来自午夜文库和炼金文库的哥特小说。在这里我读完了聚斯金德的《香水》，像偶然邂逅的绝代佳人一样，让人欲罢不能，也借到了《生命不能承受之轻》《一天》《情人》。在这里看书如同探索一个宝藏，高高低低的书架分割出安静神秘的空间，四周只有偶尔的低语，时间仿佛停止流动，你不知道下一秒抽出的书会带来什么惊喜。

我曾经还幻想会不会在图书馆遇到小说里的情节，比如从书架上抽出一本书，空隙那边就露出了男神的脸，然后我们就对视了！然而我在图书馆消磨了好多个下午，这种好事从来没有让我碰上过。

人的生命太短，而人类思考的一些问题又是永恒的，尽管以短暂的寿命无法回答永恒的命题，人类还是一代又一代锲而不舍地想破脑袋。当想不通的时候，我们就来阅读吧！

蔡冠深报告厅

报告厅和大礼堂都由蔡冠深董事长出资修建，于 2009 年建成，均位于高三楼的最右边的一侧。

报告厅在一楼，有时领导和老师开会使用，也是模拟联合国社团上社团课和学生会换届选拔的地点。报告厅台上左前方设置着放有麦克风的立式演讲台，标着侨中校徽。演讲者从两边的台阶上来，右边有个小房间是操作室，后面的墙壁上可以按开关拉下来一个投影屏。

○ 蔡冠深楼（史梦霞　绘）

○ 报告厅（谢小羽　绘）

　　似乎也是在报告厅举行了"校园十大歌手"的海选。坐在第一排的是学生评委，后面的是自愿进来的观众。海选现场就像唱 K 一样随意又自在，同学们不管唱得好不好都可以上台一展歌喉。

　　我一开始没报名，但看到别人唱得好嗨，心血来潮也想跑上去唱，就排在队伍的最后面。大家都唱完了，观众们站起身准备离席，我就"噔噔噔"地冲到台上。他们见到还有人，又善良地坐回来。我走上台之后才开始紧张，自我介绍的时候都卡壳了，台下评委还示意着鼓励我。我唱了林俊杰的《她说》，深刻体会到站在台上，这么多双眼睛看着，只觉得头重脚轻，发出的声音都快不是我自己的了，跟卡带的录音机似的。我硬着头皮唱完，后悔自己干嘛要上台。出乎意料的是，在座的观众还是给了我掌声。所以说，侨中的同学真的非常善良啊。

　　三年来在报告厅听了好多好多讲座，记得高三时，学校请一些名师来传授高考技巧，我走错了地方，走到了讲理科科目的大礼堂，就又跑下来回到文科学生集聚的报告厅。幸好阿花和小晴给我在最后面留了座位，我们就一起打着盹聊着天翻着杂志听名师讲课。后来实在是太无聊了，名师讲的都是人尽皆知的技巧，我们就从报告厅后门偷溜出去，跑到新操场打篮球，在那里遇到清清和别班的两个女生、两个男生，大家就组队玩起来。玩了不知有多久，下课铃把我们吓醒了。我和小晴怕已经讲到了别的科目，错过什么干货，先行离开跑回报告厅。

回报告厅之后，我们在报告厅旁边的洗手间洗了把脸，从洗手间走出来时迎面撞见班主任，我一溜小跑跑回了洗手间，小晴却没来得及躲，被看见了。刚打完球，我们红得像猴子屁股一样的脸，还浑身是汗，谁都能看得出来，班主任仇老师说了她两句就离开了。我这时候才出来，猫着腰走到侧门，找到一把塑料椅子在小晴旁边坐下了。过不了一会儿，阿花出现在门边，正要进来时，远处的景主任（我们叫他"景胖"）看到有动静，往这边踱来，阿花立刻闪身跑掉了。景主任瞟了我俩一眼，在边上站了好一会儿。这算是我们顶风作案的又一例子。

大礼堂

高三楼有一道宽阔的楼梯通往大礼堂，楼梯上方装着一幅 LED 大屏幕，滚动播放着侨中的宣传视频。侨中 60 周年校庆的时候，这楼

○ 大礼堂（许仲昊　绘）

梯上铺了红地毯，鸣过礼炮后地上还有细碎的金纸和彩带。大礼堂内部恢弘大气，巨大的屏幕和舞台前排列着电影院规格的座位，只不过座椅是耐用的木椅。大礼堂有两层，第二层是观景台，也设置了上百个座位，可以俯瞰整个大礼堂。这里举行过中考和高考的奖学金颁奖仪式、啦啦操赛、合唱比赛等，杨振宁教授也曾在此演讲。2014年，92岁高龄的杨振宁教授在大礼堂侃侃而谈他的读书和教育生涯时，台下的同学们脸上都有一种瞻仰偶像的崇敬之情。岁月在他脸上留下斑驳的印记，但那双眼睛却炯炯有神，话语之中带着一种不同寻常的机敏。他还承诺五年后再回来。我也期待65周年校庆返校时能看见他。

国际部

侨中是中山市第一所获得官方国际认证的 GCE A levels 官方考试中心。侨中国际部创办于2013年，使用的是与一般高中不同的教

○ 国际部（冯绮静 绘）

学模式。国际部自有一栋教学楼，设在校医室楼上，教学楼呈四合院形状，中间绕着一座喷泉池。这里悬挂着世界各国的小旗帜，采用小班制教学。学生的自主性很强，他们的目标不是国内高校，而是国际的名牌大学。

国际部对大部分侨中学生来说是挺神秘的存在。这里许多课程由外教讲授，学生也多才多艺，经常在国际知名比赛上获奖。我们大都挺羡慕国际部的学生的。

除了国际部，侨中还有侨生班。虽然教育模式不同，但从国际部走出了很多香港大学、哥伦比亚大学、剑桥大学的学子，从侨生班也走出了不少清华大学、北京大学的学生。

食在侨中

有时候突然要回忆一个久未碰面的人，也许一下子记不起她的模样。对于一个地方的记忆也是这样的，比如侨中，要从细节处一点一滴地回忆你和她有关的一切，所有的人和事才会慢慢浮出水面，就像侨中 E 栋池塘里鲤鱼吐出又升起的泡泡。让我尽一切努力还原记忆中那个独一无二的侨中。

可能味觉和记忆联系最紧密，又或者因为我纯粹是个吃货，我第一个要说的是饭堂。

饭堂·建筑·印象

侨中有两大饭堂，位于校门正前方旧足球场的左侧，顺着数过去首先是第一饭堂，然后是第二饭堂。第一饭堂有两层，是好看的复式建筑，门口左右两侧有楼梯上去，挺宽敞的。一楼卖面食、煲仔饭、蔬菜煲，套餐由 7—12 元不等。一楼饭堂里面有一半是全封闭的墙，但是在靠近学校边缘的围栏处，装着可以开合的玻璃门。中午光线很好，我喜欢坐在那一侧，窗明几净，望出去就是铁栏杆上肆无忌惮的

○ 第一饭堂（李炫聪 绘）

○ 第一饭堂二楼（李炫聪 绘）

爬藤植物，透过树叶缝隙可以看到林荫道和马路上车来车往。有次和死党在那吃饭，她朝我挤眼睛："今晚熄灯行动，从这里翻出去。到时对暗号。"旁边的同学惊讶地瞟了我们一眼。我莫名其妙，一勺饭傻不拉几地停在嘴边，心想这话让我怎么接。静默三秒，死党顶时拍我脑袋："那么多侦探悬疑你白看了！这点台词默契都没有！"

　　二楼是所谓高三食堂，楼梯口有"重兵"把守，放学后那二十分钟只准高三学生进，以方便他们吃饭。长相显老的同学，比如我，基本可以直接通过，旁边的小鲜肉会被要求掏出学生证以证清白。高三食堂貌似只有套餐，其实饭菜与一楼一样，高峰饭点人反而更多。从右边的楼梯上二楼，可以直接来到窗口排队。用餐后穿过桌椅从后门出来，到二楼的长廊，倒掉残羹冷炙，往前走从左边的楼梯下来。二楼长廊有廊柱，像欧式的建筑风格，红色砖瓦，我至今仍然非常喜欢它的设计。饱餐之后走到长廊里，充满了阳光、树影、鸟鸣，和小伙伴扯着闲篇踱回宿舍，身边的嘈杂喧嚣都变成惬意的背景音，学生的背影可以调焦成某个青春电影里的镜头。时光静好大概就是这个意思吧。

值得一提的是，高二那年夏天有场暴雨，我和小伙伴被困在第一饭堂二楼，雨势之大连楼梯都下不了。有个认识的男生借了我们一把伞（后来证明这并没有什么用），大雨如注，我们俩脱了鞋袜提在手中，踏进齐脚踝深的水里，任雨水小溪一样淌过脚背，打着伞、趟着水小心翼翼地往教学楼迈去。这时候惊心动魄的一幕出现了：饭堂旁边一个井盖孔里，一溜烟蹿出来一队伍蟑螂，"嗖"一下在我们脚尖前面掠过，努力地扒拉着六只小细腿飞快游走了。我们看得大眼瞪小眼，仿佛看到宫崎骏的动画场景。

　　而第二饭堂占地面积更大，但只有一层，第二层开始就是男生宿舍。如果你以为男生占尽地理优势就可以拜托他们买早餐，那就真的想多了，离饭堂越近，起得越晚，早读前提着两馒头冲进教学楼的都是男生。中午或下午吃完饭从第二饭堂出来，都可以听到楼上男生的吱哇乱叫，洗着澡引吭高歌，偶尔会有衣服像断线的风筝一样掉下来挂在旁边的灌木丛上。

　　第二饭堂里面被半面墙分成一大一小两个饭堂，形成连通的空间。我喜欢去校门方向的小饭堂，因为我认真注意过天花板的风扇，大饭

○ 第二饭堂（李炫聪　绘）

64　Hello，侨中

○ 第二饭堂内部（李秋霞　绘）

堂是绿色小叶风扇，有铁丝包着扇叶，挂得比较高风速也小；小饭堂的风扇是白色大叶扇，天气热的时候比较凉快。夏天吃饭，全靠风扇，没有风扇一身汗，所以风扇底下的位置总是最先被占领。

　　我最欣赏第二饭堂四面八方的玻璃窗，放学后坐在窗边吃饭，可以顺便观赏操场上的一切情况。大饭堂座位后排的窗外，是旧足球场，吃饭时间也能看到穿着运动服的男生在草地上驰骋。对着窗口吃饭，时不时可看到足球一下蹿得老高，越过大半个球场，在蓝天之下划出一道优美的抛物线。有次吃饭聊天聊得很晚，看见球场上的男生踢完球进来，大家都穿着训练服高筒袜，脸上挂着亮晶晶的汗，为首的一个胳膊下夹着球，大概是体育生，个子都高，路过的时候女生纷纷抬头看。旁边闺蜜就捅捅我胳膊示意我看："哎，哎……就是那个。"然后告诉我一堆八卦，并且评论着谁谁谁比较帅。不得不说老师也会混迹在学生中一块儿踢球，其中有一位年轻的化学老师周彬（现已是荣誉教师），活泼风趣，和学生在一块儿简直看不出年龄差，踢球时活脱得像一个大学生的样子。我很爱听他讲课，虽然化学从来都是令我头疼的科目，但他富有磁性的声音无疑带有安抚人心的力量。即使化学课对我这个文科生而言犹如天书，但就着他立体环绕音效的声线，我也可以面带微笑听下去。

第二饭堂的小饭堂门外就是升旗台，每年换届都能看到旗手顶着烈日中午在外面训练，迈着笔挺的步子喊着"一、二、一"。第一饭堂和第二饭堂之间有一块空地，现在成为了简易户外排球场。在小饭堂边缘靠窗的位置，能很好地观看打排球。

高一时年级会组织一场排球赛，非常热闹轰动。每年这时候一放学大家就飞奔过来霸占场地，训练得不亦乐乎。一般是男生站网前，有篮球基础的男生扣球大有优势。对面发球，我站在后排二传，蹲下将球轻轻掂高到网前，这时前排男生像弹簧一样蹦起来，回头接过球就是一记漂亮的扣杀。

对于第二饭堂我有一个美好的印象。临高考前的一周全体自习，侨中为让学生保证充足睡眠，允许我们七点半才到教室。我也真是宽心，睡足了到七点十分才起床买早餐。那是我第一次起这么晚，太阳已经完全升起来，第二饭堂的销售窗口已关，要经过第二饭堂去第一饭堂买专门给高三学生留的早餐。

我穿过窗子里泻下来的晨光走进饭堂，窗户透光，柱子背光那面是阴影，一明一暗之间就形成一道道光柱。无人的第一饭堂是静谧通透的，砖面地板上凝着橙黄色的光斑，那有棱有角的不锈钢桌椅像镜

○ 饭堂伙食（史梦霞　绘）

面般折射着柔光，叫人只觉得内心也随之宽阔敞亮起来。于是脚步也变得轻盈，不自觉地开始哼歌，在这个美妙的早晨，仿佛即将面对的一切也没有那么可怕了。

饭堂菜与课间餐

饭堂伙食自然是人人最关心的。侨中的饭菜，怎么说呢，高中三年天天骂，但快毕业的时候心里慢慢地产生不舍。其实啊，我现在打心眼觉得，侨中的饭菜可能是中山的初高中里品种最多的了，而且吃久了越吃越顺嘴。有个口口相传的梗，估计侨中学子都印象深刻：侨中饭堂的豆腐品种最多，屏幕上显示着山水豆腐、麻婆豆腐、酱香豆腐、家常豆腐……其实都是一种豆腐，饭堂阿姨真是想象力丰富！当然，这么吐槽的人都是带着满满宠溺的口吻。

大家别嫌烦，让我对饭堂伙食如数家珍一番。

首先是早餐，粥粉面和各种面包很齐全。最基础的早餐配置有白粥、煮鸡蛋、蒸馒头、莲蓉包、糯米卷、豆浆、牛奶、酸奶和豆沙包。西式面包有肠仔包、燕麦包、纸杯蛋糕、方包、三角蛋糕和肉松包等，还有学校自制的三明治——两片方包夹着肉松、火腿和荷包蛋，甚至还有特制 Pizza 饼，油汪汪的一块，上面有火腿丝和萝卜丝。其他点心有糯米鸡、芋头糕和蛋挞。粉类有肉末的汤粉、拉布粉和炒粉，面食有炒面和汤面。天冷的时候最幸福的是吃碗汤粉或汤面，冬天来到饭堂时天还没亮，"呼噜呼噜"一碗汤粉下肚，浑身热乎乎地踏着蒙蒙曙光走进教室，觉得自己又有精神气儿去学习了。不过粉和面就是太清淡了，个别同学会自己带一罐老干妈拌面酱之类的。

2017 年，我高三的时候早餐品种又翻新，出现了专卖粥的窗口，五元一份的各式粥，有玉米瘦肉粥、白果腐竹粥、鸡丝粥、皮蛋瘦肉粥，每周轮换。还出现了卖六元钱汤粉的窗口，里面有蔬菜和肉，可以加萝卜干。后来九阳豆浆入驻，大家开始为更好喝的豆浆排队。早餐品种真的很多，学校费尽心力地让大家有早起的奔头。但是槽点也很多，比如肠仔包里的肠仔只有半条，自制蛋挞口感奇诡，莲蓉包里莲蓉缩水。总之，侨中的早餐品种之多给了吃货们一个甜蜜的烦恼，就是睡前总会纠结一番，唉，明早吃点什么。

其次是正餐。套餐由6到22元不等，普通的有韭菜洋葱炒蛋、黄瓜炒肉片、番茄炒蛋、炒土豆丝、豆干炒五花肉、冬瓜虾米粉丝、葱菜冬菇肉饼、蒸水蛋等，贵一点的有更好的荤菜，比如蜜汁烤鸭、沙姜鸡、梅菜扣肉等。12元是土豪餐，有烤鸡腿、猪扒、排骨和例汤，18元是在12元的基础上加一个原盅炖汤。

还有煲仔饭——滑鸡、排骨、腊味、牛腩，配例汤，满满的肉和菜心下面还窝着一个蛋，底下的饭酥软喷香，吸饱了肉汁。我一周犒劳自己一次，每次都吃得我浑身舒泰，撑得站不起来。

第一饭堂后来推出了蔬菜煲，专门给口味清淡的同学，冬瓜、地瓜、萝卜、芦笋、蘑菇、菜心、西兰花等任选，配有酱料。甚至还有土豆牛腩、水煮牛肉、蒸沙虾之类的高端菜品，我还没尝过，很遗憾。现在突然非常能理解那些冲饭堂的同学的心情了。

虽然经常吐槽学校的鸡肉除了头就是胸肉和脖子，白菜有芥末味，但是我对侨中的伙食还是充满骄傲的。

顺带可以提一下美妙的课间餐和宵夜。买课间餐也要跑着去，C栋楼下的窗口和高三楼的餐车前很快就排起了长队，我试过排了整个大课间，20分钟都没买到。

课间餐有豆腐泡、肠仔、卤蛋和各种面包，最棒的是有卤水鸡腿！肉食星人观察过只有大课间有卖，比正餐卖的烤鸡腿更硕大入味还肥嫩。高一高二时候的大课间是这样的，飞奔下楼排队买课间餐，然后放在不引人注目的石凳上，用时要在5分钟内，赶在所有人来到操场集队前奔回队伍里，做完操，再去找藏起来的课间餐，在众人羡慕的眼光里拎着美味回教室享用。至于宵夜，我有耳闻同样丰盛，但我不吃宵夜，此处按下不提。

家长开放日与抓外卖

逢周三周四是家长开放日，那天饭堂伙食会比平常好，但没啥人吃，因为家长可以送饭过来。家长开放日实在蔚为壮观，有些同学全家出动，拖家带口来看望他，饭堂满座，全家团圆的景象就遍布在大榕树下、鸭子湖畔、状元林中的石凳，后门的小咖啡馆遮阳伞下，以及高三楼一楼空教室中，校园里随处飘着令人垂涎的饭菜香。当晚晚修课间，大家就会分享家里带来的糖水和糕点。高三时父母送饭特别勤，变着花样哄我多吃，现今想起来很感动。那恐怕是我高中三年来吃得最好的一段时光了。

　　侨中还有一个特色景观，就是保安抓外卖。有饭堂就有外卖，中学生对吃的追求往往不知餍足，偏偏侨中抓外卖抓得特别严。我目击过一次保安抓外卖，在新操场的篮球场边，所有人忽然停止打球开始起哄。原来学校外围栏杆边有人在拿外卖，不幸被保安发现，大家大声叫唤，想要提醒那位同学。然而那同学眼里只有那袋外卖，可谓身外无物，没听到大家起哄，更没发觉身后保安正步步逼近，直到一只

○ 家长开放日（徐　琳　绘）

大手拍上他肩膀，他无辜又茫然地回过头来，嘴角还噙着一丝笑意。等到保安拿着外卖离开，他都保持着这个姿势，他的眼神只能让我想到一个形容词——哀怨。

自然也有人能躲过的，我们班的某君艺高人胆大，那天拿到外卖，发现背后已经被保安盯梢，就撒腿狂奔起来，谁知保安跳上巡逻车，一路追过来，用车上的扩音喇叭喊："有本事你跑啊，再跑快点！"某君心想那行我再跑快点，于是跨过草坪穿过小路跑下坡，把巡逻车挡在了后面，一溜烟跑到饭堂的人群里——那一天正好是家长开放日。

冲饭堂

说到饭堂就要谈起冲饭堂的路线。

高中三年，每年读书的教室不同，冲饭堂的路线也不同。高一在 B 栋，我们班在五楼，可以从侧面的露天楼梯下来，也可以从 B 栋内的大楼梯下来。露天楼梯边有一株木棉，暖春四月开出火焰似的硕大花朵，下楼梯时花枝便伸在头顶，踮脚就能够得着。

高二时在 C 栋，但冲饭堂时，B 栋和 C 栋的同学无一例外都要穿过足球场，跑到对面的饭堂。放学铃一响，大家个个身手敏捷，鱼贯而出，犹如从各班涌出的小溪流在操场前汇成大江大海。足球场要是有人在踢球，就会观赏到万马奔腾过草地的壮阔景象。也有同学心疼鞋子在塑胶跑道上绕路走，因为足球场雨后会比较泥泞，所以未免走得一鞋底都是泥。

○ 放学后学生冲饭堂（史梦霞　绘）

高三时在 E 栋，按理说和第一饭堂相邻，但我们班又在五楼晁边缘的角落，要是赶着饭后回宿舍抢洗澡间，简直就是生死时速。鉴于这种情况，同学们一般都会提前收好书包，老师一宣布下课立刻撤。因为楼梯间不到三分钟就会堵了，要赶在这之前下楼，我和小伙伴一边念叨着"不好意思，让一让"，一边在间隙里侧着身子钻过人群。下楼后绕过高三宿舍楼，我们就像尾巴着火的兔子一样奔进饭堂，排上队才开始喘气。可能就是因为高三这种特殊的体育锻炼，我和小伙伴高考结束后成功瘦成一道闪电。加上宿舍在六楼，我觉得高三时的运动量恐怕是最大的。

当然啦，如果中午不用洗头洗澡，那放学后我们就会悠闲地观赏别人兵荒马乱地冲饭堂，自己刷题半小时，避开人流再慢慢走过去。高三楼其实有电梯，但只供教师乘坐，学生被抓到坐电梯要扣分。年级主任表示年轻人嘛要多多锻炼身体。偶尔有胆肥的，又比如我（不要学），冲饭堂赶不及，坐电梯时降到四楼（年级办公室那层），都要在胸前虔诚地画十字。然而还是有次被抓了，主任仁慈地放了我一马，之后每次碰见他，我都觉得各种心虚。

来到饭堂自然要排队，有人在闲聊，有人在阅读，也有人在刷题。侨中爱学习的同学多，队伍里有很多安静看书的身影。人多的时候，排一次队十分钟，我可以刷一套 12 道选择题的政治卷。在侨中吃了三年饭，对大叔阿姨的面孔都很熟悉了，哪个大叔打饭大方也了如指掌。难得的是有个阿姨居然认得我，毕竟每天见这么多学生。有次打饭没什么人，她停下来和我闲聊，问我从前是不是小侨的，她说自己就是为了陪女儿从小侨转过来的，还关心我学习压力大不大。我当时觉得侨中真的很有爱，生活在这里充满了归属感。

小卖部

侨中有两个小卖部。一个在校医室旁边，国际部楼下，另一个在女生宿舍楼对面。校医室旁的小卖部只是个窗口，规模很小，和这个小卖部比起来，女生宿舍楼对面的那个几乎可以算作一个便利店了，我们在这里将它称为大卖部。

　　校医室旁的小卖部只卖食品。小卖部阿姨透过两扇窗将东西递给学生，我们并不能进去选购。铁窗的窗玻璃是深蓝色的，窗口前的柜台上摆放着两台刷卡的机器，除此之外，桌面上就整齐地码着各种小零食：无穷鸡米花、芝士条、士力架、韩式紫菜、百力滋……花花绿绿的小零食花样繁多。柜台旁边是放雪糕和冰棍的雪藏冰箱。柜台后面站着两个和蔼可亲的阿姨，她们经常一边卖东西一边聊天，像很多中年妇女一样热衷于电视剧和家庭生活的话题。阿姨身后还有三个带把手的立式冰箱，冰箱门是透明的，可以看见里面陈列着各种饮料。学生说饮料的名字，阿姨就拉开冰箱门帮他们取。要是不知道饮料名字的话，还要用手指比划半天，通常是指着冰红茶结果给拿了宝矿力，

指着阿萨姆奶茶结果拿了旁边的加多宝。

在食堂吃完午饭，总觉得嘴巴很淡，肚子喂饱了但是舌头还不满足，就很想吃一些刺激味蕾的东西，说白了就是馋。这时明明要回宿舍，不知道为什么走着走着就走到了小卖部。正是放学时段，窗口前排队的人很多，我排在那里，开始盘算自己要买什么吃，同时看看别人买了什么。由于有选择障碍症，等轮到我时，可能都还没做好决定，我支吾了一会儿，就还是买上一次买过的零食，一般是一包微辣的台式烤香肠。如果想要更加重口的，会买蒜香青豆，或者是麻辣的鱼豆腐，都不是什么健康的零食，有些还辣得让人跳脚，但偶尔吃一次还是会觉得很过瘾，但是一不小心吃多了就会长痘。

女生宿舍楼对面的大卖部，可以说是高中生活绝对不能缺少的一个地方。大卖部入口处有两个书架，摆卖最新的杂志，《意林》《青年文摘》《作文素材》《文艺风象》之类的杂志都很受欢迎。除了杂志，还有一些教辅资料，比如熟悉的《五年高考三年模拟》。小卖部里的商品这儿都有。除了卖吃的，还会卖些文具和日用品，学生可以在货

○ 小卖部（史梦霞　绘）

○ 壹加壹便利店（李炫聪　绘）

架之间挑选。

　　每逢体育课自由活动时间，对某些不爱运动的同学来说，这里就是一个好去处，一来离操场近，二来有零食和杂志。记得某次体育课我实在是不想动，我就站在大卖部门口叼着一支冰棍，翻完了一期《小说绘》，有种忙里偷闲的轻快。

　　夏天的时候，大卖部就是学生的天堂。没人知道广东的夏天怎么会这么热，热到恨不得全身上下每个毛孔都打开来散热，热到每个人都烦闷难耐。灼热的暑气把学生驱赶到大卖部里来，冰箱里有他们需要的一切——柠檬盐汽水、原味酸奶、蜂巢牌的凉粉、仙草冻、龟苓膏……体育课一下课，大家都蜂拥到大卖部，这些饮料一拿出冰箱，就开始在常温下冒水珠，拿在手里，冰冰凉凉的，就会忍不住脸上贴，正好缓解热得通红的脸颊。买到一听可乐，拉开易拉罐，听到轻微"哧"的一声，瓶口冒出一点小水雾，迫不及待地灌一口，只觉得四肢百骸都受到了抚慰，可以舒服地长叹一口气。如果是买酸奶，我用吸管喝完之后还会撕开包装，恋恋不舍地舔酸奶盖。

那时候，为了向某人表示感谢或歉意，同学一般会请对方喝酸奶。酸奶或许是小卖部里最健康的一种饮料了，喝起来没有负罪感，同时也是炎热下午独自享用的一份美味。如果哪天中午你回到班级，发现桌面上静静地放着一瓶酸奶，可能就是最近和你吵架的某人想要跟你和好吧。

除了饮料之外，冰箱里自然少不了各种雪糕和冰棍。我最经常买的是一种装在包装袋里的鲷鱼烧冰淇淋，外形像一条鱼，咬开柔韧的外皮，里面就是牛奶冰淇淋和红豆。这种雪糕在刚有点融化的情况下最美味：冰淇淋已经有一部分融成奶油状，和红豆裹挟在一起，鲷鱼烧的雪糕皮已经在奶油的作用下变得柔软，口感层次丰富浓郁。很多女生都特别喜欢这种雪糕，不但因为香甜好吃，而且拿在手里也分外可爱好看。

由于大卖部就在宿舍对面，我一般在午休起床后，回教室之前，顺便（多好的理由）去大卖部逛一逛。大概大部分同学都和我有一样的想法，所以午休前后大卖部人流量很大，我几乎是在货架之间被推着走。有时候在门口都可以感受到人潮拥挤，几乎挤不进去。一股人或许就放弃离开了，我呢，带着一股执念，不买到是不会罢休的。

情在侨中

侨中校服

提到校服，恐怕大家印象中都是那种又肥大又老土的运动服吧。说真的，刚开始穿侨中校服的时候，我内心对它也是一万个嫌弃。可是等到真的要和它永远告别了，最后穿着拍合照的时候，乍地仔细一看，其实还是很简洁大方的。

侨中的运动服很显眼，整体风格十分清爽利落。白色运动上衣和深蓝色运动裤是经典配色。上衣的蓝白衬衫领，与校服整体颜色相呼应，还有一小条红色滚边，衣领下方有两颗纽扣，前胸左侧有刺绣的校徽，下摆两侧是小开叉，细节处理得很好，像宽松版的 Polo 衫。而运动裤同样是比较肥大的萝卜裤，深蓝色的裤子在脚踝那儿往里收，裤子两边各有两道白色的侧线，远看会拉长腿部的比例，显得人很精神。校服外套是风衣料子，也是蓝白的，两条袖管是深蓝色，各有两道滚边侧线，衣领也是蓝色，此外其余部分是白色，拉链也是白的。袖口和外套下端都有皮筋收口定型，起到不错的防风保暖作用。

说句心里话，侨中的运动服真的非常舒适，纯棉的料子手感软熟，宽松的设计也很适合活动。高考之后，我宅在家里，整整一个暑假都穿着校服。去大学报到之前，还特地在行李箱里塞了两条校服裤。校服还有个优点就是好洗，不变形不起球不掉色，不需要保养也用不着小心翼翼地护理。

最令侨中女生骄傲的肯定是侨中的女生礼服。男生只有一套礼服，而女生有两套，一套是水手服，另一套是西服。虽然女生的水手服是"改良"版的——白色百褶裙的褶特别少，并且保守地盖到膝盖以下；蓝色的水手服上衣很宽大，成功地遮盖女生的身段；西服的百褶裙是裤裙的式样，以最大限度地避免女生走光。但是，和别的学校比起来，有水手服穿已经很幸福了好吗？而且水手服的上身效果确实是非常养眼的。

在侨中穿水手服的机会不多，也就是在一些特殊场合，比如合唱比赛和拍毕业照的时候，而这种时候对女生来说简直就像过节。那天早上，女生一般会早起，对着镜子仔细地打理发型，将水手服的领带绑成温莎结或者是蝴蝶结。秋冬的时候，女生还会特地配上一双长筒袜和小皮鞋。尽管学校禁止女生在教室里披散头发，但在穿水手服的时候，女生还是会偷偷地把头发放下来，小小地臭美一番。走在校园里，蓝衣白裙身影不断，能看到白色百褶裙之下女生们齐刷刷露出的小腿，深蓝的水手服衬得她们的皮肤越加白皙，在日光下的剪影也是那么清纯、安静。

女生的第二套礼服是西服。和男生的礼服同款，是白衬衣和黑色西装裤，所不同的是领带换成了蓝色丝带。除了和运动服、水手服一样宽大且不合身之外，西服在配色上还是令人满意的。西服一般会在更加正式的场合穿，比如在颁奖仪式的时候。

至于男生的礼服，就是白色衬衫和西装裤，加上一条黑色领带。领带还很贴心地设计成拉链式，以防男生不会打领带。平时嘻嘻哈哈的男生换上笔挺的西装，整个人都不同了，感觉分外挺拔且神采飞扬。

记得拍毕业照那天，大家都很兴奋，整个高三级似乎暂时从高考的紧张中逃脱了一会儿，借机喘口气。早上来到教室，我们都好奇地

○ 水手服（吴晓靖　绘）

○ 运动服（吴晓靖　绘）

打量着彼此，特别是男女生之间，似乎重新认识了对方一般。有人偷偷化了一点妆，有人私自把水手服改短改小了，大家都偷笑着不戳破。哦，对了，如果有侨中学妹烦恼裙子太长，又因为是裤裙没办法往上卷，我可以悄咪咪地告诉你们一个黑技术，不过估计你们也能无师自通——就是把里面的裤裙剪开。

值得一提的是，有一个班的男生在拍毕业照时穿了水手服，服装由他们班女生友情提供。场面无法描述，那叫一个"惊艳"！

暑假结束之前，我在家里收拾校服。短袖、长袖的运动服和运动裤塞满了一个衣物收纳箱。校服有新的有旧的，三年来我都没舍得扔掉过一件。最新的那件是在高考前不久买的，带着崭新的白色，白得有点泛青，衣领还有洗衣液的清香。忽然意识到，原来我这辈子穿校服的时光就这样过去了。以后这堆衣服会永远被埋在衣柜深处，连同许许多多的回忆一起，最终躲不过被遗忘的命运。

《纳尼亚传奇》里面爬到衣柜深处的小女孩，从一件件厚厚的冬衣里钻出来，发现了一个童话般的纳尼亚世界。而我呢？也许哪天，收拾衣柜的时候，会偶然抖落开满满一屋子的记忆，把我带回这一刻，又看见这个下午的自己，坐在房间里傻傻地感慨，甚至还会看到以前无数个穿校服的自己，在教室里上课、做习题，在操场上和别人一起跑步，放学了玩命一样地冲去饭堂。

我会很怀念这些穿校服的日子。

友　情

想起自己在侨中的形象，还是不形容了，否则真有点对不起读者。虽然如此，但这并不影响我交朋友。我们要坚定地相信在这个被外貌俘虏的世界里还是有真情存在的。在很大程度上，尤其在侨中，性格和心态才是交友的决定性因素。

本着真诚待人的原则，展现在他人面前的，一定得是真正的自己。这就有点尴尬了。你说一个人长得丑吧也就算了，偏偏还要"做真正的自己"，在别人面前可能比较收敛，但在朋友眼里根本没什么形象，

○ 同学间谈天说地时喝的饮料（史梦霞　绘）

该什么样就什么样，一起玩的时候整天傻乐傻乐的。在高中就该这么和人相处，随性且没有负担。一个对自己和他人都真实的人，才是有自信的人。放眼望去，比我放得开的人多的是，他们身边往往有更多的朋友。

在高中，我其实并不算人缘好，这也是性格原因造成的，因为我不擅长维系感情，也不懂得故意讨别人喜欢。但我尽力做到让愿意靠近我的人，都发现我其实是个很不错的人。《武林外传》里面佟湘玉说过一句鸡汤台词："真正的朋友是要用心交换的。"乍一听很鸡汤，但我确实三年都是这么过来的，收获还颇丰。

同班同学

我分班后去了文科班，全班四十多个女生和不到十个男生。所谓三个女人一台戏，这四十几个女人就不知道多少台戏了。开学前，我对自己恐怕要参演一出《甄嬛传》而瑟瑟发抖。佳婧从理科班过来看我的时候，我调侃她："你干吗不来文科？你这个叛徒。"她对我们班男女比例发出一声喟叹："怎么能让我这颗'老鼠屎'坏了一锅女神汤。"

事实证明，我的担忧完全是多余的。班里简直就是无菌环境，想象之中女生的小心思和钩心斗角几乎是不存在的，就算偶尔有小冲突也不比没分班前多。我总结反思了一下，大概有以下原因：第一，我对文科班有误解；第二，大家都专注学习，没心思搞"有的没的"；第三，我们班的同学素质高。我纠正了自己的"左倾"思想，就欢天喜地投入新环境中去了。

与同学相处的日子平静又愉快，也渐渐体会到和温柔细腻的女生相处是多么舒服的一件事。在很多次集体活动中，我们也展示出独有的凝聚力。比如篮球赛上，我们全班女生倾巢出动给班里的男生当拉拉队；比如拔河比赛上，我们参赛的男生不够对手多，还是拼了命地要赢，第二天喊加油的嗓子哑了，参赛的女生手臂酸痛几乎拿不动笔。还有校运会、合唱比赛、啦啦操赛，让我认识到，其实我们每个人都珍视着彼此和共同的班级荣誉。

到高三后期，融洽友爱的班级氛围就尤其重要。每个人都顶着巨大压力，班主任让我们化解掉高三带来的敌对竞争氛围，去试着向身边的人求助，去敞开心扉，有困难说出来，共同承担。一群人相互扶持，谁也不能掉队。

说实话，我很感谢有他们的陪伴。高三晚修的课间，大家基本还在奋笔疾书，处于完不成作业的烦躁中。我挺不好意思地问同桌一道题，她一般会停下手中的事，很耐心地给我讲解。就算实在忙不过来，她也会跟我说一声，事后再帮我解决。我和她高三最后三个月的相处是充满默契的。还有坐在我前面的老龚，个子小小的，却蕴含一种坚定，看到她努力的样子，我内心也会更沉着。又比如我右前方的娜娜，学习的时候霸气外露，其实是个很软萌的女生，我很喜欢抱她。哦对了，我们班女生在高三的时候喜欢拥抱。晚修课间的时候，会看见京京、卤蛋、阿宝她们在后面抱成一团不说话。旁边的人就默默地看着。

○ 压力山大的书桌（史梦霞　绘）

舍　友

高一高二的时候我们住在第一宿舍，只住女生。这栋新宿舍楼是学校最好看的建筑了，外面看起来堪称豪华，里面每个宿舍都有两卫两浴，配有独立阳台。一楼中央还有一个种满花草的小庭院，这也意味着，一楼蚊虫特别多。

当时每天早上叫醒我们的起床铃是一曲滑稽喜庆的《步步高》。估计我很久以后，哪怕是过年时在超市里听到这首曲子，都会想起高中时每个与床难舍难分的清晨，然后自然而然地张大嘴巴，从嗓子眼里打个哈欠。起床铃之后五分钟，舍监就开始广播叫起床，之后每隔十分钟叫一次。广播一般比较大声，某个舍监的口吻简直就像火灾现场叫逃命似的。有段时间微信群里就流行着舍监的一组表情包，其中有张就是舍监在宿舍门前对着麦克风忘我地大喊："现在是六点五十分，要锁门了啊，还没离开宿舍的同学请尽快离开宿舍！"她身后就是被她的次声波震塌的宿舍楼。

一般来说锁门之前的十分钟，通往宿舍大门的走廊是最热闹拥堵的，因为人多且挤，大家只能摩肩接踵地慢慢往前挪。直到锁门之前的五分钟，人差不多都走光了，舍监干脆就关了半扇门，锁上半边锁链，然后"哐啷哐啷"地开始摇锁，以威吓后面还在慢吞吞下楼的同学。小晴同学把这形容为"摇成凶铃的模样"。

晚修下课后宿舍门前也是很拥挤，人群龟速挪动。为了抢洗澡间，我和小晴经常绕道走宿舍楼中间的小花园。那里芳草萋萋，有条石板路通向宿舍另一头，我们俩一前一后地跳跃在小石板上，匆匆路过掩映在夜色里的花草、头顶的月亮，书包也在背后一蹦一跳的，像两只轻快的小鹿。

高一的时候还没分班，我们宿舍的人平均都和我有三年以上的友谊。从初中到高中，如胶似漆，会做各种各样疯疯癫癫的事。我们日常是这样的：洗完澡后，熄灯了。为了瘦腿，舍长和贝贝、晗儿"骈死"于上床，脚贴着墙，呈倒挂姿势。良久，贝贝悠悠开口："你说，晚上可以这样睡着吗？"下床的馥馥："不能。""为何？""因为冷……"

○ 女生宿舍楼下（布嘉琪　绘）

　　有时我们还与舍监智斗，比如初三的时候，为了打夜灯，我们用报纸和牙膏糊掉了宿舍门上面的窗户，这样就不会因为透光被舍监发现。除了开夜车学习，我们也有集体"思春"的时候，熄灯之后闲聊自己的理想型，舍长有时会爬上我的床聊她男神聊到眼睛像个灯泡似的发光。

　　还有一回，那时候高一，京京生日，我们偷运进来一个蛋糕。大家都假装不记得明天是她生日，早早地睡了，半夜十二点爬起来给蛋糕点好蜡烛，去叫醒她。京京看到蛋糕差点哭了。寒冬十二月，我们紧紧地围着蛋糕和烛光，一点也不觉得冷，谈天说地，聊以后想做什么，详细得好像是发生过的事情一样。这些我们都记在一本蓝色的宿舍日志里，从初三倒计时一百天，到高一分班，写满了每一页。这本日志现在在我手里，我都不太敢翻开，害怕沉浸在回忆里，突然发现自己原来和这群人曾经那么亲密，那么开心。

　　后来分班，遇到了另一群人。课业逐渐繁重，我们宿舍安静学习的时候比较多，特别是在高三，宿舍里立下准时禁言的舍规，以提高学习效率和睡眠质量，全宿舍一致鼓掌通过，果然都是不折不扣的学霸。然而我们闹腾起来也是很欢脱的。比如"陈家大小妇"和"李先生"的准时十一点档肥皂剧；洗澡洗衣服时集体大合唱，歌声连绵不绝、属引凄异；在宿舍吃夜宵的盛况；晚修后抢着洗澡的赛跑……现在提起都会心下一暖，会心一笑。

　　毕竟一起经历过高考和十八岁青春的人，如今高口毕业，我们散落在全国各地的大学念书，寒暑假都会聚在一起喝茶、看电影。我现在还记得谁睡在我上铺，谁喜欢磨牙说梦话，谁喜欢打鼾，谁的柜子里有最多的零食……

○ 体育馆楼上的宿舍（史梦霞　绘）

死　党

在一群人里，会有一两个人和自己特别合拍的，有说不完的共同语言，有打不完的架，有时候明明是很无聊的梗，也可以一起笑到弯着腰起不来。如果能遇到这种人，就是在高中的一大幸事。这种人有个名字，叫死党。

这种可怕的生物了解你的一切。她知道你的生辰八字、生理周期、手机密码、家庭住址、支付宝账号，还有你的一切不良嗜好和高雅情趣，你的心路成长历程以及感情史，你动动脚趾头她都知道你在想什么。你们聊天可以从最崇高的人生理想聊到随便什么百无禁忌的话题，两个人一块儿能做尽全天下最幼稚的事情。

最重要的是，你们知道彼此一定会陪着对方。

我的死党叫小晴，她长得像三角形脑袋的尖耳朵狐狸犬，牙尖嘴利，性格鬼马。我俩的相处模式和常人不同，根本上有别于一些闺蜜之间的温情脉脉。小晴同学形容得好，我们这叫"相爱相杀"。我们的日常：斗嘴、打闹、互相嫌弃、聊天扯淡、闹别扭、小心眼，一起冲饭堂，一起撸饭堂门口的猫，一起百米冲刺跑回宿舍洗头，一起披头散发地去阅览室自习……

和她待在一起的时间往往过得很快。有时候不急着写作业，我们打完饭边吃边聊，聊着聊着就忘记了时间。有一回我们聊得很晚，走回去的路上我还在描述着昨晚做的怪力乱神梦，总之是有关年级主任的梦。我们就像两个女神经病一样，一边脑补那个梦，一边笑到倒饬不过气来，都快把肺叶笑出来了，差点走不动路，走到高三宿舍的楼梯时几乎只能撑着墙走。

然后，我们发现宿舍已经锁门了。

啊，怎么办？我们一边拾级而上，爬到那个紧紧关上的栅栏门边，一边等舍监来开门。我们的计划是这样的：小晴一会儿蹲在台阶边，紧闭双眼，捂着肚子脸色铁青，然后我再一脸凝重地报告舍监：我们迟到是因为带她去了校医室。我俩非但不紧张，还觉得有点刺激，认真探讨着怎么演比较像。

○ 与死党一起学习（布嘉琪　绘）

说着说着，舍监一直没来。我推了推门上的锁，发现原来锁没扣上！于是赶紧拉开栅栏跑进去，一路飞奔，路过三楼的时候，发现舍监正背对着我们，我们一阵旋风似的刮上了五楼，回到宿舍才开始抱着肚子狂笑，刚刚一路憋笑我都快震到内伤了。

我俩当然也会做一些女生喜欢做的事情。比如晚修课间在天台一人一只耳塞听歌、看星星；春天时捡篮球场边那棵雪白紫荆的落花，夹在字典里……

日子就是这样，像落花，每天都是薄薄的一片，轻飘飘的下来让人没心没肺地从不承前想后，仿佛每天都是一个样子，一个月一年有时候过起来如同一天。尤其在学校里，课程表一丝不苟又循环往复。可是啊，一天天过下去，日子就有了厚度，不知不觉越过越快，渐渐想象不出，日子除了是这种面目还能长什么样，没有身边的这些人、这个人，生活又会怎么过下去。在一起太久，靠得太近，就有了血脉相连般的情谊。

有很多人对我而言都有特殊意义，我们在岁月里塑造了彼此，不论未来如何，谢谢那些有你陪伴的时光。

师生情

年级主任

在侨中六年，教我的自然都是侨中老师。我没怎么上过别的学校的课，但我有理由很唯心主义地任性地认为，侨中老师（至少是教过我的老师）都是最可爱的老师。

我们这届的年级主任是周光荣主任，我们都亲切地叫他"光荣爸（bǎ）爸（bá）"，我们还给他起了一个非常洋气的英文名——"Glorious Zhou"。他是个政治老师，你听他说话时，就会觉得他像是中国20世纪五六十年代电影里走出来的人物，慷慨激昂、热血沸腾，总是拧着眉头，有一股坚毅的神色。当他在麦克风里演讲时，你就会不自觉地脑补他这副表情，再配上他口音奇特的普通话，还会绷不住笑。

比如他在广播里气宇轩昂地说："让那些自习课上说话的同学像过街老鼠一样人（yín）人（yín）喊打。"这是在自习课前说的，安静的课室顿时一片哄笑。后来我们笑得多了，他就铆足劲改了口音，代价就是他说那个"人"字的时候，音速放慢1.5倍，像加了特殊音效，非常狂霸酷炫。还有一回他念一个同学的名字，后面两个字念不出来，就卡在了那个姓上，那个人姓王，结果就是："那个王——王——王——汪汪汪。"

虽然他有时会说些肉麻兮兮的话，比如我们每天都要听他念年级口号："让爱我的人，以我为骄傲。"中间的逗号是他故意停顿，意欲让我们跟他一起念。还有什么"做人第一，善良最美""两眼一睁，开始竞争"等。但是，我们也知道，这就是他的处事风格，用这种方式关心着我们。况且，他是我们整个年级的活宝，大家模仿他模仿得不亦乐乎，没有他，我们的高中生活会失去很多乐趣。可能我以后只会记得"光荣爸爸"这个年级主任，这号色彩鲜明的人物如今是不多见了。引用一句他的名言："光荣属于大家！"

另一个年级主任是谭子虎主任。谭主任是个精瘦的物理老师，戴着金丝边的眼镜。高一的时候他教过我，后来我去了文科班，除了坐电梯被他发现或是我们班男生被抓外卖之外，几乎没什么接触。但是

○ 教室窗外一景（史梦霞　绘）

这位年级主任的名声在外。我在他的朋友圈上看到，有一次他"微服私访"英语听说室，是真正的"微服私访"。他穿着借买的校服外套，要去抓几个玩电脑的坏蛋。他悄悄走到后排，看到三个同学偷玩 CS，玩到不亦乐乎，于是大摇大摆地走过去，拍拍其中一个人的肩，那人连头都没回，拂开他的手说："别搞！"于是子虎兄神情淡漠地说："到办公室来。"于是那三个人像被雷劈了一样缓缓抬起头来……可以想象那几个倒霉孩子的表情。

还有一位年级主任叫景千瑞主任，是三位年级主任里最能侃的一位。记得有一年，好像是元旦晚会，光荣爸爸、子虎兄和景主任在大礼堂的台上戴了假发，跳草裙舞，屁股扭得很带感。这算是当晚最好的元旦节目了。这段视频后来在朋友圈上疯转，让无数侨中学子笑岔了气。

班主任

老师对学生要求高，事实上学生对老师要求更高。作为一个苛刻的学生，我评价班主任有三个标准：第一，她爱我们；第二，她处理解并尊重我们；第三，她给我们自由。我们的班主任——仇钧老师就完美契合这些标准。她是"全国优秀教师"，这是我后来才知道的。在我眼里，她就是我们的"仇宝宝"。

仇宝宝四十多岁，留一头柔顺的及肩长发，戴一副眼镜，给人一种亲切随和的感觉。她以前爱打篮球，估计和刘敏华老师当年是打遍天下无敌手的姐妹花，据说有无比辉煌的曾经。后来她膝盖受伤了，好几年不能剧烈运动，但身材依然很好。现在的她收敛了锋芒，坐在我们面前，有一种从容的气度，还有依然不变的天真。

她是政治老师，但与周光荣主任截然相反。对时事政治，她有自己的看法。对待政治这个学科，她也是很矛盾的，有时讲着课，想要说点什么，刚开头又咽回去了，我们就哀求她说下去，她又摆摆手："下次找节课专门来说。"然而我们一直没等到这个"下次"。

我们爱找她聊天，特别是我有段时间参加模联，对政治有各种想法。课间的时候她也不急着离开，坐在讲台上，我们就围在她身边，七嘴八舌地发表自己的意见。十七八岁的学生，对什么事情都有看法，她总是目光赞许地听我们说，她说，政治是个很丰富的学科，是门"杂学"，以后如果有机会欢迎我们学习真正的政治。

课间，她坐在讲台上，我们都爱围在她身边，探头过去侧耳倾听

○ 课后学生围着老师讨论问题（布嘉琪　绘）

她从容地说话，或者和大家一块聊天说笑，讨论问题。偶尔她不认同我的观点，我们还会争论起来，这时候她的眉头就微蹙，一副认真的神色，但并不着急："呐，粤萍，你听我说，不是这样的……"大家几乎都是讨论到下一节课的老师来了，才肯放她走。

一个人的涵养不是与生俱来的。仇宝宝没条件运动，就多了好多时间看书。她的桌面上摆着各种书，办公桌的玻璃隔板上还贴着便利贴，写着准备买的书和想看的电影。她还上网买了一本四级词汇，扬言要背单词。

她给人一种感觉，她也像我们一样，也在学习，并且热爱学习、热爱阅读。她没空看书的时候，她桌上的书就便宜了我们。有一回我看完了她的《月亮与六便士》，拿书去还她，那天晚上刚考完高三的模拟考，我就坐在她办公室里，和她聊天，不知不觉聊了两节晚修。把考试和成绩都抛诸脑后了，我们只聊书里面的那个天才和他的理想，两个人兴致勃勃地越说越兴奋，慢慢地，我感觉自己从疲惫和麻木状态中活了过来。

我们班的同学都喜欢没事就去办公室找她玩，说话的时候可以没大没小。仇宝宝很爱笑，笑点还很低，忘了有一回我们说了啥，她笑得前仰后合，笑完之后把手伸到眼镜后边擦眼泪，然后说："笑死我了。"

科任老师

仇老师的文科老搭档有语文老师胡姑娘、英语老师饭妈、数学老师岛岛，这是我们班的原装搭配。

饭妈是我见过最刀子嘴豆腐心的老师。高三时每天背五页英语词汇是我们永远的噩梦。那时我们班人手一本小蓝本，课间背，吃饭背，晚修背。单词默写不及格要每个抄写十遍，有同学真的试过抄单词抄了两节晚修，用掉了一支笔芯。刚开始上她的课时，甚至有女生被她骂哭过。

那时每天最可怕的事情就是上英语课。仇宝宝在英语课前进来班里，就会看见一片背单词的蓝色海洋。我们班男生偷扫过宿舍打夜灯背单词的情景，一个个呈葛优躺，颓废地倒在床上，目光痴迷，看着小蓝书不能自拔。英语课时，饭妈一般是不等铃响就驾临教室，带着

○ 老师在讲课（布嘉琪 绘）

女王的气场喊一声"Dictation first（先听写）"，然后满意地看着我们这群"瓜娃"手忙脚乱地掏出听写本。

一开始大家都是对她又爱又恨，后来渐渐了解到，她就是这么爽快的性格，骂我们也骂得很有她家乡的地方特色。主要是她骂得在理，我们也都愿意听，甚至后来一天没被她骂就觉得浑身不舒坦。有一次，实在是太累了，英语课上大家昏昏欲睡，她想发威把大家骂醒，结果自己没绷住笑了。

饭妈很严厉，也严厉得可爱。其实如今回忆起来，真的感谢那一段时光，感谢饭妈，给我们打下了很扎实的英语功底。

而我们的语文老师是"胡姑娘"，我们也叫她"胡姐姐"。她是一位仙女般的语文老师，远远看她走路的姿态会错觉她是个妙龄女子。果然女人的年龄永远是个秘密。她眉如细柳，肤如凝脂，留着长长的大波浪头发，穿着一向为我们津津乐道的仙女裙。讲课的时候，她时常会走下讲台，一边声音温柔地侃侃而谈，一边在我们的课桌间走动，迎接每个学生的目光。有时她讲得兴起，就突然转过身去，走回讲台上。那一刻她裙裾带风，裙摆像花苞一样盛放开来，齐腰的长发跟着她的转身旋出一个弧度，然后她踩着高跟鞋快步走到黑板前，拿起粉笔"笃笃笃"地写下些什么。

胡老师也爱读书，不过风格与仇宝宝不同。她看《红楼梦》，还百看不厌，也是中国古典诗词的骨灰级粉丝。她讲杜甫、李贺等各个诗人的曲折身世，讲律诗、绝句的鉴赏，一边讲一边自我沉醉。这些几百年前的人，在她的讲述下，一下子离我们很近。

她爱读书不是单纯说说而已。高考毕业的暑假，我和胡姐姐聊天时，偶然推荐给她一个背英语单词的手机APP，并且和她约定暑假互相监督背单词。至于为什么会和语文老师约定背英语单词，这就是神奇所在。似乎是她说想读英文原著，但英语水平不够，决定要背单词。这个约定没多久我就忘记了。等寒假我再回校看望，胡姐姐突然告诉我，从那以后到现在她一直都在坚持背单词，每天用一个小时，现在已经积累了一万多的词汇量，可以慢慢读一些原著了。我当时一下子震惊了，只想向她献出我的膝盖，以表敬意。真不愧是我一直以来的女神。

除了仇宝宝和胡姑娘，还有数学老师岛岛，他可以在黑板上徒手画圆，这个圆堪称完美，宛如艺术品，而他慢条斯理的讲解，简直把数学题讲成了美学；历史老师海海，立志每年读50本书，经常向我们报告进度；地理老师付哥，他的课堂上各种段子层出不穷……每个老师都给我留下深刻印象，不仅是因为他们的悉心教导、讲课水平卓越，更是因为他们是真的热爱自己教的科目。因为热爱，才能真心诚意地投入，才能有激情以感染他人，并且将这份热爱传递给更多的学生。

追求自己热爱的东西，不管多辛苦，不管处于什么年纪；坚持自己认为正确的事情，不管有多难，不管有多大压力。这些都是我从他们的言传身教中学到的。

有种感情叫作"其他"

为什么要把一种感情归为其他呢？是因为其中有什么不可为人道

○ 雨天的教室走廊（史梦霞　绘）

的地方吗？才不是，我都毕业了，如果连在这里都不敢掏心掏肺，那我也太怂了。

只是，当我认真回忆起来，都不知道这究竟算不算一次情感经历，也不知道应该怎么归类。当很多女生回忆起初恋，或许也会有这种疑惑：那算是吗？它那么微妙，那么透明而又美好，却是脆弱的，难以捕捉而转瞬即逝的。这种感情，远远谈不上是爱情，大概是一种朦胧又懵懂的欣赏和喜欢……最多最多算是一种怦然心动吧。

有些人就是那么刚好，能在最美好的年纪遇到最青涩单纯的对方。他们也许会想到，自己喜欢的不一定是具体的某个人，而是自己脑海里的印象。记得有那么一句话："那时候，喜欢一个人，不是因为你有房有车。而是，那天下午阳光很好，你穿了一件白衬衣。"

确实，在日后对爱情的幻想化成灰之前，起码得有些东西做底子吧。

你想象一下，在四月，B、C栋教学楼之间的那棵紫荆开花了，粉色的白色的花瓣铺满了树下的石板凳和鹅卵石小路。风起的时候，好像满树繁花都在风声和光彩里闪烁，簌簌地，落一场静默的花雨。如果你此刻站在树下，仰着头看落花，转过身时，目光穿过空中的几片花瓣，正好对上二楼某个人的眼睛……

又或者是盛夏，刚下过几天暴雨，雨水初收。夏天的缤纷便酝酿在先前四处蹦跶的雨水里，忽然爆炸开来，散落在校园各处。一滴小雨点发酵成午后一缕阳光里的水汽，另一些小雨点长成一树蝉鸣编织的浓荫。一个微笑就从操场的日头下绽放开来，他的刘海和睫毛在阳光下刷出一道阴影，还见深深的酒窝，笑容灿烂而腼腆，连眼底也盛满笑意，夺目的、干净的、大男孩的笑容，令人侧过脸，生怕多看一眼都要脸红。

花痴归花痴，这种情节从来没让我碰到过。反正我觉得，没遇到就算了，专门去制造就没意思了。然后我清心寡欲了三年。这么说起来还是有一点点伤感的。但至少，我脑子里确实留下过某个人专心致志的神情。

在侨中，其实更多的是这样的女生——戴着黑框眼镜，抱着一两

○ 有一种感情叫做"其他"（布嘉琪　绘）

本书，想要坚持不懈地留一头长发，随便束在脑后，只是为了某天心血来潮地剪掉。她们偶尔看起来很活泼，但无不给人一种实质上很安静的印象。当你看到她们穿着校服，埋头沉下心来看书的时候，这种印象就更深了。她们很简单，穿着白色校服上衣，素面朝天，大大咧咧地笑，简单得让人一眼就看明白了；她们又太复杂，感情丰富，神经敏感，连她们也解不开自己千回百转的细腻心思。她们之中也有敢爱敢恨的，但对更多的人来说，这种喜欢只是一段漫长的、没什么情节的单恋故事。高兴是她们自己的，悲伤也是她们自己的，她们独自承担一份自己才能体会的卑微渺茫心情，并且安慰自己说，这种感情与他人无关。也确实因为无望，它才令人无所企图。

　　梅雨天里，宿舍挂着不知谁的校服，冒冒失失的也不拧干，水就顺着白色衣角往下淌——滴，答，滴，答。这就给她们细密的心事加了注脚，扰得她们辗转反侧。当然也会有埋怨，恼怒着自己的心情被他人轻易影响，怎么可以这么没出息，一声不响地喜欢一个人这么久，久到已经成为一种习惯，一种执念。

　　这种微妙的心情，最后都给编织在雨季的序曲里，成为穿插其中难以察觉的乐思。等到很久以后，回想起这个情绪里的自己，也许只剩一声叹息。

自强不息
敢争第一

讲侨中的故事，就像拿了一条小板凳坐在老母亲身边听故事。冬天的太阳晒得院子暖暖的，母亲拿着红毛线一针一针地织着、絮絮叨叨地叙说着，不少前尘往事也在这个下午流泻下来，院子好像中了魔法，回忆被太阳晒得膨胀，充满整个院落，空气中飞舞着金色的小尘埃。她的出生、她苦难良多的童年、她儿时的一场大病、病愈后的青春和风华，以及她后来哺育过的孩子们，她都慢慢说了。我好奇地瞪大眼睛，依在她围裙边，看着满面沧桑的她，第一次听她讲这些事情，如同看历史再次上演。仿佛突然惊觉自己母亲原来是历史之中传奇一般的女子。

她诞生于特殊的年代、特殊的地理位置、特殊的文化背景中。这几个"特殊"，也许哪怕少一个，也不是我们今天看到的她了。

1954年，新中国首架自制飞机从南昌某机场绿草坪上腾空而起；新中国颁布了第一部宪法；世界上第一枚实用型氢弹在太平洋上炸开一朵震撼世界的蘑菇云。而此时，归侨陈茂垣筹资创建的侨中在石岐元兴街1号正式落成，这时候的她叫做"石岐市华侨中学"。

陈先生的这个壮举，在几代侨民心中早已有构想。他们客居他乡，胼手胝足辛苦创业，但目光远渡重洋翻山越岭，心系家乡，想着要让家乡的子女好好读书，不要像他们一样，在出来"捱世界"时吃尽苦头。

陈茂垣曾说："我生长在贫穷的家庭，没受过高等教育，文化水平很低……很多工作不能胜任，深感痛苦。不仅我个人如此，每与同胞谈及，他们亦有同感。想要国家富强繁荣，必须培养年青一代，才能负担起建设祖国的责任。"

为解决归侨子弟的读书问题，陈茂垣先生与其他归侨一起创办石岐市华侨中学，即现今中山市华侨中学的前身。当时国内创办华侨中学的原因有三种，第一种是作为"海外华文学校"，方便海外的侨胞子弟回国就读；第二种始于抗日战争时期，政府为安顿归国侨生，专门拨款设立"国立华侨中学"；第三种也就是中山市华侨中学这种情况，由海外侨民回乡捐资建立。

石岐市华侨中学建成于1954年，选址在石岐元兴行（今民族东路）雨芬中学旧址。同年，中山县创办了另一所中山县华侨中学。1959年，

○ 学校正门口（史梦霞　绘）

中山县、石岐市、珠海县合并为"中山县"，两所华侨中学也合并为"中山县华侨中学"（今华侨中学初中部）。

1954年刚建校时，石岐市华侨中学只有初一级3个班，学生加上老师，只有一百多个人。1957年，发展到9个班，那年开始招收高中生。

1960年，第一批侨中学子高中毕业了，其中黄沃伦考上了北京大学；1961年，麦靖南同学考上了清华大学。不由感慨，原来侨中"清华北大年年有，世界名校届届出"的名号在一开始就有了。

1964年9月，侨中经历了一次灾害。当时台风"露比"横扫全市，吹倒了学校的千人礼堂。为了抢救灾情，学校的老师和学生白天上课，晚上奋战，用人力车到沙溪、库充、石岐砖厂等地搬砖运沙回学校，投入到灾后复建工作。广东省副省长郭棣活听闻后，立即从自己的存款中划三万元支持学校重建。侨中重建非常成功，那一年侨中也迎来了十周年校庆。

然而，好景不长，两年后侨中经历了一场浩劫。"文化大革命"的风雨在她身上重重地刻下印痕。1966年，学生停课闹革命。1967年，侨中改名换姓，变成了"中山县红旗中学"。1968年，学校解散，侨中不复存在，并入石岐一中。1969年，石岐红卫中学迁入侨中原来的校址。1970年，红卫中学更名为石岐三中。

　　这个时段，中山和当时的全中国一样，风云突变、动荡不安。到了1970年，可以说，从前的侨中几乎消失在历史深处了。

　　但学生求知的欲望却并没有消失。留校的"老三届"，私下偷偷找老师上课。在恢复高考后第一年，他们便取得了不错的成绩。

　　1979年，改革开放后，香港"海产大王"蔡继有先生回中山探亲，与县委统战部部长林藻会面，谈到自己年轻时海外就业，因为学识不足而吃尽苦头，如今希望有生之年能为家乡学子的学业尽点绵薄之力。

　　于是林部长带他去看了侨中的状况。蔡继有先生后来这样写道："林部长带我到河涌附近参观一间中学，只见一幢斜楼，几间平房，椅残桌破，一片荒凉。那便是归国华侨陈茂垣老先生一手创办的'华侨中学'，已经历尽沧桑，改了名字，不再姓'侨'了！"看过乔中之后，蔡继有先生便下决心要把华侨中学复原起来！

　　说起兴建，又谈何容易。第一件令人头疼的事，就是"钱"。回到香港后，蔡继有先生与好友陈泽、邓骅决定暂时放下手中的活儿，到澳大利亚悉尼、墨尔本，美国夏威夷、三藩市，加拿大温哥华、多伦多等地，遍访海外中山的乡亲，邀请他们为学校筹资。

　　蔡继有先生坦言："到达各地之初，由于与当地侨胞认识不深，竟然被人怀疑为社会上的'混混'之类，借此敛财，工作开展十分困难。"后来，蔡继有先生只好向侨胞们交代，宴请、交通、住宿等费用都由他私人负责，筹集的款项全部用于建校，才得以继续谈下去。

　　除了筹资，蔡继有先生也向海外中山人传达了家乡政府欢迎他们回家探访的期盼。乡亲们听闻要复办华侨中学，十分激动、反应热烈，纷纷慷慨解囊。

　　后来，越来越多海外华侨回国探亲。蔡继有先生和苏继滔先生等通过侨务局联络到不少中山的乡亲，大家一起聚谈喝茶之余，都说起创业吃的苦、走的弯路，也有感于教育的重要性。于是更多的华侨加入了复建侨中的队伍，甚至有华侨慕名而来，主动联系蔡先生，也想要助侨中一臂之力。

更有趣的是，蔡先生在夏威夷遇到了一位国民党元老，受到了他的质疑和斥责。但又是他，在蔡先生临走时，追到机场亲自交付了捐款。

尽管蔡先生等人四处为侨中的复建奔走，但筹集的资金依然不够。他又联系了港澳的友人，同时在苏继滔、郭棣活、杨志云等人的赞助下逐步复校。

1979年，侨中宣告正式复校，但只剩"一幢斜楼，几间平房，椅残桌破"，一切依旧百废待兴。师生们上课之余，还要共同参加新校舍的建设，在烈日当空下，学生戴着草帽，弯着腰拔除齐腰高的杂草，整理建设用的木材。侨中每一寸土地上都有他们的汗水。

1982年3月，新校舍建成，复名为"中山县华侨中学"，后更名为"中山市华侨中学"。

1987年，侨中四期建校工程全部完工，教学楼、大礼堂、饭堂、游泳池、艺术馆、体育馆、计算机室和图书馆等一应俱全。

2000年9月，高中部新校区建成开学，学校由此形成"南校区初中部，北校区高中部"的格局。

如果说改革开放前陈茂垣先生给了侨中生命，使世界上诞生了侨中这所学校，让中山的孩子多了一个读书的机会，那么改革开放后蔡继有先生等华侨就给了侨中涅槃重生的第二次生命，使侨中逐渐发展扩大并跻身于广东省一流中学。

而今天，蔡继有之子——蔡冠深先生，则做了一件影响更深远的事。他领着侨中走出中山这座小城，让侨中人的眼光投向更辽阔的海域，投向海平面之上的宽广苍穹，投向整个世界。

侨中学子一直自诩是拥有世界胸怀、全球视野的学生。

而我正是在侨中走向世界的这个阶段在侨中学习的。她让我接触多元文化，使我能从更多的角度考虑问题，也能够尝试理解不同文化背景下发生的事情，尊重不同的人作出的选择。现在我可以发自内心地说，我万分感激侨中赋予我的这些特质——包容和理解。

○ 过去的学校大门（史梦霞　绘）

　　这一切可能都要归功于蔡冠深先生和各届校长强调的"国际化办学理念"。2008年，蔡冠深先生捐资成立侨中对外交流基金会，主动联系并考察日本的中华学校。此后，侨中的对外交流活动就蓬勃发展起来，举办过多届中美高中生论坛，组织过游学团前往英国、美国、澳大利亚等国家参与文化交流活动。侨中校内还有不少外籍教师和外籍足球教练员，甚至鸭子湖边的鸸鹋也是来自澳大利亚。

　　2008年侨中开设侨生班，2013年增设了国际高中课程，成为首批 CEG A level 课程官方教学点和考点，大大为侨中学子开拓了国际求学的平台。

　　2009年，在蔡冠深先生的倾情帮助下，侨中与日本横滨山手中华学校签署合作交流协议。

　　2013年，侨中被确立为国务院侨办华文教育基地。

　　2010—2016年，分别有韩国京畿道中学、香港筲箕湾东官立中学、美国三藩市尤方玉屏学校、日本九州等多个访问团来侨中参观交流。

2015 年，侨中首次举办"中美高中生城市可持续发展"交流论坛。

侨中，在一代又一代华侨的关怀下，历经世事变迁，走过沧海桑田，在历史的风雨中踉跄、跌倒，依旧坚定地走下去。她于独特的华侨背景中诞生，也积极参与到世界中去，培养着有国际视野的学生，推动历史和全球化的发展。直到今天，她真正做到了校歌里唱的"让侨中走向世界，让世界走进侨中"。

侨中名人

陈茂垣

1898 年出生，中山市张家边朗尾村人。1920 年赴美国檀香山谋生。1946 年从檀香山飞赴三藩市发动乡侨集资建校。1947 年，陈茂垣卖掉了在檀香山的产业，回国复办朗尾小学。但后来，陈茂垣等人被当地歹徒勒索，被迫举家逃往石岐避难，建校工作停止。山区部队得知此事后，严惩歹徒，并表示全力支持他们爱国爱乡的建校行动。于是，他

○ 陈茂垣（李秋霞 绘）

们重返家乡，继续主持建校工作，并于翌年竣工。

1954 年，陈茂垣牵头兴建石岐市华侨中学，发动归侨捐款，成立董事会，被选为董事长。退休前曾担任石岐市副市长、中山市侨联主席、广东省人民代表大会代表等职务。

1979 年，侨中停办多年后复校，陈茂垣先生不顾年迈体弱，尽心尽力为复校操劳，常一人拄杖步行回校视察，关心建校进展和师生教学情况，还前往广州联络复校事宜。1987 年 9 月 6 日，陈公病逝于中山石岐。

蔡继有

1928 年出生，中山市石岐张溪人，世代农家。11 岁时，父亲病逝，

他与母亲及六个兄弟姐妹勉强度日。新
中国成立后，他以贫农身份受国家优
待，能出入港澳地区做小买卖，每天骑
几个小时的三轮车来往中山和港澳，运
输贩卖海鲜产品。后来生意渐渐做大，
在香港开办"华记栏"（香港新华海产
集团前身），经办自己的海产批发生意，
又逐步把香港新华集团发展为集团性
跨国企业，被誉为"海产大王"。

○ 蔡继有（李秋霞　绘）

　　1979 年，事业有成的蔡继有回到
中山，表示要以前辈华侨为榜样，让侨中"复原起来"！他同好友陈泽、
邓骈几度自费到海外各地筹集资金，复办中山县华侨中学。复校后，
为了提高学校的英语教学水平，又奔赴加拿大，出资聘请外国教师到
侨中任教，让侨中成为中山市第一所有外籍教师的学校。

　　除了复建侨中，蔡继有先生还先后在中山捐建郑二小学、蔡继有
幼稚园、中山市科学馆、蔡继有教育基金楼，同时在港澳及中国内地
建立多项教育基金。1995 年，中国科学院紫金山天文台"5389 号"
小行星命名为"蔡继有星"。2007 年 10 月 20 日，蔡继有先生寿终
于香港养和医院。

　　"做人嘛，应该富了不忘本，阔了不丢根。"这是蔡继有先生常
对儿女们说的一句话。

蔡冠深

　　祖籍广东中山，蔡继有先生之子，
现任侨中董事长，坚持国际化的教育
理念，同时，有一颗回报国家和社会
的拳拳赤子心，坚持在捐资助学上践
行"四出"：出钱、出力、出心、出
时间。2008 年捐资港币 100 万元，
成立侨中对外交流基金会，使侨中"走

○ 蔡冠深（李秋霞　绘）

出去"。2009年6月，蔡冠深先生尽管商务羁身，还专程赶到横滨山手中华学校，见证侨中与其签署合作交流协议，结成友好学校。

科教事业已经成为蔡冠深先生的第二事业。30多年来，他捐助遍及幼儿园、小学、中学、大学、科研院所，设立的教育和科技基金有20多项，捐资超3亿港币。他认为，办教育的心永远是快乐的。

苏继滔

祖籍中山市石岐区张溪，9岁时到了香港。初中毕业后，因为家中境况不好，未继续念书，跟随二叔做海味生意。工作之余，苏继滔先生没有放弃求学，在半工半读的状态下，通过夜校学习了商业法律、贸易法律、国际信贷、国际贸易等方面的知识。

此时，苏继滔深感教育的重要性，看到家乡（中山）医疗设备的缺乏，

○ 苏继滔（李秋霞 绘）

教育文化的落后，很想为家乡出一份力，尽自己一点心意。1979年，积极响应蔡继有先生倡议，义不容辞地肩负起复校的责任，并筹集港币200多万元，率先在香港成立"中山市华侨中学教育基金会"。

三十年来，在苏继滔先生的运筹下，这基金会为侨中办学提供了强有力的支持，办学质量突飞猛进，高考捷报频传，延续了"年年有清华，届届有北大"的优良传统。

作为侨中校董会常务副董事长、教育基金会主席，他一直支持和关心侨中的发展，先后捐赠苏华赞图书馆、苏继滔教学楼、苏继滔室等。2016年，他亲自参与了侨中图书馆的揭幕仪式，协同家属在图书馆认捐的木棉树前合影。此外，苏继滔先生还热心支持中山公益事业，为家乡修筑道路、办自来水厂、建苏华赞医院等，他认为，"做公益，是一种责任"。

杰出校友

廖皓炜

78届校友廖皓炜是中山市"壹加壹"商业连锁有限公司的创始人。从1994年创办至今，壹加壹已经成为中山市享有盛誉的超市品牌，先后获得"中国名企""全国百城万店无假货活动示范店""中国连锁经营最具竞争力50强企业"等荣誉称号。

廖皓炜董事长称，创办"1+1"的理念来自于他在侨中的学习与生活。刚上侨中时，廖董是全班个子最小的那个，偶尔受到同学的嘲笑。但是在老师的关心和鼓励下，廖皓炜先生"从一做起"，每天坚持跑步。在日复一日的努力下，毕业之时，他已长成一个有着坚毅体魄、身高一米八的男生。

侨中的这段经历，鼓舞着他不断向上，后来"从一做起"还成为了他主宰自己人生的一大信念。秉承"1+1>2"的理念，他创办了"壹加壹"商业连锁有限公司。开始创业的道路十分艰辛，但廖皓炜董事长咬紧牙关，坚持实干精神，脚踏实地，不畏惧讥笑，让公司"从一做起"，逐步发展壮大，从一开始的三家小门店，到现在拥有五十多家连锁店的大型商场。

○ 安静的校道（史梦霞　绘）

叶威棠

叶威棠，侨中 1982 届毕业生，现身处一个非常有趣的行业——游乐游艺行业。有着青少年喜爱的投篮机、碰碰车、跳舞机、赛车等游戏品牌的"金龙"，就是由他创办的。

1984 年，叶威棠从电子系毕业，分配入中山机床厂，从事设备研发、技术调试等工作。大型游乐场中山市长江乐园里的过山车、激流勇进等项目他都参与了制造和安装。在机床厂工作五年后，由于看到国内室内游乐场隐含着巨大商机，他抓住机会，毅然放下"铁饭碗"，下海创业。

2000 年，国内游戏机经过一轮洗牌。叶威棠看到了走出国门的契机，不断接触和考察国外市场，结合自身的生产研发能力，不断改造和创新，把产品远销至马来西亚、印尼、也门、伊朗等国家，实现国际化接轨。

叶威棠是国内游戏游艺行业发展的参与者、见证者、推动者，一步一个脚印，筚路蓝缕，使金龙集团成为业界的领头企业之一，可谓是创业者的典范，更体现了侨中"自强不息 敢争第一"的气质。他创业创新的胆识正是当下社会所需要的。除了勇气，肯定还有多年默默耕耘积累下来的经验和实力。他创业并没有很高的起点，但却脚踏实地做到了今天的成就。

胡昉昊

胡昉昊，我校 2004 届毕业生，他高考考入武汉大学材料物理系，大三时因兴趣转入化学类专业。这意味着他要在大三一年将化学系前两年的课补上，同时学习大三的课程，还要准备出国的英语水平考试。但他都成功修完所有课程，并进入爱荷华州立大学学习，以全 A 成绩完成学业，2010 年在美国 *Science* 杂志发表论文。后来，他转去哥伦比亚大学读博士，并在 2017 年获得哥伦比亚大学哈密特奖。据说，哈密特（美国物理化学家，1894 年 4 月 7 日—1987 年 2 月 9 日，提出了以他名字命名的哈密特方程）奖每年都只颁发给化学系博士毕业生第一名，以表彰其在化学研究中的突出成就，其在专业领域的含金量和权威性极高。

○ 教学楼一角（史梦霞　绘）

　　作为学霸，胡昉昊是个性情中人。据他的父亲胡永跃老师回忆，他在初高中时就非常有自己的看法，偶尔喜欢和老师对着干，非常直率。高二时，语文老师要求学生每天交一篇小作文，他竟写了"心中无问如何作文"八个大字交上去。他学习讲究方法，参加过许多竞赛，兴趣爱好广泛，是个悟性极高的学生。

　　胡昉昊说，他在侨中学习时，对数学和物理开始有所觉悟，有感于自己的高中生涯，觉得交到了许多一生的朋友。回校的分享会上，这位学术型大学霸告诉学弟学妹，年轻的时候就应该多尝试，了解自己想要的，然后一定要坚持自己的想法，虽然会有困难和一时的得失，但不要惧怕改变和失败。

刘　颖

　　刘颖，我校 2007 届毕业生，考取中山大学社会学工作专业。她十分关注社会事务，大学一年级获得国家奖学金和中山大学优秀学生奖学金，将 10000 元奖学金全数捐给母校，发起成立"中山市华侨中学助学金"，用于帮助贫困的侨中优秀学生。

　　刘颖热心公益，曾参与组织青年志愿者协会奥运加油站和志愿者"服务一条街"活动，曾是政务学院学生干部阳光组培导师，佛山儿童俱乐部项目成员。在她身上，体现出感恩、关怀的优良品质，也散发出侨中女生善良和无私的品格。

　　对母校所作出的贡献，刘颖很低调，她说，她是在父母、老师、师兄师姐的关怀下长大的，有感于自己的幸运，希望把这份爱传递给更多的人。

○ 学校正门口 　（史梦霞　绘）

刘　曼

刘曼，我校 2012 届毕业生，中山市高考理科状元，考取清华大学环境工程系，后来在哈佛大学读硕士研究生。

刘曼对我来说是个神话一样的存在，这个名字我从初中一直听到高中毕业，每次开学典礼或者什么重要场合的领导讲话，她的名字会和"我校高考今年全线飘红"之类的话一起出现。看她在墙上的照片，眉目清秀，长得很白净。

听过很多人对她的形容，就是"淡定"。关于她，侨中一直以来有个小故事，据说她高考理综的时候记错时间。做生物题时，她才意识到考试 11 点半就要交卷，但后面还有化学和物理没做，当时心里一下子就慌了，只剩下一个多小时。平时她做物理题都要一个小时。突发状况之下，"淡定王"刘曼迅速调整心态，继续投入做题。后来说起这件事，她说了一句让万千小学霸心理崩溃的话："好在题目不是非常难，后面我还有 10 分钟的时间检查一下试卷。"

真正见到她，是在我高考前，她回来看望母校，也给高三毕业生分享经验。那天她把头发放下来，戴着一条项链，在台上很从容，不疾不徐，演讲过程中几乎没有看稿。看她在台上的气度，可以看出她是个能力很强，有很高专注度的人。提问的时候有个同学连着问了三个问题，因为紧张还问得有点磕绊，但她把问题都复述了一遍，并且可以很有条理地立刻在台上回答出来。我看着她，感觉台上的那个位置仿佛就是为她而生的。但是刘曼给我一种印象，不管处在什么样的位置，似乎对她的影响都不会很大，她的心态依然可以做到一碗水端平，有种宠辱不惊的味道。

这样的气质需要很多历练。她高中时，小提琴考过了专业 12 级，曾担任校学生会副主席，先后策划组织多次校园活动，处理众多杂务，还能合理分配时间，不耽误学习，这些都锻炼了她的自我管理能力和时间分配能力。

大学时，她曾参与 2014 年瑞士日内瓦的 SAICM 会议和 2015 年德国波恩的气候变化谈判。大三下学期，赴意大利威尼斯进行为期三个半月的交换学习。2017 年，接到了哈佛等多所大学的硕士录取通知书。

在很多她的学弟学妹眼里，她似乎也是理所应当地这么优秀，我们只要仰望就行了。每个学校都会有像她一样被所有老师和学生津津乐道的神话，但是谁又知道光环背后有多少艰辛。

经验分享会结束之后，刘曼留下来和我们一班的同学一起吃饭，大家围在她身边，七嘴八舌地聊在高三的学习方法，还有她在清华和哈佛的学习生活。近看才发现她其实特别容易脸红，倒不是因为紧张。她自己说，只要稍稍有点激动或者大脑兴奋，脸上就会泛红潮，加上她很白，脸色就粉粉的。她其实一点也不高冷，还有点可爱。她从高中到大学都是篮球队的一员，而且是球队中的主力，想必也是人缘很好的女生。她说，她想当城市规划师。

张佳婧

张佳婧，我校 2017 届毕业生，中山市高考理科状元，现就读于北京大学中文系。

上一段的描述使我有种奇怪的滑稽感，在我眼里，她从来就不是什么"状元"。你要知道，如果你和一个人已经到了一种熟到烂的地步，她任何头衔和光环的加持效果不用一秒钟就通通粉碎。对她的形容，"女神"可以在后面加一个"经"，"萌"字前面可以加一个"蠢"。

毕业后，我和她约着一起回学校。这时，她已经长发及腰，亮缎一样的乌发烫了有弧度的水波纹，脸上是恰到好处的淡妆，纤巧的身材，娃娃脸，翘睫毛，像一个不食人间烟火的洋娃娃。真是应验了那句话"待我长发及腰，清华北大你好"。

然而，仙不过三秒，我伸出手对着她的脸就是一捏——她无可奈何的傻乎乎表情，还有熟悉而软嘟嘟的脸，你看，都还是老样子嘛。仿佛又看到了那个高中一咬牙把头发剪了，变成个矮矮的小冬菇，戴着副黑框眼镜的脸。这张脸现在还贴在学校的柱子上，写着"理科状元"四个大字，和那些名留青史的往届状元比肩。

在我眼里，她一直是个"假的理科生"。她骨子里一直有种灵气，对世间万物都存着好奇，她像我一样喜欢写，喜欢表达，她高中时候写的作文被老师拿去复印，和其他同学的范文一起发给我们。那时候她写的东西已经有些不同寻常了，她文章的结构或许可以模仿，但句

○ 高三毕业典礼（李秋霞　绘）

子是她自己独有的，不落俗套。不久前，我们考去北京的几个同学一起去喝茶，有个同学开玩笑对她说："我们这些人都是看你的作文长大的。"

填报志愿的时候她和爸爸闹得不可开交，找我诉苦。我一直都知道她想当记者，想要知道不同的生命轨迹，去洞察社会现实。所以，我对她说："我知道九头牛都不能拉你回来，你就按着你觉得对的去做吧。"后来她报了北大的中文系。她做了自己想做的事情，去了北大校刊《此间》，课余时间经常去采访、撰稿，成为一个关注当下，寻求真相的"记者"。

我和她说过，在现在的政治环境和时代背景下，做记者会很艰难，可要想好了哟。她说："不要让时代的悲哀成为你自己的悲哀，正因如此，更需要我们站出来。我们终有一天会成为新时代的掌舵人，而不是活在别人的羽翼之下。"她不断从自己的生活中探出头去，想要看见那些光亮照不到的地方。

她以后应该会成为一个人物，大概，会是个像柴静一样的人吧。

大事记

1954年9月，美国檀香山归侨陈茂垣牵头筹资创办"石岐市华侨中学"选址在石岐元兴街1号（原雨芬中学旧址，今民族东路）。

1959年1月，因县市建制变动，创办于沙涌的"中山县华侨中学"并入石岐市华侨中学，统称"中山县华侨中学"。

1967年，受"文化大革命"影响，"中山县华侨中学"改名为"中山县红旗中学"。

1968年11月，"中山县红旗中学"解散，并入石岐一中，学校停办。

1969年至1970年，原校址先后更名为"中山县红卫中学""中山县第三中学"。

1979年12月，香港实业家蔡继有先生带头捐出巨款，奔走海内外筹集资金，并宣告复校。

1982年3月，新校舍建成，复名为"中山县华侨中学"。后更名为"中山市华侨中学"。

1994年6月，被授予广东省首批一级学校。

2000年9月，位于石岐大沙南路1号的中山市华侨中学北校区（高中部）建成开学，占地170亩，形成南校区初中部，北校区高中部的格局。

2006年8月，中山华侨中学英才学校落成典礼。

2007年10月，被评为广东省首批国家级示范性普通高中。

2008年11月，被确定为"中华文化传承基地"。

2013年10月，被确定为国务院侨办华文教育基地。

再见侨中，
我爱侨中

对于 2017 高考的记忆，某些地方鲜明，其他的则模糊。

高考前的晚修，根本不知道自己在干什么，我终于一点书都看不进去了，索性爬上天台。学校的天台很宽敞，纵横着铁质的水管，水泥地面上放着十几台空调散热机，嗡嗡嗡地冒着热气。天台四周的围栏很高，站在天台进入楼梯的门边眺望远处，天边的云层中隐隐有青紫色的电光，可以想象那里正负电荷在剧烈碰撞。

我不能去想明天的命运，也不能去想这场考试对自己意味着什么。就算不想，心里也还是慌张的，我蹲下来抱住膝盖，大喊："我好惊啊！"阿花第一次看我这么不淡定："原来你也是会紧张的呀。""嗤，废话！"

第二天早上考语文，太阳异常明媚。我坐在靠窗的位置，外面是一棵榕树，在太阳底下树影婆娑，这周围都拉上了警戒线。天光忽明忽暗，料想是有好多云飘过。写作文的时候，突然一声炸雷，光线立刻沉了下来，接着就是一场昏天黑地的大雨，遮盖了天幕。我舞着笔写啊写，踩着秒针胡编乱造。这一切混乱的印象只剩下考卷边滴答走的手表声。手表倒映的树影，旖旎绿光迸溅的夏日，夏日中忽然降临的狂风骤雨，雨敲打窗户的奏鸣，奏鸣中快要震碎窗玻璃的雷声……

当我从最后一门考试中抬起头来的时候，并不相信这一切就这样结束了。

○ 俯视侨中（史梦霞　绘）

高考结束后三天，我们再从家里回到学校参加散学典礼。在高考前，即使是最后几天，毕业也似乎很远，就像我们那时天天期盼着高考后的暑假，却觉得它永远都不会来临似的。毕业典礼的最后，大礼堂灭了灯，屏幕上开始播放我们这一届三年来的点点滴滴，背景音乐很煽情，有人在黑暗里抹眼泪。

在侨中的生活就此谢幕。再见侨中！我爱侨中！

校友留言：

这里有我当年的教导，
祝愿母校越来越好！
2003届 邝伟华

祝母校侨中65周年生日快乐！
by 一飞！
2004届

六年侨中岁月，悲喜交织，少年不谙事，
蓦然回首，早已如歌声渐行渐远，
这就是青春。
青春，在侨中里。侨中，在青春里。
09届 苏曼斯

自强不息，奋争拼一，
这是侨中人都知道的校训。
读书时发现，争第一跟走云。
毕业却发现，敢其实更宽容。
有梦才有想，
都望我们侨中人都能心怀祝想，
守顶放飞。
by 09届 罗晓嘉。

永远感谢侨中
关于我们满讯辩事们最情弟光照的忆想
无论走到哪里，牢记"自强不息，敢争第一"的校训
做最好的侨中人！
祝侨中六十多生日快乐♥

毕业后在侨中的好才被发现
侨中越来越好！
眼光越来越锐！
——2019届 alpaca.

时至今日，我仍会时常想起在侨中的点点滴滴：
我怀念老班的嘱咐，怀念课间雏的豆腐和鸡腿，
更怀念一起奋斗的那群伙伴。无论走到哪里，曾经
的这些回忆都会一直激励我们，越走越远。同时也
祝愿母校六十五岁生日快乐，越办越好！

2018届 黄文杰

忆忆青春岁月
不忘侨中点滴
在侨中留下了拼搏奋斗的时光
愿母校越来越好！

2004届 曾顺昆

亲爱的母校，是你
载着我驶向知识的海
洋，激励我扬起梦想的
船帆。就算已毕业多年，
母校的一草一木、老师
的谆谆教诲、同窗的真
挚情谊，仍是我最珍贵
的回忆。在65华诞之际，
衷心祝愿母校桃李满天
下，再创新辉煌！

08届 叶倩儿

不知不觉，原来已经毕业
十几年了。愿未来和回忆
一样美好。心系侨中。

08届 .Paicky

想起那段难忘时光
我仍十分怀念
想念同学，想念老师
想念我们的"那年侨中"

张嘉恩
二〇一九届
侨中人

努力将"自强不息，敢争第一"的侨中
精神带问世界。侨中人，努力中！

2019届 陈江瑜

仍记得小学在侨中英才时时最大的愿望就是将在大侨读书，梦已成真，侨中三年岁月难以忘却。
六十五年春秋，六十五年漫漫长征，愿厚母校年年桃李，岁岁芳芳！

2016届 张嘉琦
写于中山大学，

赠田坂

叮咛咛
下课的声响起，
有埋头苦读的；
有饥肠辘辘的；
有结伴上厕所的；
有走廊聊天的；
还有喂鱼嬉戏的；
叮咛咛，
铃声再次响起，
但是，
此铃非彼铃
已然是上班的闹铃
叮咛咛
陪伴着4万侨中学子的心

09届 小陈

侨中味道　甘之如饴
侨中故事　诗情画意
侨中记忆　源来有你
何处都有东南西北
而我只从得
牛山侨中的"时代之窗"，朱氏拱门，覆气云影和1954
自强不息　敢争第一
心之所向　一苇以航

——1X届 陈嘉欣

在这里
青涩的懵懂
但懵懂却是最美好的时光
结识了这辈子最重要的友谊
一起走过有笑有泪的活力生活
忘不了并且想起会嘴角上扬的回忆
谢谢曾经所有的经历！

祝您生日快乐
我们最亲爱的侨中！

06届 苏倩彤

我六年最美好的时光都奉献于此：
授予我知识，教予我道理，
还让我结识到了人生挚友。
感谢您！我的母校。

—— 09届 琪超超

我欠侨中一句话：
_____
_____
_____

灰色卷宗

CRIMINAL ARCHIVES

众和合 ———— 著

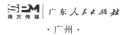

SPM
南方传媒　广东人民出版社

· 广州 ·

图书在版编目（CIP）数据

灰色卷宗 / 众和合著. —广州：广东人民出版社，2023.3
ISBN 978-7-218-16471-7

Ⅰ．①灰… Ⅱ．①众… Ⅲ．①长篇小说—中国—当
代 Ⅳ．①I247.5

中国国家版本馆CIP数据核字（2023）第036430号

HUISE JUANZONG
灰色卷宗

众和合 著

出 版 人：肖风华

责任编辑：钱飞遥 陈泽洪
责任技编：吴彦斌 周星奎

出版发行：广东人民出版社
地　　址：广州市越秀区大沙头四马路10号（邮政编码：510199）
电　　话：（020）85716809（总编室）
传　　真：（020）83289585
网　　址：http://www.gdpph.com
印　　刷：广州市豪威彩色印务有限公司
开　　本：890毫米×1240毫米　1/32
印　　张：10.75　　字　　数：215千
版　　次：2023年3月第1版
印　　次：2023年3月第1次印刷
定　　价：45.00元

目录

C o n t e n t s

江心围捕

七月流火，落叶知秋。广城有江，是名为曲。

曲江是一条大江，自西向东蜿蜒不绝，它将北山省广府市一分为二，江北热浪逼人，江南却凉风习习，成为远近闻名的奇景"一城两季"。

据专家考证，广府建城千年，早在南宋就有"一座城池，两种气候"的记载，而且江北冬冷夏热，江南却冬暖夏凉，自古便形成了"宁争江南片瓦地，不求江北一座屋"的传统。随着时代变迁、百姓迁徙，江北逐渐没落，宜人的江南日益繁华。到了近代，江南更是经济腾飞、商贸繁荣，而江北逐渐成为底层百姓的聚居之地。

江水滔滔，奔流不息，日月盈缺，人间苦乐。

轰——

震耳欲聋的爆响在曲江上响起，巨大的冲击力瞬间把江水搅开，泛起一片白色泡沫。

一艘通体乌黑、没有任何标志的快艇如离弦之箭飙射而出，向天边冲刺，只留下水面荡漾不止的浪花。

目力所及处，似乎又有马达轰鸣，两个黑点从曲江两岸同时冲向黑艇，他们速度不如后者，但埋伏已久，恰好卡在黑艇必经的要道。从时间上看，刚好堵个正着。

"太好了，蹲了这么多天，终于逮着这帮走私犯了！"

两艘拦截的快艇统一涂装，一看就知道是警方的水上执法艇。此刻，每艘执法艇上并排蹲着八名全副武装的警察，他们一手紧紧抓着船艇两侧的绳索，另一只手握着95式微型冲锋枪，一个个表情严肃、目光锐利，死死盯着对面的走私艇。

队伍最前面，一个皮肤黝黑、身形挺拔的男子微微探出身子，眯着眼睛看向前方直冲而来的走私艇。一般来说，只要被执法艇堵住，这帮走私犯就会乖乖停船，经济犯罪被抓住也就判几年，犯罪分子大都不会拼死抵抗。

但这次似乎有些不太一样，男子的眉头微微皱起，朝对讲机大喊一声："对方没有减速，所有人戒备。"

果然，黑色的走私艇非但不减速，反而将油门轰到最大，黑艇后部改装的八台大马力发动机火力全开，速度再提一截，如同离弦的箭矢，径直朝执法艇冲来。

"凯哥，怎么办？"

执法艇上的警察们听到江面上震耳欲聋的马达声，瞬间紧张起来，攥着冲锋枪的手指微微发白，一个个表情冷峻地看着最前面那个挺拔的身影。

"抓紧绳子！对方太快，咱们躲不开了！"队伍最前方的男人大喝一声，"调整方向，冲上去，跟他们硬刚！"

"拼了！"

暴喝声接连响起，执法艇迅速调整角度，直直地向黑艇冲去。

瞬息间，一白一黑两艘快艇如两颗流星，迎面撞在一处。

嘭——

一声惊天动地的巨响在江心传开，无形的气浪将水流向四周推开，扬起十几米高的水花，整个天地为之一静，紧跟着传来数声惊呼和尖叫。

黑色快艇吨位大、船身硬，经过改装后时速超过一百公里，和普通快艇对撞，占据绝对优势。相比之下，执法艇只有被碾压的份。

浪花散尽，白茫茫的水雾中逐渐显现出快艇的影子：黑色快艇的船头被硬生生撞出一个大洞，黑黢黢的如同血盆大口，八台巨大的发动机大部分哑火，只剩一两台苟延残喘，船身摇摇晃晃地飘在水面。一个身高大概一米八，戴着墨镜和口罩的男人正紧紧抓着方向盘，动作娴熟地调整船身姿态，看样子打算逃跑。

而牛凯他们所在的执法艇只能用凄惨来形容，撞击的瞬间几乎立刻弹向天空，船头凹进去一大截，好像被巨兽咬了一口。船上的人虽然死命抓紧绳索，但还是有好几个人被撞飞到江里。勉强没有落水的人也东倒西歪、七荤八素，一时半刻爬不起来。

"小心，快躲开！"

就在众人晕头转向还没清醒的时刻，旁边另一艘执法艇上响起声嘶力竭的吼叫。很多人还没反应过来，便被一阵让人牙酸的螺旋桨摩擦声惊到。

"快，有人被发动机绞住了，快救人！救人啊！"

……

牛凯泡在江水中，耳畔似乎传来遥远却又清晰的嘶吼声。

刚才撞船的一瞬，一股无法形容的大力排山倒海般向他席卷而来。紧接着，牛凯仿佛经历了一个世纪，又或者只是一个瞬间，脑海里空空如也，似乎有许多很重要的事情，可怎么也想不起来。

自己是谁？这是哪里？

在他还没有想明白之前，一股永生难忘的剧痛将他淹没。

疼，太疼了！

"咳，咳……"

牛凯还没反应过来，一波浪头就将他掀翻到水下。恍惚中，一片巨大的螺旋桨扇叶擦着他的头皮从眼前划过。

他这才想起来，自己是市局刑警支队二大队队长，正带队围捕一个走私冻肉的犯罪团伙。没想到对方发疯一样不躲不避，仗着快艇经过改装，直接朝他们的执法艇冲过来。剧烈的撞击，让他和几名同事一起落水。

浪花飞溅，四周的江水如同被人摇晃的鱼缸中的水，翻腾不休。牛凯更是毫无反抗之力，在水浪中上下浮沉。他本想游向执法艇，但腿部的剧痛让他根本无法用力，只能靠双手尽力保持平衡。而黑色快艇的发动机仍在水中发出呜呜的鸣叫，疯狂旋转的扇叶像是收割生命的镰刀，在浑浊的江水中若隐若现。

"老子一定不能死！"牛凯一边奋力划水，一边在心里不断重复提醒自己，"家里的老爸老妈还等着给我包饺子呢……"

"凯哥！抓住绳子。"

就在牛凯力气即将耗尽的时候，江面上传来同事的喊声。

他咬紧牙关，拼尽最后一点力气游向声音传来的方向，但眼前尽是泡沫和浑浊的江水，什么也看不见。

扑通——扑通——

水声响起，看来是有人跳船。紧跟着，更多跳水的声音传来，中间夹杂着喊声。

"警察，不许跑。"

嘭——嘭！

牛凯一个激灵，多年的刑警生涯让他对这个声音再熟悉不过：

枪响了！

子弹射入江中，留下一道道白色的痕迹，险些伤到正在水里翻滚的牛凯。

不过，牛凯很快就意识到，开枪的不是同事，因为有自己人落水，同事们绝不会轻易开枪。一定是黑艇上那些家伙。不过，奇怪的是，这帮家伙不是走私冻肉吗？怎么不要命似的反抗呢？而且，走私犯怎么会有枪？

来不及细想，牛凯奋力把头伸出水面，正好看见黑色快艇上有人跳进江里，正向执法艇上的警察开枪射击，并顺着湍急的江水很快远去。

牛凯急了，忍着刻骨的疼痛，疯狂划了几下水，大吼道："快追，别……呜……跑了。"

与此同时，另一艘巡逻快艇已经发动，顺流追击而下。

"凯哥，抓住我！"

同事的喊声隐约传来，但一阵剧烈的眩晕袭来，牛凯紧绷的身体再也支持不住，整个人向江底沉去……

2

伤愈归来

三个月后，广府市公安局。

"来了，来了，马上就到！"

此时办公大楼里与往日不同，整层楼的警察都在走廊列队，伸着脖子朝电梯口张望。

一个二十多岁、身材微胖的年轻人满头大汗地从楼梯间跑出来，嘴里一边喊着"来了，来了"，一边整理着装，找到自己的位置站好。

叮——

电梯抵达的声音响起，门向两边缓缓打开，一个挺拔的身影出现在众人眼前。

"敬礼！"

不知是谁大喝一声，所有警察整齐划一地向电梯方向敬礼。

紧跟着，大楼内响起经久不息的掌声，不少女同志甚至红了眼睛。

牛凯大步流星地走出电梯，一边微笑向同事致意，一边和政治处主任刘楠瑾说话，看样子跟平时没什么两样。

刘楠瑾脸上挂着欣慰的笑容，同样气定神闲，只是目光扫过牛凯的右腿时，才忍不住加重呼吸。

三个月前，牛凯带领同事抓捕走私犯，没想到快艇被撞翻，三名民警身负重伤。牛凯虽然捡回来一条命，却失去了右腿。这对刑警来说意味着什么不言而喻：牛凯后半生都不能再回一线办案了。

只是牛凯却十分要强地很快装上假肢，并且用最快速度康复，现在看起来和正常人没什么两样。

于是，在牛凯的强烈要求下，组织终于批准他伤愈归队，并特意给他安排了新的工作岗位，但刘楠瑾犹豫了很久仍不知该怎么跟他讲。

牛凯似乎没有觉察领导的纠结，他还沉浸在同事们的热情当中。

回到久违的办公室，看到整洁的台面和厚厚的卷宗，牛凯觉得自己好像只是做了一场噩梦，醒来后一切都是原先的样子。不过，从同事们关切的目光中，他感觉有些东西似乎变得不一样了。

大家寒暄一阵后逐渐冷场，办公室里弥漫着一种稍显尴尬的气息，很多人的眼神时不时往牛凯的右腿瞟去，有些欲言又止。

"既然想看就给你们看个够。"牛凯大大咧咧地坐在自己的座位，干脆地抬起右腿架在办公桌上，一边拉起裤腿一边指着假肢笑道，"德国原装进口的牌子货，今年刚上市的旗舰款，相当于时装界的阿玛尼，这里还自带夜光模式，LED灯泡可以让我在晚上成为最靓的那个仔，可以吧？"

同事们顿时一阵哄笑，副队长梁文凑上来摸了摸假肢表面，啧啧称奇："别说，这材料还真牛，摸起来很是丝滑，就是这地方怎么还有中文啊？"

梁文指着脚踝上的一行小字道："生产地址，温城经济开发区南五路红旗村三巷6号。"

"凯哥，敢情这德国原装货也得在中国生产啊。"

"滚一边儿去，告诉你德国原装那就是德国原装，你管它是哪儿生产的。"牛凯得意地扬扬脑袋，"这东西关键看装在谁身上，你要是稀罕，回头我淘汰下来送给你。"

"别别别，凯哥还是自己留着吧，我这辈子都不打算用这玩意儿。"

几个人正说着，刘楠瑾走了过来。

"老牛，干什么呢？"刘楠瑾笑道。

"没什么，好久没见大伙儿了，叙叙旧。"牛凯赶紧把假腿放下来，坐直身体，顺手拿起一个相框，里面是自己刚参加工作时的照片。那时候的他风华正茂，一脸严肃中又带着些许青涩，好像正憧憬着自己破大案立大功的美好未来。

"主任，时间过得真快啊！"牛凯一脸感叹地说，"好像才一转眼，就已经十几年了。"

"谁说不是，当年你报到的时候还是我去接你的。"刘楠瑾也来了兴致，"没想到啊，当初的小伙子现在也成了别人学习的英雄模范了。"

"主任，有啥话就直说吧。"牛凯收起怀旧的表情，戏谑地看了对方一眼，"我是腿断了，脑子又没残。"

"咳！"刘楠瑾尴尬地笑笑，紧跟着反应过来，一巴掌拍在牛凯脑袋上，"去你小子的，拿了个一等功就敢给我摆谱了？"

办公室其他人都低着头干活，但每个人的耳朵都竖得直直的，这边的一举一动都逃不过他们的"监视"，有几个年轻人甚至忍不住笑出了声。

"行了，都别绷着了。一个个的，搞得我浑身不得劲。"牛凯从抽屉里掏出一包烟，递给刘主任一根，自己点了一根，"刘总，有啥指示直接说吧。"

呼啦啦——

办公室围过来一群人，大家都满怀期待地看着刘主任，那意思很明显：我们也要听。

刘楠瑾生气地磕了磕烟屁股，不满地瞪了牛凯一眼："你们到底懂不懂规矩，我是在谈干部人事问题，怎么都围上来了？还有没有纪律？"

"行了，你不说我就要干活了啊。"牛凯哈哈一笑，假装去开电脑。这时候，隔壁梁文的办公电话突然响了。

梁文赶紧回到座位，一把抓起红色的电话听筒，喂了两声，眉头越皱越紧，看向牛凯道："江北分局刑警队的电话，一栋老房子下面挖出一具尸骨，案子比较棘手。"

话音刚落，办公室里的人纷纷起身，有的收拾东西，有的开始打电话通知法医，还有的拿起车钥匙一溜烟跑去车库开车，所有人忙而不乱、有条不紊地行动起来。就连牛凯也换了一副面孔，表情严肃地起身准备去现场。

牛凯他们属于市局刑警支队二大队，专门负责重大刑事案件侦破，分局的刑警队只有遇到重大刑事案件时才会向他们寻求支援。现在刑事技术发展日趋成熟，一般的命案分局刑警甚至派出所的刑警就能解决，需要牛凯他们出马的案子越来越少，所以二大队经常无事可做。这也是市局安排牛凯带队去抓水上走私犯的原因。没想到，牛凯刚刚伤愈归队，竟然就碰上了大要案件，也不知道这算运气好，还是太糟糕呢。

"哎，我还没说完呢。"刘主任看着准备出门的牛凯，一脸无奈地喊道，"组织研究了，决定让你转档案室，行动二队的工作交给小梁，按规定今天就要交接。"

说完，原本嘈杂的办公室瞬间安静下来，所有人都惊讶地看着刘主任和牛凯。谁也想不到，组织竟然要把牛凯调走，还是去档案室。谁都知道，那可是养老的地方，只有老弱病残、素质一般的"后进分子"才会被丢去看档案。牛凯作为堂堂的行动二队队长，怎么会被发配到那种边缘部门？

准备出门的牛凯闻声停下脚步，在原地站了一会儿，扭头看向刘楠瑾，笑道："这不是还没有交接嘛，先出完这个现场，回来再说吧。"

刘楠瑾脸上露出纠结的神色，想要说什么，却没有张口，只是轻轻点点头。

牛凯转身大步离开办公室，没人注意到他的眼睛里闪过一丝失落。

3

祖宅埋尸

一个多小时后，一辆警车涂装的金杯面包和一辆喷了"现场勘察"字样的绿色皮卡出现在曲江北岸二十多公里远的苍阳山脚。这里有一个名叫苍山村的自然村，人口户数比较少，只有八十多户，主要是老人和留守儿童，房子也显得比较老旧。

时间已近中午，不少村里人都坐在家门口纳凉，对警察的到来很是惊讶，有些好奇心强的村民干脆围拢过来看起热闹。

牛凯从警车上下来，看着眼前的村民和旁边郁郁葱葱的山林，深吸了一口气。在路上的时候，他已经了解到大概案情：报案人名叫刘小毛，两周前从国外回乡祭祖，他们全家几十年前到国外经商，一直没有回来过。最近一段时期，刘小毛的爷爷身体日渐衰弱，对家乡的思念与日俱增，因此安排孙子回家祭祖，顺便修葺祖宅。哪知道刘小毛在修缮祖宅的过程中，无意间发现卧室地面出现塌陷，本想垫高填平，结果却在塌陷的地下挖出一具骸骨。刘小毛和两个工人顿时吓得魂飞魄散，赶紧报警。

最先到现场的是镇派出所民警，他们简单勘验后发现死者已经彻底白骨化，埋在地下至少二十年，根本找不到有价值的生物检材，只能请求上级支援。分局刑警队接到消息，立刻决定上报，因为几十年以上的尸骸检验只有市局刑警队的专家才有能力做，而且这类案件年代久远，侦破难度极大，很容易变成悬案。

牛凯下车后没有马上去现场，而是先朝围观的村民走去，同时跟身边的梁文交代："你们先过去，我问两句话，马上就到。"

梁文有些诧异地看了牛凯一眼，点点头便和同事们一起顺着小路上山了。

牛凯见同事们都走了，这才轻吁了一口气，之前在同事面前一直谈笑风生的他瞬间露出痛苦的表情，额头冒出密密麻麻的汗珠。

外人并不知道，他为了尽快归队，每天都忍受着巨大的痛苦，用超过常人几倍的时间做康复训练，虽然看起来很快恢复，但截肢处的伤口经常出现剧烈的疼痛。

据医生说，这种疼痛一部分是生理性的，可以靠药物缓解，还有一部分是心理上的。正常人已经习惯了四肢健全的生活，一旦失去一部分肢体，会在潜意识里仍然认为自己的肢体健全，于是便会拒绝接受穿戴假肢，而且越是意志顽强的人这种抗拒反应就越强烈。

按照医生的说法，这些现象可以通过止痛药物缓解，但牛凯为了不让自己的大脑受到止痛药影响，便坚持没有服用，每天都靠意志硬扛，他觉得这是自己回归队伍的必需考验。

今天不知怎么回事，疼痛似乎比过去更强烈一些，难道是因为自己听到调整岗位的消息，心里接受不了？也许是因为他一直认为自己天生就是刑警，去整理档案比杀了他还难受吧。

想到这儿，牛凯咬了咬牙，抹掉额头的冷汗，眼神中重新焕发出不屈的光彩，朝着村民招了招手。

"您好，请问村委的同志在不在？"

村民们赶紧让开，把一个五十多岁的中年人推到牛凯身前。

"警察同志，这是我们村委会沈主任。"

沈主任显得有些腼腆，冲牛凯笑了笑，算是打招呼。

牛凯打量了一下对方，一米七左右身高，脸色黝黑、皮肤粗糙，一看就是大半辈子生活在乡下的本地人。

"沈主任，能给我介绍一下村里情况吗？"牛凯从口袋里掏出烟递给对方。

沈主任眼睛一亮，笑呵呵地接过烟，直接点上说："警察同志，我们苍山村是全镇最小的自然村，只有八十多户村民，大部分人都外出务工，留在村里的不到两百人，都是老人和小孩，主要靠种水稻和养鸡鸭生活，经济比较落后，还是市里的重点帮扶对象。"

牛凯若有所思地看了看村子环境，发现这里的房子比较分散，每户之间都有些距离，可能和生活在山区、缺少平整土地有关。

"这些房子都是近十年政府帮助盖的，以前我们村住在山里面，出来一趟跋山涉水，至少需要一两个小时。"沈主任弹了弹烟灰道，"还是党的扶贫政策好，让我们从山里搬出来，又修了水泥路，通了电和自来水，所以生活越来越好了。"

"那山里现在还有人住吗？"牛凯好奇道。

"没了，早就没人住了。"沈主任脑袋摇得像拨浪鼓，"山里潮湿得很，老房子又不结实，几乎都塌了，没倒的房子也成了危房，全是杂草蚊虫，根本没法住人的。"

"哦，那刘小毛他们家呢？"牛凯问，"他爷爷好像在村里长大的吧。"

沈主任想了想说："他们家啊，好早就搬走了，出国做大生意去了。村里的老人都知道，他爷爷叫刘天德，年轻的时候很能干，早早地全家都去南洋做生意了。"

"还有亲戚在村里不？"

"没了，全家都走了，连表亲都没有留下的。"

牛凯若有所思地点点头，冲沈主任道了声谢，这才慢慢地顺着小路往山里走去。

季节已是深秋，江北山区气候更显阴冷，牛凯紧了紧领口，深一脚浅一脚，顺着高低不平的山路前行。这还是他伤愈后第一次走山路，崎岖蜿蜒的山路对他来说简直是折磨，原本就疼痛的伤口此刻更是痛得撕心裂肺。

牛凯一想到这可能是自己最后一次出现场，以后就只能待在档案室整理卷宗，伤口的疼痛似乎又可以忍受了。

走了半个多小时，山路两边的杂草变得更加茂盛，浓绿的草丛看起来比成年人还要高上几分，远处的树林后隐约传来人声，看样子快要到了。

又拐了两个大弯，一座岁月感很强的山村大屋出现在牛凯眼前：土黄色的墙皮已经略显灰败，黑色的屋顶上面露出几个空洞，门窗更是破损严重，翻倒在地上。虽然房子旦已破败，但在山林掩映间，还是能想象出当初这栋房子的气势。

房子门口有一大块平地，上面长满杂草，还有许多凌乱的车辙和脚印，看样子都是最近留下的。

几名派出所民警已经拉起警戒线，还安排了村里联防队员在门口把守。派出所和刑警队都是老熟人，牛凯和他们打过招呼就直接进了屋。

刘小毛家的祖宅在山里算是很气派那种，虽然只有一栋，但里面每个房间都很敞亮，高度接近五米，从正门进去是一个很大的厅堂，两侧分别是几间卧室，厨房和厕所则在厅堂后面，布局比较合理。

发现尸骸的房间是东侧的一间主卧，屋子里的东西已经搬空，只有一个破衣柜靠在墙边，埋尸的位置在衣柜对面的墙角，原本上面摆着一张木床，还能看见蚊帐在斑驳的墙壁上留下的印迹。

屋子原本铺着地砖，现在已经被掀开，露出地下红色的泥土，房间被法医保护起来，地面上画着白色标线，还用几块砖头搭建起临时的落脚点。法医科的民警们正在紧张工作，顾不上和牛凯打招呼。

"凯哥，鞋套在这。"梁文长了一张娃娃脸，体形稍微有点胖，此刻戴着口罩，说话也有些瓮声瓮气，递给牛凯一双蓝色鞋套。

牛凯愣了一下，随后才接过鞋套，然后慢慢地弯下腰，往自己的假肢套上去，但因为重心不稳，试了几次都没成功。

"凯哥，我来，我来。"梁文猛地反应过来，牛凯已经和以前不一样了，自己这不是让他当众难堪嘛，于是满脸歉意地上来帮忙。

牛凯低着头，看不到表情，但也没拒绝梁文的好意，很快穿好鞋套，然而进入现场的时候又遇到了一些麻烦，地面上摆放的踏脚石距离比较远，对普通人来说只要迈腿就能跨过去的距离对牛凯来说却难比登天。

此刻，伤口的剧痛还在持续，牛凯知道自己跨不过去，要是逞能的话可能会出更大的丑。幸好梁文意识到这个问题，在地面加了几块石头，这才化解了牛凯的尴尬。

来到挖开的土坑边，一具完全白骨化的尸骸出现在众人眼前，骨骼保存还算完整，但已经全是骨头。在尸骸的颈部还套着一个锈迹斑斑的铁质衣架，看样子这具遗体的主人是被衣架勒死的。

法医铁有水正蹲在土坑里小心翼翼地提取样本，做完手里的工作后一边揉着腰一边抱怨："这案子可能比较麻烦，初步判断死亡时间超过二十年，基本上提取不到有用的生物检材。"

牛凯也是眉头紧皱，多年的刑侦工作经验告诉他，这案子如果没有直接的有力证据，怕是会变成一桩悬案。他想了想，问："老铁，你仔细看看，那个衣架有没有可能提取到指纹？"

铁法医直接摇头："不太可能，埋在泥土里太久了，而且这一带的土质湿度很高，早就锈得不成样子，基本没戏。"

梁文也忍不住叹气："尽量找找，看周围有没有能证明身份的东西，我这就安排人对村里的老人逐个走访，希望能发现有用的线索。"

牛凯没有多待，现场勘察有专业人员负责，自己站在里面不仅帮不上忙，还干扰他们工作，看过现场心里有数就可以了。

他和梁文出了房间，来到另外一间屋子，几个民警正在这里向刘小毛问话。案子想要突破，只能从刘小毛这里找线索了。

刘小毛二十岁出头，长得比较精壮，头发乱糟糟的，穿着一件红白相间的大号夹克，背后印着一个巨大的狮子头，再配上一条宽大的牛仔裤，看起来很是另类。

此刻，他脸色还有些苍白，明显是被刚才的场景吓到了，面对民警的讯问基本上是一问三不知的状态。

"阿Sir，我爷爷住在这儿的时候，我还没出生呢。这还是第一次回来，真不知道房子地下还埋着尸体啊！"刘小毛反反复复就这一句，他除了知道自家祖宅在广府市北面的苍阳山外，其他的一无所知。

"你这次怎么突然想起来回乡祭祖了？"牛凯奇怪道，"你们家搬走这么多年好像也没回来过吧。"

"啊，是啊。"刘小毛支支吾吾，眼珠转来转去，"我爷爷年纪大了，身体越来越差，总是念叨家里的老宅子，所以才让我回来看看。"

牛凯和梁文对视一眼，大家心照不宣，这个刘小毛明显没说实话。难道这家伙还知道什么秘密不成？

"你这个理由……"牛凯眯着眼盯着刘小毛，直到对方被他盯得浑身不自在了，才收回目光，"你要知道，这可是命案，任何有关的情况都必须如实向公安机关报告，否则可是犯法的行为。"

牛凯见惯了各种妖魔鬼怪，气场何其强大，一个表情就能震慑得犯罪分子惶惶不安，更何况对付一个二十多岁的小青年。

刘小毛果然被牛凯的气势所慑，身子微微颤抖起来，结结巴巴道："我爷爷，就是这样说的，他几十年没回来过了，总是想家，所以让我回来看一下，修补修补。"

"阿Sir，我真没骗你们，我确实什么也不知道啊！"刘小毛紧张地看着牛凯，生怕对方一不高兴就把自己抓起来当成杀人犯，那可就惨了。

"行，回头跟我们去局里，详细地做个笔录。"牛凯知道场合不对，还不是详细问话的时候，让梁文安排人先送刘小毛回局里做笔录，等现场勘察结束，有了更多信息再详细讯问。

"警察同志，你们不会抓我吧？"刘小毛见警察要带自己去公安局，显得更害怕了。

"怎么会？"牛凯哈哈一笑，"我们只是请你配合调查，做完笔录就可以离开，不过最近这段时间保持通讯畅通，不能离开本地。"

"好吧，我可是很忙的，不能耽搁太久。"刘小毛一副不情愿的样子跟着民警离开。

4

蛛丝马迹

牛凯和梁文看着刘小毛跟着民警下山，谁也没有说话。过了一会儿，梁文才道："他应该是不知情的，死者被害的时候他都没出生，不过，他们全家突然搬去国外，这倒是很可疑啊。"

"你怀疑是他的长辈？比如说他爷爷。"牛凯沉声道，"这么多年都没有回来，怎么突然想起来修缮祖宅呢？"

"是啊，是很可疑，但又不太像。"梁文眉头紧锁，"如果刘小毛的爷爷知道什么，为什么还要故意把尸体挖出来？而且看样子，刘小毛压根就不是冲着尸体来的，要不是地板塌陷，他可能都不会去挖。"

"那两个工人怎么样了？"牛凯问，"他们有异常吗？"

梁文摇头："都是附近的村民，刘小毛临时花钱雇的，说法和刘小毛一致。"

牛凯想了想，觉得这个案子很可能牵扯到二三十年前的纠葛，知情人都不一定能找到，快速破案的可能微乎其微，于是看向梁文："现在只能先从受害人的身份入手，仔细走访和查阅之前的失踪人口，希望能有突破。"

"走吧，咱们去附近转转。"牛凯有个习惯，每次勘察现场，他都会把附近几公里的范围仔细走访一遍，许多蛛丝马迹就是在这个过程中发现的。

两人从房前的平地开始，沿着旁边的土坡往山上走去。刘小毛家的祖宅和普通村居没什么两样，都是背靠山坡、面朝山脚，一条上山小路弯曲着从房门前经过。

牛凯一边上山一边四处打量，发现这里的山势略显陡峭，两边野草十分茂盛，许多大树都有一人环抱粗细，被杂草包围，看样子很久没人来过了。

他们走走停停，不知不觉已经深入大山，这里树木林立，连山路都被野草覆盖，完全看不到人类生活的痕迹。

"凯哥，这样找肯定什么也发现不了，咱们还是先下去吧。"梁文见牛凯走得越来越吃力，担心道，"而且连路都没有，再走下去，你的腿也受不了啊。"

牛凯靠着路旁一棵大树，以便减轻一些右腿的压力，笑骂道："你别看起我，老子少条腿也照样爬山下海，不过这一带的杂草太多，想要发现点什么还真不容易。"

梁文很是赞同："而且受害人是被衣架勒死的，说明凶手是临时起意，杀人现场应该就在那间卧室，犯案后直接就地掩埋，至少当时这栋房子里已经没有人居住才对，或者是刚刚搬完家的那段时间。"

"没错，很大可能是刘家已经搬走，凶手才敢挖开地板掩埋尸体。"牛凯点头道，"所以最后离开这座房子的人有嫌疑，居住在附近的其他村民也有嫌疑。"

"这么长时间，希望还能找到了解当年事情的人。"梁文感慨地看着头顶湛蓝的天空，"要是天上有个监控就好了，调一下视频就能真相大白。"

牛凯翻了个白眼，懒得理他，率先向山下走去。

回到刘家祖宅，法医科的同事们已经完成现场勘察，土坑中的尸骸也已清理运走，他们还要回解剖室进行详细的尸检。牛凯和梁文再次走进卧室，空荡荡的房间除了那个被挖开的土坑，什么都没有。

梁文仔细观察了一遍，冲牛凯摇摇头说："凯哥，现场很干净，什么都没留下。"

牛凯微微眯着眼睛，没有说话，只是安静地站在屋子中央，在他脑海里渐渐勾勒出一幅过去岁月的图景：一个男人被人用衣架死死地勒住脖子，两只手奋力地向后挥舞，双脚不断蹬踹地面，但剧烈的挣扎丝毫没有意义，随着时间推移，男人的力气渐渐衰弱，直到双手无力地垂在地上。随后，凶手将被害者丢弃在一边，自己则找来铁锹开始挖掘地面，等到挖好了土坑，这才把被害人丢了进去，然后又将房间恢复原状。

"凯哥？"梁文轻轻推了推牛凯，"你没事儿吧？"

牛凯从愣神中清醒过来，眼神前所未有的明亮："梁子，埋尸的地方原本是卧室摆放床的位置，对吧？"

梁文点点头："没错，这里还有以前撑蚊帐的印迹，刘小毛也是这么说的。"

牛凯又问："床呢？"

"床？"梁文愣住，"刘小毛说他来的时候屋子里就是这样，没有床啊！"

"没错，要不是少了床，刘小毛可能还发现不了地面塌陷。"牛凯说，"凶手掩埋尸体以后，会专门把床挪走吗？"

梁文也陷入思索，摇摇头："不太可能，之所以埋在床底下就是为了不让人发现，怎么可能再把床搬走。"

"所以……"

"所以，凶手杀人埋尸后，有其他人来到这里，把床搬走了！"梁文眉头紧皱，"可这说不通啊，一张床而已，从这地方搬下山都得费好大劲吧？谁会干这种费力不讨好的事？"

正琢磨着，牛凯已经跳进土坑。

"嘶……"牛凯刚才光想着工作，忘了自己右腿有伤的事，像平常那样跳下去，但他在双脚落地的瞬间才感觉到不对，右腿和假肢连接的"接受腔"位置传来一阵钻心的剧痛，让他差点摔倒在地。

"凯哥，小心！"梁文吓了一跳，连忙伸手扶住牛凯。

"没事儿，刚才忘了腿的事情，疼死我了。"牛凯站稳后缓了缓，感觉腿没那么痛了，"现在没事儿了。"

不过，牛凯总觉得自己的右腿有些不对劲，就在刚才落地的那一瞬间，好像有什么重要的事情在脑子里一晃而过，可却被突如其来的疼痛掩盖了。

他想了半天，还是没有头绪，只能先放到一边不去管它。他像刚才铁法医那样蹲在坑里面，仔细地看了许久，最后一脸失望地站了起来。

"没发现？"梁文关切地问。

"是啊，没什么特别。"牛凯摇摇头，抓住梁文的手，从土坑里爬出来，刚想说话却突然脸部扭曲，两只手攥得死死的，把梁文吓了一跳。

"怎么了？"

"没事儿，刚才上来那一下又有点疼。"

过了一会儿，牛凯才从刚才的剧痛中缓过来，身上已是大汗淋漓，一副摇摇欲坠的样子。

"我送你下山，赶紧回去休息。"梁文也顾不上案子了，马上招呼同事开越野车上山接牛凯。

"这个案子就辛苦你了，先把周围村民逐个走访一遍吧。"牛凯叮嘱道。

"放心，我一定安排妥当。"梁文看着牛凯上车，脸上尽是担忧。

5

调离一线

越野车一路疾驰，把牛凯送到医院。最近几个月，牛凯已经是这里的常客，他驾轻就熟地挂了号，直接到住院部找到自己的主治医生——广府市第一人民医院骨外科主任崔明杰教授。

崔教授听他说完情况，脸色变得有些严肃："老牛，我不是跟你说过好几次了吗？你现在的情况只能做适量运动，一旦超过身体负荷，伤口附近的神经就会受损，还会造成不可逆的损伤。现在的疼痛就是身体对你的示警。地球离开你就不转了吗？有什么重要案件非你不可？"

牛凯尴尬地笑笑："那倒不至于，我只是舍不得这个工作。每次只要一听到有案子，心脏跳得都带劲很多，什么时候破案了，人才能安生下来。"

"哼，你呀，就是自己想不开！"崔教授恨铁不成钢地瞪他一眼，"我给你开的药是不是没有吃？怕影响你聪明过人的大脑？"

牛凯不好意思地抓抓头发，不敢说话。

"这样吧，既然你不想吃药，那你就随身带一块婴儿啃的那种磨牙棒，觉得疼就咬两口。"崔教授说。

牛凯眼睛一亮："这玩意儿还能止疼？这敢情好啊。"

"止个屁的疼，我是怕你疼过劲儿，把自己舌头咬断就彻底玩完了。"崔教授没好气儿地说，"你还是要随身带着药，实在受不了就吃一颗，不会变成傻子，知道吗？"

"这样……"牛凯垂头丧气地道了谢，转身往住院部顶层28楼走去。

住院部28楼，这里病人很少，也不属于任何科室，还有专用电梯直达，属于整个医院特护病区。在这里治疗的都是有特殊情况的病人，有些是愿意高价享受特殊护理的病患，有些是病情特殊需要和普通病人隔离。在走廊尽头的一间病房里，此刻正住着两名特殊的病人。

他们都只有二三十岁，看起来很是年轻，但一个人的胸口裹着厚厚的纱布，脖子中间还插着一根导流管；另一个人则趴在床上，露出光溜溜的后背，上面布满伤口，虽然已经愈合，但蜿蜒的疤痕让人触目惊心。

牛凯来到门口停了一会儿，又用双手用力揉搓了一下脸庞，深吸一口气，这才进去。

"老钟，小刀，我来看看你们。"牛凯一进屋，脸上立刻荡漾起阳光的笑容，声音一如既往的洪亮。

"凯哥来啦！"趴在床上的老钟用力扭过头，但他的眼睛还是看不到牛凯，嘴里却热情地招呼，"快点坐下，跟我们说说局里的情况。"

另一个叫"小刀"的也用力朝牛凯挥手，他只能用口型做出打招呼的样子，却发不出声音。

"好了，你们赶紧歇着，别那么激动。"牛凯哈哈大笑道，"我听大夫说，老钟的手术很成功，将来应该不用坐轮椅了，是吗？"

趴在床上的老钟闷声闷气地说："是啊，医生告诉我，实在太幸运了，发动机刀片只差了半毫米，再深一点点我的脊椎就彻底绞碎了。"

"那就好，等伤好了就回单位，现在队里的兄弟们都快忙疯了。"牛凯很是高兴道，"小刀也是，等你的管子拔掉就可以正常说话了，大家都很想你们。"

"好，我们在这儿住了已经三个多月，实在闷死，恨不得马上出院。"老钟急切地说，"快点，跟我说说今天回单位上班的情况吧。"

"好。我跟你们说，今天全局的同事们都出来迎接我，那排场简直比局长还拉风……"牛凯拉了张椅子坐下，开始跟两人分享自己第一天回单位上班的情景。

不知不觉，时间过去了快一个小时，老钟和小刀还要休息，牛凯只好意犹未尽地离开病房。他们三人都是当天被走私艇撞入江中受伤的，老钟的后背被螺旋桨打到，险些切断脊椎，小刀则是撞在船舷上，胸骨骨折，折断的肋骨插入肺叶，险些丧命。

也只有在他们面前，牛凯才能彻底放松下来，打开心扉畅所欲言，可一旦面对其他人，他心里总会有种疏离和自卑，生怕别人因为截肢而小看自己。虽然他知道事实不是这样，但心底的那个结却怎么也解不开。

从医院出来，牛凯看着车水马龙的路面，心里既感慨又沉重，感觉自己已经和这个世界格格不入，好像成了局外人。那些看病的、拉客住宿的、摆摊做买卖的芸芸众生，他们的喜怒哀乐都是牛凯遥不可及的，这让他觉得异常苦涩。

真羡慕这些四肢健全的普通人啊！

收拾好心情，牛凯拦了辆出租车直奔市公安局，按时间来看，法医那边应该已经完成尸检了，他得第一时间看到报告，这是多年来养成的老习惯，否则晚上肯定睡不着。

牛凯刚到办公室，刘楠瑾就听到消息，马上赶过来。

"老牛，听说你上午不舒服？赶紧回家休息，还回来做什么？"刘楠瑾佯装生气道，"以后只要你身体不舒服，随时可以回家休养，明白吗？"

牛凯看着刘楠瑾，苦笑一声："你们都把我当病人了啊，我已经在家躺了三个多月，再不动一动整个人都要生锈了。而且我已经正式归队，上下班都保证不了，还怎么带队伍？"

"你看看你，我不是告诉你了吗？你现在已经正式调整到档案室，办完交接就去新部门报到。"刘楠瑾语气软下来，"我知道你喜欢刑侦，但你的身体暂时不允许，那就去适合自己的岗位发挥作用，这个道理你不会不明白呀。"

"我知道，只是老钟和小刀他们还在医院呢。"牛凯神情落寞地说。

"是，这个大家都清楚。"刘主任点点头，"所以党委会专门研究过了，职级上给你解决副处，换个岗位安心调养身体。"

牛凯深吸一口气，没有说话。

办公室里所有人都沉默下来，谁也不知道该怎样安慰牛凯。刘主任有些受不了这种气氛，摆摆手问："你有啥要求不？组织能解决的会尽量解决。"

牛凯抬起头，咧咧嘴道："我想申请一下，把这个案子办完再过去。"

"你啊，都这样了，还想着案子！"刘楠瑾摇摇头，把头转向窗外，"你就好好休养身体，其他的什么也别想，谁说只有办案出外勤才是警察，坐在办公室里同样责任重大。这些年你天天出差，连终身大事都耽误了，现在正好借这个机会解决个人问题。"

牛凯忍不住扭过头："这个案子很反常，我怕他们……"

"别胡思乱想，档案室的工作也很重要，之前很多管理上的方法都落后时代了，正好你过去把这一块抓起来。这是组织对你的信任。"刘主任打断牛凯的话，语气严肃道，"这是组织的决定，你先服从，有意见以后再提。"

牛凯面无表情地看了看刘主任，一声不吭。

"我知道你有自己的想法，但再有想法也要先以工作为重，别让人看笑话。"刘主任又变了脸，和声细语道，"你现在这个状态，继续负责二大队，会让人怎么想？"

牛凯抬起头，看着刘楠瑾一字一句道："老刘，你别故意激我，我牛凯到哪儿都不是让人看笑话的人！"

说罢，拉开抽屉开始整理东西，只留给刘楠瑾一个后脑勺。

刘楠瑾摇摇头，站起身往门口走，嘴里自言自语地感叹："你啊，在医院躺了几个月，这脾气还是一点没变。真是江山易改，本性难移！"

"对了，那伙走私贩的主犯都已经移送检察院起诉了。"刘楠瑾走了两步又停下，看似无意地道，"你可以放心。"

"负责开船的不是潜逃了吗？通缉令都发了。"牛凯头也不抬地道，"叫高闯，江北人，是吗？"

"怎么，你还想插手？"刘楠瑾转身瞪他一眼，"我可提醒你，未经组织同意，不准干预案件。"

"不是，我就是好奇这个高闯，改装快艇这么专业的工种都能干，为什么还要赚走私的钱。"牛凯皱眉道，"而且明明是为了钱，怎么又成了悍匪，这跨界跨得有点太大了。"

说话的同时，牛凯眼前闪过一个健硕的身影。那是在撞船的前一秒，他和对方曾有一瞬间的对视，虽然对方戴着墨镜，但直觉告诉他，这个人不简单。

"行了，你想什么我还不知道？"刘楠瑾没好气地指了指牛凯，"我可告诉你，这家伙身上还有事儿。你管好自己就行，其他的绝对不许掺和。"

牛凯深吸一口气，从座位上站起来，朝门口走去。

"哎，你去哪儿？"

"我忘了，今天还要去康复中心训练。"牛凯头也不回地出了办公室，刚才脸上一副无所谓的表情已经染上一抹沉重和复杂。

"今天记得交接，明天正式报到。"刘楠瑾的声音从背后传过来。

6

愤愤不平

　　康复中心就在市公安局后面，是局里关爱民警的重要措施，年初刚刚建成，红墙绿瓦、窗明几净，从外面看起来像是一瓣弯弯的月牙，完美融合了建筑的美感和功能。

　　牛凯出院后就按照医生要求每天到这里进行康复训练，开始的时候，身体还没完全适应新安装的假肢，每迈一小步都疼得他汗流浃背。不过，为了早日重返岗位，牛凯咬牙死撑，连拐杖都不用，刚装上假肢就直接练习走路，很快就适应了新的行走方式。而且，为了不让别人注意到自己截肢，他走起路来甚至比过去还快，看起来比正常人还利索。

　　进了大门，前台的小姑娘冲牛凯甜甜一笑："凯哥来啦？您今天不是回单位上班吗，怎么还来训练呀？"

　　"啊，正好单位没什么事，我就过来锻炼一下。"牛凯点点头，僵硬的脸上露出一丝笑意。前台服务员名叫小静，长得娇小可爱，一张圆圆的脸蛋笑起来像一个熟透的红苹果，对牛凯总是特别关注，经常嘘寒问暖，算是牛凯痛苦的康复训练里唯一的慰藉。

"这样啊。"小静有些不好意思，犹豫地看了看牛凯，吞吞吐吐地说，"那个，康复训练的设备正好有人在用，今天以为您不过来，所以就没有预留。"

"哦，没事儿，那我去游一下泳，你不用管我。"牛凯理解地点点头。康复中心的设备都是新的，自然很是抢手，他今天没有预约，只能做其他运动。

打完招呼，牛凯朝男更衣室走去，准备换衣服。

因为是上班时间，康复中心的人不多，更衣室也很空荡。牛凯走到自己的柜子前，换上泳衣，到淋浴间冲凉，正准备开水，外面传来零散的脚步声，还有两人对话的声音。

"老朱，听说牛凯要调到你们档案室了。他那个人做事一板一眼，你们的好日子怕是要到头了。"一个带着笑意的声音传进更衣室。

"去去去，牛凯可是刚立了一等功，现在是标杆人物。他会来我们档案室？我们这儿你又不是不知道，全是老弱病残，不是身体残疾就是心理残疾，怎么可能让他来这里养老？"老朱一点也不信，"要我看，局里肯定得重用，否则哪儿对得起现在铺天盖地的宣传。"

"你就是在档案室里面猫得太久，一点也不关心时事。这都是局长办公会定了的。"

"什么？不会吧！"老朱的声音陡然拔高，"牛凯真的要来档案室？那他怎么受得了？"

"有什么受不了的，副处级待遇拿到了，还清闲，以后最多也就是到各地去作报告，这日子多美啊！"那人一副酸溜溜的口吻。

"你少说风凉话，人家那是拿命拼出来的，年纪轻轻的受了重伤还留下残疾，换你愿意吗？"老朱有些不乐意。

"我当然愿意。同样都是牺牲奉献，其他人付出的一点也不比他少，虽然没断胳膊断腿，但脑梗心梗的民警到处都是，我怎么没见都给评一等功呢？早知道辛苦半辈子最后落个半身不遂，还不如早点受个伤，去清闲部门养老，还能健健康康退休。"那人有些愤愤不平，"咱们基层职数有限，一年也就那么几个副处的名额，多少苦熬了一辈子的兄弟眼巴巴地等着，连你都还不是副处级，他那么年轻，怎么说给就给了呢！"

"行了，再说就过分了啊！"老朱的语气变得严肃起来，"都是一个单位的，以后不要这样说了，牛凯啥性格大家都清楚，这是他应得的。"

"得，还成我的不是了。"那人叹息道，"我不是对牛凯有意见，我是对这个现象不理解，算了算了，不说了……"

牛凯手里握着淋浴开关，外面的对话一字不漏地传进耳朵，脸色一会儿红一会儿白。说话的两个人他都认识，老朱是分局刑警队的老前辈，去年在办公室突发脑梗，所幸送医及时捡回一条命，但一线工作已经不适合他了，所以局领导照顾，调到市局管档案。另一个说话的是老蔡，之前在禁毒支队，也是天天通宵熬夜，后来查出得了癌症，所以调到康复中心养病。

　　他们都是还有几年退休的老同志，现在也还没解决副处级待遇，要说心里没有失落是不可能的。自己才三十岁出头，结果却荣誉加身，还解决了副处级，一下比别人快了二十年不止，能不叫人眼红吗？

　　哗啦啦——

　　牛凯不知不觉扭了一下水龙头，水花猛地喷溅而出，洒了他一身。同时，外面说话的两人也一激灵，有些尴尬地对望一眼。

　　"谁呀？"老蔡冲淋浴间喊了一嗓子。

　　牛凯推开隔间门，探出半个身子，咧嘴一笑："蔡哥，是我，牛凯。"

　　"啊？那个……"老蔡顿时尴尬起来，不用说，刚才那些话肯定都落在牛凯耳朵里了，这个脸真是丢大了。

　　"小牛啊，刚才我们说的话你别往心里去，两个糟老头抱怨几句而已，不是针对你。"老朱倒是挺坦然，大大方方地承认了。

　　"朱哥、蔡哥，你们说得没错，咱们局多少老同志辛苦了一辈子，连副处级都没有拿到就退休了，我压根也没想要这个副处级，只要能重回一线，把我降成科员都没问题。"牛凯一字一句地道，"等过两天，我一定找机会去跟领导反映。"

　　"哎，这不至于，你的荣誉和待遇都是应该的，你要是推辞了，以后其他同志怎么办？都像你一样高风亮节？"老朱认真想了想，"该是你的荣誉，你就坦然接受，不过继续在一线办案就算了，先把身体养好。"

牛凯笑了笑，没有说话。他心里清楚，自己根本不想当什么领导，只要让他继续干自己最喜欢的刑警，什么困难他都能克服。之前，这个念头只是偶尔在心里闪过，但现在组织已经准备把他调去档案室，再不争取就来不及了。至于能不能成，就不是他能左右的了。

哗啦啦——

牛凯重新拧开水龙头，冰冷的水花从他的头顶肆意流淌而下，让他忍不住打了个哆嗦。自从受伤以后，他就养成洗冷水澡的习惯，好像心底的苦闷只有通过冰冷的刺激才能短暂忘却。

冲完凉，牛凯已经没心情去游泳，独自坐在空荡荡的更衣室，看着靠在凳子旁的假肢，他的鼻子有些发酸。

自己真成了一个废人？连单位都认为他只能去档案室养老了？

自己才三十岁啊！

丁零零……丁零零……

牛凯听见熟悉的电话铃声，条件反射地跳起来，一蹦一跳地打开衣柜。以前单位有任务的时候都是这样，不分白天黑夜，只要电话铃一响，他就马上奔赴新的战场。

不过，当牛凯掏出手机，看见屏幕上"老妈"两个字时，原本激荡的心情瞬间跌入谷底。他受伤的事一直没有告诉家里，一方面是事已至此告诉家人也没用，另一方面是他的母亲有严重心脏病，怕受不了这个打击。

手机还在顽强地振动，但牛凯却呆呆地看着手机，迟迟没有接听。

许久之后，他调整了一下心情，这才接通。

"喂，妈？"

"小凯啊，你最近怎么样？好久没往家里打电话了。"电话里，牛妈的声音显得有些干涩，除此以外和平时没什么不同。

"哦，没什么，最近有几个大案子，等忙过这一阵儿了，我就休假回家。"牛凯没察觉老妈有什么异常，稍微松了口气，尽量用习惯的语气说话，"你们身体怎么样，血压和血糖按时测了没有？"

"啊，我们都挺好，按时吃药，血压和血糖都正常，你不用操心。"牛妈的声音里带着几分关切，"你办案子可不要熬夜啊，吃饭也要按时吃，少吃方便面和外卖，那些都不健康……"

"行，我知道了。我们快开会了，等周末我休息的时候再给你打过去啊。"牛凯竭尽全力让自己的声音显得正常，匆匆说完就想挂掉电话。

"小凯，你等等，你爸他最近总是念叨你，一个人在外面万事小心，可千万别逞能。"牛妈有些犹豫，"我们有阵子没见你了，这周末我们坐火车去送点饺子吧，都是我和你爸专门给你包的。"

"不用，我这周末正好要出差，等我忙完这阵儿再说。我开会，先不说了。"牛凯说完直接挂断电话，两只手死死抱着脑袋，早已泪流满面。

7

心系谜案

半小时后，牛凯神色如常地走出康复中心，一边打电话一边和前台的小静道别，大步流星地朝市局后门走去。

"行，你抓紧点时间，我先去档案室看看，等会儿在对面的茶餐厅见。"

档案室全名叫刑警队档案室，业务相对独立，办公也不和刑警队在一起，而是和信访办、退休人员服务科这种非业务部门挤在一处独门独栋的小院里，连办公区域都被马路隔开，一看就知道属于姥姥不疼、舅舅不爱的边缘部门。

牛凯心情不好，板着脸走进小院，刚一进门就看见几个乡下人手里拿着一堆文件站在楼前反映问题，一个中年民警一边翻看材料一边耐心听着。牛凯竖起耳朵，隐约听见"占地""修篱笆"之类的词句。

牛凯对这些鸡毛蒜皮的事情完全不感兴趣，心里暗自叹息，摇着头进了办公楼。说是办公楼，其实只有三层高，前后加起来不过十几间办公室，外墙的墙皮都已脱落，颇具年代感，只比危房好上那么一点。

牛凯所在的档案科在二楼，三楼是退休人员服务科，一楼则是信访接待室。可能是为了方便退休老同志办事，小楼加装了电梯，牛凯看了看狭小的电梯，最终选择走楼梯上去。

刚到二楼，就见老朱和几个同事正一脸严肃地站在过道口，每个人表情肃穆，窗台上摆着个移动音箱，一阵舒缓的音乐缓缓响起，几个人慢慢抬起手臂，开始练太极拳。只有老朱悄悄冲牛凯眨眨眼算是打招呼，其他人全都目不斜视，好像完全沉浸在养生的世界里。

牛凯见没人搭理自己，就小心翼翼地从人缝里穿过去，来到档案科门口。此时，办公室里空荡荡的，只有茶水柜的养生壶里发出"咕嘟咕嘟"的声音，像是欢迎牛凯这个新人。

牛凯四处看了看，发现档案科的人办公台面干净得过分，除了电脑外都是空空如也，和刑警队那种材料、卷宗堆积如山的样子截然不同。而且偌大的屋子一共坐了三个人，其他办公台全是空的。

办公室隔壁就是档案库房，已经全部打通，安装了带轨道的档案柜，用于存储刑警队的案件卷宗。不过，牛凯推开门看见一大堆卷宗档案靠墙摞着，像小山一样，而崭新的档案柜里却空荡荡的。

"牛队来了，快来喝杯茶，歇一歇。"老朱不知什么时候来到牛凯身后，笑呵呵地端着茶水招呼，"队里刚给档案室完成升级改造，新设备安装完毕还没来得及把档案摆进去。"

"以前来查档案都是在外面等着，我还是第一次进档案库房，没想到卷宗档案有这么多。"牛凯点点头，"光整理摆放就是个大工程啊。"

老朱赞同道："没错，科里就仨人，老陈、我和郭科。我的身体你知道，老陈下个月就到龄退休，郭科又是女同志，而且她是双警家庭，上有老下有小，你懂的。"

牛凯微微叹口气，感慨道："都不容易啊！"

"是啊，你以后就是档案科的骨干了。"老朱一指库房里堆积如山的卷宗道，"你可别小看这些卷宗，这可是个宝库，全是历代刑警专家们的心血，还有各种疑难杂症的解决办法，可惜全堆在这儿吃灰。"

牛凯和老朱闲扯了两句，心里渐渐升起一股不耐，他不知道自己现在正在干吗，为什么要和别人说这么多废话，以前的他一分钟都是掰成两半用，现在却整天游手好闲的，像个懒汉。

不行，自己可不能被他们影响！

牛凯暗暗下定决心，就算离开刑警队也不能浪费光阴。

他借口自己出去透透气，从档案室出来，在楼里转了几圈，熟悉了一下环境。不过，他发现这里不是上访户就是老干部，所有人说话、做事都慢条斯理的，和以前刑警队的气氛天差地别。

正在烦闷的时候，手机突然震动起来，牛凯接起电话，边说边朝院子外走去。

市局门口的马路上人来人往，十分嘈杂，牛凯走得很稳，但速度一点也不慢，很快便来到对面街口的茶餐厅。走进餐厅，他一眼就看见坐在角落的梁文，对方也发现了牛凯，朝他招了招手。牛凯来到梁文近前，笑道："梁队长抽个时间，我赶紧把工作交给你，就去新单位报到了。"

"凯哥，你腿不疼了是吧？开始取笑我了。"梁文原本笑着的脸顿时垮了下来，"你也知道，队里那么多案子，压力大到崩溃，以前都是你顶在前面，怎么突然换成我了呢？"

"少废话了。你来局里也快十年了，这点小事儿对你来说算个屁。"牛凯不以为然，"抓紧时间，跟我说说尸检报告还有那个高闯是怎么回事儿。"

"凯哥，这有点不好办啊。"梁文为难地看着牛凯，又小心地扫了一眼周围，"领导明确指示，不允许向无关人员透露案情。"

"滚！说谁无关人员呢？老子一条腿都被他们绞没了，我是无关人员？"牛凯没好气地道，"老钟和小刀可都还在医院躺着呢，说不说你自己看着办。"

"哎，凯哥，我是那种人吗？"梁文见牛凯板起脸，赶紧笑道，"我要是不想告诉你就不会出来跟你见面了。"

牛凯不动声色，盯着梁文。

梁文被他看得心里发毛，过了好久终于败下阵来："行了，行了，告诉你吧，这个高闯用的是化名，两年前来广城打工，一直猫在江北城中村的汽修店，案发后就消失了。现在我们正在查他的真正身份，不过进展不太理想。"

牛凯眉头微微皱起，脑子里出现了撞击前的一幕：那是个体形健壮、戴着墨镜和口罩的男人，除了知道他身形魁梧外，其他的什么信息都没有。

"照片和地址发给我。"牛凯说。

"行，你别告诉其他人啊。"梁文把高闯的近照发给牛凯，犹豫了一下道，"凯哥，有个情况比较奇怪，这个高闯和这帮走私犯不是一起的，据主犯交代，他们原本的快艇驾驶员突然生病了，所以才临时换成这个高闯。"

"临时换的？"牛凯一皱眉，"不是一伙的，怎么会相信他呢？"

"也不是完全不熟，之前高闯负责运送改装的快艇，他们见过面，知道他技术好。所以驾驶员生病后，没有其他人替补，碰巧高闯来给快艇做保养，就让他顶上了。"梁文说，"虽然看起来是临时顶替，但他的行为又不太合常理，感觉像是故意朝民警撞过来的。"

牛凯点点头，决定先不去想这个问题："尸检情况怎么样？刘小毛的笔录做了没？"

梁文左右看看，见没人关注自己，这才压低声音："报告出来了，死者遇害时三十岁到四十岁，死因是机械窒息导致死亡，检验显示是用铁衣架勒死的。其他的信息就没有了，毕竟时间太久远了。"

"现场有没有提取到有价值的物证？"牛凯问。

"没有，什么都没留下。"梁文气馁道，"刘小毛的笔录也做完了，他还是坚持自己是意外发现尸体的，至于为什么回来却吞吞吐吐的。我会继续做他的工作，跟他保持联系。"

牛凯见没有更多信息，便让梁文先回去，自己则坐在原位沉思半晌，就算组织不同意，他也要想办法参与调查，一是要抓住这个高闯，二是要破掉埋尸案。

打定主意，牛凯起身准备往外走。

"嘶！"

谁知他刚想起身离开，断肢的伤口处突然传来一阵钻心的疼痛，让刚站起来的牛凯不由自主地摔坐回椅子，冷汗瞬间布满他的额头，两手死死抓住桌角，浑身肌肉紧紧绷起，连呼吸都停了下来，原本红润的脸庞变得一片惨白，只能张大嘴巴无意识地开合。

突发的变故让旁边的客人们大吃一惊，连忙呼叫服务生，有人甚至拨打了120急救电话。

这种状况持续了大概一分钟，揪心的疼痛终于慢慢退去，牛凯浑身上下已经全被汗水浸湿，仿佛从水里捞上来一样，扶着桌子大口大口地喘着粗气。

"先生，您怎么样？"服务生脸色发白，急忙递上一杯热水。

牛凯摆摆手："没事儿，就一阵不舒服而已，过去了就好。"

说完，他接过水杯，从衣服口袋里掏出刚开的药，一仰脖儿灌进肚子里，很快疼痛便缓解不少。

"谢谢了。"牛凯道了声谢准备离开。

周围的客人们可不太相信，纷纷劝说他等救护车来，看他刚才的模样好像随时都要不行了，怎么看也不像没事的样子。

哪知牛凯却根本不听，缓缓站起来走了几步，感觉腿部的疼痛已经好了很多，这才朝门口走去。说实话，周围人的关心让他很不习惯，恨不得立刻逃离这个地方。自从受伤以后，牛凯就变得有些敏感，心里非常排斥成为周围人关注的焦点，也不知道是不是心理障碍。

8

独自调查

出了餐厅，牛凯先找了一家母婴用品商店，买了一个婴幼儿用的磨牙胶棒，叼在嘴里。然后，他拦了辆出租车，告诉司机一个地址，正是高闯在江北打工待过的汽修店。

很快，出租车来到江北，在一片破旧的棚户区边上停下，牛凯推门下车，站在一家名叫"兄弟汽修"的店铺门前。

说是汽修店，但从外观上看只是一栋临街的农民房，一楼被用来修车做生意，二楼用于住人。这种房子在经济相对落后的江北非常普遍，几乎路边的房屋都是这样。

可能是高闯的原因，兄弟汽修的生意很是冷清，只有一个二十岁左右、穿着油腻的学徒百无聊赖地坐在门口玩手机，脚边胡乱扔着各种工具，全是油迹斑斑的样子。

"小伙子，你们老板在吗？"牛凯从兜里掏出一支烟，一边递给学徒，一边往店里走。

"出去进货了。你有什么事？"学徒接过烟，熟练地给自己点上，瞟了牛凯一眼然后继续埋头玩手机。

"向你打听个人，高闯认识吗？"牛凯吐了个烟圈儿。

"你是干啥的？警察还是街道办的？"学徒头也不抬地道，"他跑没影儿个月了，我们也不知道跑哪儿去了，警察天天来也没找着。"

牛凯一点也不意外，笑道："你们都被问烦了吧？"

"可不是，警车三天两头来，生意都差了好多。"学徒没好气地道，"他这个笨蛋能犯什么事儿，连火花塞都不会换，值得政府这么重视？"

牛凯微微皱眉，高闯很笨？不可能。他记得清清楚楚，高闯驾驶快艇疯狂撞向执法艇时的那股狠劲儿，怎么也不像是笨蛋能干出来的。

"你再想想，高闯平时做事怎么样？比如说性格会不会有点狠辣？"牛凯走到学徒小伙旁边，找了个板凳坐下来，右腿朝侧面伸直，让自己稍微舒服一点。

学徒眼睛不离手机，心不在焉地道："他就是个蠢货，还狠辣？客户碰瓷儿，他连个屁都不敢放，做事儿蠢得要命，天天让我给他擦屁股。"

说完，学徒扭头看了牛凯一眼："你还没告诉我你谁啊？"

"我就是打听打听，不是警察贴了公告找高闯嘛，有悬赏。"牛凯嘿嘿一笑，往地上弹了弹烟灰，露出一副"你懂的"的表情。

"哦，那你纯粹是想多了。"学徒像看傻子似的仔细打量了一下牛凯，"这年头还真有人信悬赏啊，那不跟高闯一个智商了？"

"别埋汰人呀。我跟你说，政府发的悬赏通告都是有保证的，说不准我找到高闯就能拿到五万块钱奖金呢。"牛凯神秘一笑，"要不咱俩合作，到时候我分你一万。"

学徒听到一万块钱，眼睛微微一亮，然后想了想："一万不够，一半还差不多。"

牛凯一听，顿时摇头道："那不行，找人是要花时间和精力的。你啥也不干，就提供点信息，一万已经很多了。"

"那行吧，一万就一万。"学徒本来也没抱希望。

"你怎么称呼？"牛凯掏出手机，"加个微信吧，回头有消息互相通个气儿。你顺便看看相片，确认一下是不是这个人。"

"叫我小飞就行。"小飞退出游戏，和牛凯互加微信，看了看高闯的照片点点头，然后压低声音说，"没错，就是他。"

小飞看着手机上高闯的照片想了一会儿，犹豫道："还有个事儿，我谁都没告诉过，既然咱俩合作我就告诉你吧。"

牛凯配合地凑上去："啥事儿，你说。"

"这个高闯吧，老家还有个表哥，叫啥名字不知道，不过他挺崇拜他表哥的。"小飞一边沉思一边说，"有一次他给客户做保养，倒错了机油，我骂了他几句。他说要是他表哥在，保准让我跪着求他。"

"他还说过他表哥的事儿吗？"牛凯认真道。

小飞摇摇头："就这一次，而且看他的样子不像开玩笑，还很严肃。那表情我从来没见过，所以印象挺深的。"

"好，你说的这个信息很重要，搞不好他就是跑回老家找他表哥去了。"牛凯鼓励地拍拍小飞的肩膀，"我这就去找他表哥，我感觉这五万块钱奖金离咱不远了。"

小飞也兴奋起来，连连点头："行，你说话必须得算数，到时候别忘了我的一万。"

"没问题。"牛凯大手一挥，气势很足，"跟着凯哥，包你吃香喝辣，这一百块钱你先拿着，随时帮我留意，一有高闯的消息马上通知我。"

"妥了，凯哥真大气。"小飞眉开眼笑地接过钱，胸脯拍得啪啪响，"交给我吧，我知道他老家，他说过，是黑省丹花江的，不过他很早出来投奔老乡，口音也变了，这事儿没人知道。"

"他还有老乡？"牛凯好奇道，"我还以为他自己一个人呢。"

"现在他就一个人，之前他好像要投奔什么三叔爷，不过找到没多久他就离开了，所以还是一个人。"小飞知无不言，"他傻乎乎的，话也说不清，我也就知道这些了。"

牛凯心里暗喜，没想到小飞提供了不少信息，这一百块钱没白花，不过他脸上却一点没表现出来："这些信息用处不大，要是能找到他这个三叔爷兴许还有点价值……"

小飞垮下脸来，摇头道："这都是他偶尔说的，谁会管他三叔爷是谁啊。"

"对了，他修车技术不行，那改船的技术是不是特别厉害？"牛凯转移话题，"比如给大飞，也就是快艇加装个发动机之类的。"

"哈？改装大飞？就他那个傻样儿？"小飞露出啼笑皆非的表情，"怎么可能，他这种蠢蛋连船都没摸过，改装自行车都费劲，还改大飞？"

"这……"牛凯心想，果然是这样，看来撞船的另有其人，摆摆手道，"算了，也许是弄错了。"

哪知小飞好像突然想起来什么，扭头钻进修车行翻箱倒柜地找了起来，过了半天，才一脸黑油垢地跑出来，手里还拿了一个皱巴巴的笔记本，看起来破破烂烂的样子。

"凯哥，你看看这个。"小飞说着把那个破笔记本交给牛凯。

"这什么东西？"牛凯翻开都打了卷儿的笔记本，只见每一页都皱巴巴的，还沾满油污，上面歪七扭八地记了一些笔记，有些是汽车零配件尺寸，有些是工作流程，内容非常零散，一看就是随手记录的。

"这是高闯的工作记录本，他干什么都笨得不行，老板就让他把重要工序记下来，省得出错。"小飞说，"你看看这个，像是能改装大飞？"

牛凯摇摇头，彻底打消了心底最后一丝怀疑。

"这个本子我先拿走，也许有什么线索也说不定。你别告诉其他人，知道不？"

"行，这个破本子根本没用，你要是不提醒，我都准备扔了。"小飞无所谓地道，"没其他事儿了吧？我还得继续打游戏呢。"

牛凯把笔记本装起来，冲小飞摆了摆手，慢悠悠地打车离去。

回到单位已经是晚上六点多，市局不少人都下班回家了，但刑警队的办公室还是灯火通明。梁文、铁法医等人都在，正一边吃盒饭一边探讨案情，看见牛凯回来很是惊讶。

"凯哥，你怎么回来了？"

"怎么，不欢迎了？"

"怎么会。白天你不是不舒服吗？应该在家多休息休息啊！"

"哼，我看你是怕我回来干扰你们办案吧。"

牛凯冷哼一声，在众人尴尬的目光里回到自己的座位，用手指了指空荡荡的桌子："我的饭呢？"

以前大家一起加班的时候都是一起去饭堂打饭或者叫外卖，就算有人回来晚了也会给他多叫一份备着，所以牛凯理所当然地要找自己的饭。

"凯哥，大家以为你回去休息了，所以没准备，我现在就叫，你等等啊。"梁文硬着头皮道，表情很是尴尬。

牛凯表情一僵，很快又恢复正常："算了，外卖不健康，医生不让我吃。我等会就回家了，还是自己做吧。"

说罢，牛凯拉开抽屉，把自己的物品归拢到一起，并将一些资料分门别类整理好，这才对梁文说："明天我就去档案室上班了，这些资料都是咱们队日常管理需要的，你有空好好看看，反正之前几个月你也熟悉了，有空可以再熟悉熟悉。"

"凯哥！"梁文颤抖着叫了一声，"你永远都是我们的队长，什么时候回来都行，我们以后都会给你留饭的。"

"滚犊子，老子还没光荣呢！你给我留个屁的饭，上坟吗？"牛凯笑骂道，"我把东西搬走，就算交接完毕，以后就辛苦你们了。好好干，别堕了咱们二大队的名头！"

"凯哥，你放心地去吧。"法医铁有水语气沉重地道，"我们一定会继承你的精神，把二大队打造成全省最强的明星刑警队。"

牛凯气得鼻子差点歪了："说你有病还端上了是吧？老子好端端的大活人，你们就那么盼着我牺牲？"

"老铁是开玩笑的，你别往心里去哈。"梁文赶紧打圆场，随后正色道，"凯哥放心，你虽然去了档案室，但都是刑警支队的，以后查阅案件卷宗还得麻烦你，咱们分工不分家，一切照旧。"

牛凯点点头，这话还像那么回事："好了，你们忙吧，我走了。"

说完，牛凯抱着自己的东西出了市局大楼朝路对面的档案室走去。夜色清朗，一轮圆月不知何时已经高悬天际，将牛凯的影子拉得很长，好像舍不得离开一样，如同他此刻的心境。

9

档案库房

"唉,终于还是走了啊!"牛凯出了大院,扭头看着身后光影绰绰的办公楼,轻声叹息,"不知道这两个案子能不能尽快破,真是舍不得。"

尽管不情愿,但牛凯还是得服从组织决定,只能先到档案室上班,以后再想办法调回大队。与主办公楼的灯火通明不同,档案室所在的小院子万籁俱寂,除了门口一盏路灯外,整栋小楼都黑黢黢的,连个鬼影都看不着。

牛凯掏出白天老朱给的钥匙,麻利地打开门,按下电灯开关,走廊里的灯管便亮了起来,但可能是年久失修,两个灯管中有一个不停地闪烁,惨白色的灯光不停地明灭变化,让整栋楼看起来无比诡异。

"这得是多久没人加过班了。"牛凯自言自语地上了楼,来到档案室。他先是把自己的东西摆在办公桌上,简单整理了一下,然后慢慢溜达了一圈,熟悉一下自己将来的工作环境。办公室没什么特别,于是他打开档案库的大门,走了进去。

　　档案库房占地不小，接近两百平方米，四四方方，很是规整。可能是为了安全，原本的窗户已经被封死，整个库房都是通过空调和换气系统进行温湿度调节，在全局来说都算比较先进。

　　库房正中间整齐排列着十几排导轨式档案柜，可惜上面空空如也。

　　而在靠墙的位置则堆满了卷宗档案。这些档案一看就是保存多年，其中有些外壳已经破损，档案封面也因岁月变迁失去了原有的色泽，显出一种沧桑的灰白色来。

　　牛凯站在快要堆到房顶的卷宗档案前，心里没来由地涌起一番感慨：广府市每年刑事案件超过五百宗，其中大要案件不下一百五十起，每一起案件的背后都有至少一个破碎的家庭，那些当事人们在经历了人生的巨大变故后，还怎样面对自己余下的人生？他们的悲伤又有谁能了解？

　　想到这里，牛凯不知为什么，竟突然有种把所有档案翻看一遍的冲动，原本有些疲乏的身体瞬间精神很多，干脆先不回家，在这儿好好研究一下这些档案。

　　他从门口开始，挨个查看这些案卷的名称，不看不知道，原来这些档案看起来堆放杂乱，其实都是按照一定规律排好顺序的。每一摞卷宗都是相同年份的摆在一起，只是时间先后被打乱，并且没有按照案件类型分类。

　　不过，牛凯发现每一个案卷封面都有编号，前面以英文字母标记类型，这就为以后的分类打下基础。

看来，之前的同事也不是什么工作都没有干，自己还是小看了档案管理的专业性啊。牛凯一边感慨一边逐年查看，尤其是近些年的案件卷宗，基本上每一个都是他经手办理的，印象自然十分深刻。每拿起一个案卷脑子里都会浮现出当时办案的情景，有些本已经逐渐淡忘，但现在又重新清晰起来。

随着年份的推移，时间也越来越往前，有些案卷是他刚加入警队时办理的，连他也不是很清楚，有些案件则是其他同事负责的，他当时还没有担任队长，自然也不了解。

不过，随着时间越来越往前，案卷的样子也有了变化。早年的案卷整理并不规范，有些连编号都没有，只写了案件名称，而且这些名称的格式也不够规范，不是缺少时间就是缺少类型，给后人的查阅带来很大困难。

不过，这些都不是最严重的，让牛凯最惊讶的是，十年之前的案卷中竟然夹杂着一些没有破获的积案。所谓"积案"是指因为种种原因，案件没有侦破或者是案件虽然侦破却没有抓到主犯的历史遗留案件。

这些案件大多年代久远，卷宗封皮都因为长年积压而变了颜色，原本深棕色的牛皮封面仿佛蒙上一层灰尘，就像案件里被迷雾笼罩的尘封的真相一样。

牛凯在发现积案卷宗的瞬间就被吸引住了，作为刑警二大队的队长，他早就对这些陈年积案耳熟能详，上级机关每年都会安排专门警力重点攻关这些疑难积案，他也经常带人把这些积案找出来重新梳理证据、线索，看能否利用最新的技术找到突破口。

不过，这些工作大多是阶段性的，在某个时期会集中力量重点攻克，一旦专项结束，刑警们就会把精力转移到其他案件上，所以很多积案虽然定期会被重新研判，却没有办法一直保持跟踪。

然而，现在不一样了。牛凯接下来就会负责档案室的工作，他有的是时间和这些陈年大案死磕，而且上级也不会给他太多压力，和自己负责办案基本没有区别。有了这个发现，牛凯瞬间觉得整个人都活过来了，这是自从他受伤到现在第一次发自内心的开心。

看来老天对我不薄啊！

牛凯手里死死攥着一个陈年命案的卷宗，激动得快要哭出来了。自己就算残疾了，但还是可以继续做刑警，去为受害人主持公道，把那些罪大恶极的犯罪分子绳之以法。此生如此，夫复何求！

他像一个突然进了金山的穷小子，恨不得马上把所有积案卷宗找出来，然后仔细研究一遍。整个晚上，他就这样不知疲倦地泡在档案室库房里，连天亮都没发觉。

老朱每天都是最早到办公室的，先把办公桌里里外外擦上一遍，再给窗台上的绿萝和几盆多肉浇浇水、摆弄一下，然后给自己泡上一壶红茶，美美地喝上一口。这个习惯他已经保持了不少年头，自从去年突发脑梗在医院抢救才捡了条命回来，他就更喜欢一大早来办公室了。

可是，今天老朱刚进办公楼就发现有些不对劲儿：怎么走廊的灯是亮着的？昨天他离开的时候明明没有开灯啊。难道昨晚有人回来过？不会吧，已经很久没见过有人加班了，肯定是谁下班恶作剧，把灯给打开了。

想到这儿，老朱顺手关掉走廊闪个不停的灯，这才走进电梯。不过，让他吃惊的是，出了电梯后，竟然发现档案室的灯也是亮着的！

真是奇了怪啊！老朱一头雾水地打开办公室门，好像屋子里有些不一样了，至于是哪里不一样，他又一下子说不出来。于是，他仔细看了看，猛地反应过来：一个原本空荡荡的办公桌上竟然放满了东西。

难道，是牛凯？

这时候，老朱突然听到隔壁档案库房里传来一阵惊天动地的大笑："哈哈，我终于看完啦！"

"我去……这是咋了？"老朱闻声推开档案库房大门，就被眼前的景象惊呆了：

原本还算齐整的库房如今像是台风过境一般，地板上堆满了各种案件卷宗档案，有些敞开着，里面的资料散落在旁边，有些则歪七扭八地摞在一块，看起来摇摇欲坠。

这些档案中间则坐着一个两眼通红、头发凌乱的家伙，更让人大跌眼镜的是，这家伙竟然还把一条腿拆了下来，像个镇纸一样压在那些卷宗上面，估计是怕这些档案盒被碰倒吧。

"你是……牛队长？"老朱嘴巴张得老大，有些不敢相信，"你别是一晚上没回家吧？"

此刻，牛凯终于从魔怔的状态里清醒过来，有些不好意思地抓了抓头发，说道："那个，不好意思啊，老朱，我把档案库给弄乱了。"

老朱瞬间就不淡定了："你管这叫弄乱了？这是给毁掉了才对吧！"

半个小时后，牛凯洗漱完毕，坐在办公桌前狼吞虎咽地往嘴里塞肉包，含糊道："谢谢朱哥，我跟你说，我从昨天下午到现在一口水都没喝，可把我给饿死了。"

"你呀，让我说你什么好！"老朱一副恨铁不成钢的样子，"你自己身上的伤还没好利索，怎么能这么折腾自己呢？要是累出个好歹来可怎么办？你父母还不得心疼死啊！"

"没事儿，我就是昨天太激动了，一下子就看入迷了。"牛凯压根儿没放在心上，"我心里实在是高兴，没想到自己来档案室还能接触案子，尤其是那些多年没解决的悬案积案，这可比在二大队还有成就感哪！"

牛凯虽然已经累得够呛，但他还是兴奋得不想休息，经过昨天晚上通宵整理，一共清理出没有破获的案件卷宗七十八本，其中命案五十四宗，都是动辄十几年的陈年旧案，线索证据缺失严重，已经被反复梳理研判过无数次。

不过，越是这样的案子，对牛凯来说越是有着致命的吸引力。他花了一晚上时间，把这些案子全部仔仔细细研究了一遍，打算一件件挨个突破，拿出自己后半生和它们死磕到底。

接下来的几天，牛凯像着了魔似的泡在档案室，除了把堆积如山的案卷分门别类地整理并存放进档案柜以外，更是把七十八卷未破案件卷宗单独存放，根据案发年份和难度排列好，准备逐个击破。

同时，他还偷偷关注着追捕高闯和刘家祖宅埋尸案的进展，不过可惜的是，这两个案子目前并没有太大进展。这天下班的时候，牛凯偶然看见自己从修车行找来的那个高闯的笔记本。之前他简单翻看过，因为本子太破并且字迹潦草，所以并没有细看，现在趁着下班，他打算认真检查一下这个笔记本。

随着他一页页地仔细辨认，整个笔记本的内容基本已经了解清楚，里面主要是高闯修车时做的工作记录，没什么价值。不过，笔记本背面封皮的最下面有一行小字却引起了牛凯的注意。

那行小字是用铅笔写的，字迹已经很淡，并且还沾着油垢，因此之前都没有被牛凯发现。那行小字写的是一个人名和一个地址，人名还算清楚，写的是"郝老三书"，后面的地址却已经被油垢盖住了，只能辨认出"江北"两个字。

之前，小飞曾提到过高闯来广城是投奔三叔爷的，所以这里的"郝老三书"很可能就是高闯的三叔爷，高闯可能因为"叔"字不会写，所以用"书"字代替。如果这个猜测没错，那么高闯的三叔爷应该就是"郝老三"。

不过，只靠一个名字，而且还是外号，就想要找到这个人难度实在太大了。还好姓郝的人并不算多，牛凯相信只要有耐心和毅力，一定能找到郝老三。

剩下的，就是发动力量去找这个人了。不管多难，只要还有一线希望，他都会全力以赴，只有找到高闯，才能把撞船的罪魁祸首揪出来，给老钟和小刀一个交代。

与此同时，刑警二大队办公室里，烟雾缭绕，梁文和铁法医一群人正两眼通红地盯着一排排电脑显示器，上面是一个个摄像头拍摄的画面。

"阿梁，咱们已经反复看了不下三遍，根本找不到那个开船的家伙啊。"铁法医瞪着两只布满血丝的眼睛，疲惫又失望。

"真是奇怪，竟然人间蒸发一样，一定是哪里漏掉了。"梁文努力盯着屏幕上出现的每一个人影，眼睛里竟然一片血红，连原本黑白分明的眼球都成了红色，看起来十分瘆人。

"阿梁，你必须休息，已经连续三个晚上通宵，就是铁人也顶不住的。"同事们担忧地看着梁文，"有我们在，大家轮流加班，明天上午之前肯定能再查一遍。"

梁文缓缓摇头，眼睛一眨不眨地继续盯着屏幕："不行，我不放心。一想到凯哥、老钟和小刀现在的样子，我就吃不下、睡不着，尤其是凯哥，他现在一定特别难受。咱们必须尽快把人找出来。"

"唉，这个事已经急不来了。"铁法医摇头叹气，"已经过去三个多月了，这个人的身份到现在都还没办法锁定，唯一的线索高闯偏偏还成了痴呆，有时候不是我们不努力，而是老天都不帮忙啊。"

"高闯找到的消息先不要对外透露，协查通报继续挂一段时间，这样可以麻痹真正的凶手。"梁文一字一顿道，"高闯明显是被人冒用身份，那些走私犯没有参与，提供不了线索，但我相信那条大鱼一定和高闯有某种联系，否则不可能拿到高闯的身份证明。李敏，前两天调查高闯的亲属信息怎么样了？有没有新的线索？"

李敏马上回答道："梁队，经过外地公安的仔细复核，高闯父母确实已经去世十几年了，他们家有家族遗传性的脑病，父亲和爷爷都是患这种病死亡的，他母亲也是残疾人，所以只生了高闯一个孩子。"

"没有其他亲戚了？"梁文眉头紧锁，"越是这样越不能有任何遗漏才行啊。"

"是的，这个案子上级非常重视，高闯老家的公安机关也是当成头号专案调查，可惜高闯确实没有其他亲属了。"李敏认真道，"而且这个结果已经反复核对了不下五遍，绝对错不了。"

众人相互打量，不约而同地摇头叹气。

"阿梁，歇歇吧，你要是累垮了，咱们二大队的工作就掉链子了。"铁法医劝道，"而且还有别的案子等着呢，咱们的精力不能全捆在这一件事上啊。"

"唉！"梁文懊恼地捶了一下脑袋，"我就是感觉对不起凯哥，上次他在办公室收拾东西时的眼神，我这辈子都忘不了。"

"你说，咱们这样骗他，以后他会不会恨咱们？"梁文关掉视频，仰起头，两眼无神地盯着天花板，两行热泪顺着脸颊流淌而下，"以凯哥的性格，怕是这辈子都不会原谅我们。"

"不会的，他理解咱们的苦衷。"铁法医摇头道，"他现在的身体绝对不允许透支，要是让他参与案件，只会害了他。"

"好吧，咱们明天中午之前再把所有视频检查一遍，如果还没有结果，那只能说明办案方向错了，接下来就要调整策略，寻找新的突破口。"梁文使劲搓了搓脸庞，"大家打起精神，轮流休息，一定不能放过任何一个疑点。"

"是！"所有人神情郑重地应道。

10

劳务中介

"郝老三？"一个肥硕的光头正靠在黑色的真皮大班椅上轻轻摇晃着，随着一缕缥缈的轻烟缓缓升起，这人继续道，"名字太普通了，而且还是两年前在江北待过，想要俺快找出来，难啊！"

"容易我就不来找你了。"巨大的红木办公桌对面，牛凯正端着一杯绿茶蜻蜓点水般啜饮，"谁都知道，整个江北最大的劳务中介就是你开的，如果有人来江北打工找活，肯定在你这里留下过资料。我要求不高，你只要把近五年所有姓郝的工人资料都拿给我就可以了。"

"牛警官，我们是做生意的，要是让外人知道我随便泄露客户资料，那可是会砸掉饭碗的。"光头不冷不热地说。

"我是在办案，你必须配合。"牛凯寸步不让。

"那好，麻烦你给我看一下办案手续，如果手续齐全的话，我马上配合，绝无二话。"光头好整以暇地冷笑一声，"我听说牛警官前阵子受伤了，现在恐怕还没有正式回岗位吧，怎么可能是办案呢？"

"刘大头，你想要什么？"牛凯没工夫和这种滚刀肉废话，直接开门见山，"咱们有话直说，你怎样才能配合我？"

"配合？既然牛大队长开口，我刘大头必须无条件配合。"刘大头摇晃着自己亮锃锃的圆脑袋道，"只不过呢，我这里正好有点小困难，麻烦牛大队长帮个小忙……"

牛凯听完刘大头的要求，脸色变得十分难看，本来以为这家伙会提一些非分的要求，比如让他法外开恩、以权谋私之类的，没想到这家伙竟然给自己提了这样的要求。唉，看来自己还真是小瞧对方了。

这可怎么办？牛凯陷入纠结，要是不答应的话，对方肯定不会帮忙，现在自己的情况想要不通过单位根本不可能找到郝老三。可要是答应对方的话，又会违背自己的本心。

刘大头看着牛凯一脸"便秘"的样子，心情大好，哈哈大笑道："怎么，堂堂牛大队长，连这点小忙都不愿意帮是吗？又不是要你当保护伞，你一个大老爷们儿，怕个屁呀！"

"这……"牛凯被怼得无言以对，还偏偏没法反驳。

这个刘大头是江北本地人，父母早年出车祸后双双卧床，丧失劳动能力，不到十岁的刘大头带着妹妹从小寄人篱下，四处打散工养活一家人。长大后他凭着狠辣的手段，慢慢从底层爬起，最终成为垄断江北务工劳动力中介的大老板。

刘大头虽然没干过太出格的事，但了解他的人都知道，这家伙做事心黑手狠，雁过拔毛，虽然事情最终能办成，但付出的代价却远超想象，因此，没人敢招惹这个黑心老板。

不过，刘大头做生意虽然心狠手辣，但对待家人却始终如一，尤其是他的父母，长年卧床，却被他照料得很好。此外，他对自己唯一的妹妹也是疼爱有加。不过，因为刘大头的名声在外，他妹妹据说长得比刘大头还彪悍，所以一直找不到男朋友，成了江北商界的一个趣闻。

"怎么样？牛队长，你考虑好了没？"刘大头看牛凯半天没有反应，顿时觉得面上无光，不由得板起脸来道，"我是让你跟我妹妹相个亲，又不是要吃你的肉，怎么搞得像是我求你一样？我妹妹的条件多少人想高攀都攀不上呢。你别得了便宜还卖乖！"

牛凯咽了口唾沫，心里暗道：老哥啊，拜托有空的时候照一下镜子，看看您这副尊容，令妹我是真不敢高攀啊！可是不答应对方的话，刘大头肯定不会帮忙，我真是太难了！

唉，反正只是相亲，又不是结婚入洞房，闭上眼咬着牙吃顿饭而已，自己什么场面没见过，这点小考验还算事儿吗？

心里虽然一堆怨念，牛凯脸上却一点也看不出来，反而一脸笑意，看起来真诚又喜悦："刘总，你这话说得就见外了，咱们认识多少年了，你还不了解我吗？既然你这么瞧得起我，那我一定好好表现一下子，把我最有魅力的一面展现出来。"

牛凯拍着胸膛，一副大义凛然、视死如归的样子："不过，我先把话说清楚，相亲也是要看缘分的，如果我达不到刘总妹妹的要求，那我也没法子了。"

"好！有你这句话就行，我现在就打电话给若冰，晚上一块吃饭。"刘大头做事雷厉风行，立刻开始安排，好像一分钟都等不及似的。

这可把牛凯吓得不轻，只能在心底无声地呐喊：完了完了，老子也有为了任务出卖美色的一天啊！

约好时间，刘大头像是完成了什么艰巨任务似的，靠在椅子上长出一口气，看向牛凯的目光也变得柔和许多："我说小凯啊，你说当警察有什么好，辛苦危险就不说了，关键挣得还少，你还不如来我这儿干，我手下这么多农民工，你给我当个保安部主管，一个月至少这个数。"说完，他伸出三个手指头在牛凯面前晃了晃。

牛凯沉声道："刘总好意心领了，我这人就是劳碌命，干什么都提不起兴趣，只有当警察才让我有成就感。所以，我还真不适合做别的工作。"

"唉，那就可惜了。你的大名在广府市可是家喻户晓，之前江北的黑老虎那伙人就是你给打掉的吧？多少人都暗地里拍手称快呢。"刘大头感叹一声，"还有那个杀人案，我记得那会儿咱们全广府市，凡是有女儿的父母，每天都提心吊胆的，形影不离，生怕女儿被这个魔头祸害了，结果他还是栽到你们手里了。我当时怕我妹出事儿，连续好几天都不敢上班，天天接送她上下学。"

牛凯点点头："打击犯罪，保护市民平安，是我们应该做的。刘总，刚才我求你的事儿，能不能尽快安排? 我这里也很赶时间。"

"行。"刘大头痛快答应，按下办公桌上的一个按钮，外面的秘书立刻进来，刘大头把事情一说，让手下尽快安排查找。

秘书为难地看了牛凯一眼说，两年前的资料太多，可能需要三天左右才有结果。

刘大头圆眼一瞪："三天以后还有个屁用，我明天就要，你让他们想办法，明天晚饭前给我结果。"

秘书吓得连连称是，屁滚尿流地跑出去安排工作。

牛凯对刘大头的管理风格很是无语，一想到他将来有可能成为自己的大舅子，心里就一阵恶寒，对晚上的"鸿门宴"更排斥了。

从刘大头的劳务公司出来，牛凯看看时间已经快到中午，他掏出手机，翻出里面的一个地址：江北区青草街道335号。

这是前两天牛凯查看积案卷宗时发现的一起绑架案，当事人叫陈有德，二十世纪九十年代被绑架，后来和绑匪一起失踪，成为悬案。

这起案件之所以成为牛凯关注的第一起案件，主要是因为这个陈有德在失踪前还曾牵扯进另一起绑架案，但他在另一起案件中是被勒索对象，因此没有受到伤害。

两起绑架案，都围绕着同一个人，要说这是巧合未免也太玄幻了一点。牛凯判断这个陈有德身上肯定还有不为人知的秘密，因此他才将目光放在这个人身上。

不过陈有德已经失踪了快二十年，想要查找当年的线索比找高闯还要困难百倍，但陈有德还有一个哥哥，名叫陈有才，就住在江北区青草街道335号。

牛凯只能通过陈有才查找当年案件的线索。

探查旧案

　　江北区经济虽然比不上江南，但有一个优势是江南无法比拟的，那就是外来人口多，生活成本很低。正因如此，江北的大街小巷看起来总是人潮汹涌，商店林立。牛凯每次到江北区看见熙熙攘攘的人群和密密麻麻的摊贩，都觉得这里更有烟火气和生命力一些。

　　陈有才住的地方是一栋私宅，这种房子既不是开发商建设的商品住宅，也不是城中村的宅基地房，而是一种比较少见的私人产权住宅。居住在这种房子的人一般都是土生土长的本地人，祖上就住在一栋两到三层高的房子，新中国成立后政府继续承认这种房子的合法性，并且颁发土地证和产权证。

　　牛凯下了出租车，看着眼前这栋略显低矮的两层小楼，心里有些打鼓。主要是这栋房子太旧了，墙面多年没有修葺，长满了绿苔，加上广城地区气候潮湿，房子外表已经发霉，而且房子地势很低，层高又矮，更加不见阳光，看上去黑乎乎的，很难想象这样的房子怎么住人。

想了一下，牛凯没有贸然过去，而是先到隔壁超市买了一箱牛奶、一桶花生油，这才敲门："你好，这里是陈有才家吗？"

屋子里没有开灯，昏暗中有个声音应道："你是谁？找陈有才做什么？"

牛凯掏出警察证，尽量让自己的语气柔和一些："我是市公安局的民警，想找陈有才了解一下情况。"

"警察？"一个人影慢慢地走到房门口，看样子是一个上了年纪的女人，"他已经瘫痪两年多，连床都下不了，还能犯什么事儿啊？"

果然，陈有才生活得很是困顿，牛凯客气道："大姐，我就是来了解一下他弟弟陈有德的情况，顺便看看他。"说着，把牛奶和油递过去。

俗话说，伸手不打笑脸人。老人看到牛凯带来的东西，精神放松了不少，侧开身体让牛凯进屋。

"屋里比较乱，真是不好意思。"老人有些抱歉地打开电灯，墙壁上一只老旧的灯泡发出昏黄的光，虽然不够亮，但也够牛凯看清房间摆设：进门后是一个小客厅，面积很小，却堆了不少东西，有些无从下脚。大门正对着的是厨房和楼梯，旁边是洗手间和一间卧室，不知道陈有才是不是就在里面。

"大姐，请问有才大哥在哪个屋，我想跟他聊两句。"牛凯把东西放在桌子上，看着眼前的屋子，心里有些发堵。

"在二楼，你别嫌他臭啊。"老人率先登上二楼。这层有两个房间，左边那间关着门，右边一间亮着一盏台灯，露出微弱的光芒。

牛凯一进卧室，眉头便微微皱了起来。原因无他，主要是屋里太臭。看样子陈有才瘫痪后，吃喝拉撒都在床上，并且不经常清洁身体，那股味道可想而知。

老人有些歉意地赶紧推开窗户，希望空气流通一些，不过却没什么用。

牛凯很快适应了屋里的气味，之前出现场的时候，什么样的恶臭没有闻过，和那些相比这屋子里的臭味就不算什么了。

"有才大哥这是……"牛凯看着床铺上躺的一个瘦得皮包骨的人惊讶道。

"唉，他两年前出了车祸，肇事车辆一直找不到，医院也治不好，只能接回家躺在床上了。"老人叹息一声，"我身体也越来越差，现在也照顾不动他，只能维持着。"

牛凯叹了口气，不知该说什么。卷宗里记载，陈有才原本有一个儿子，但是遭人绑架后莫名其妙地失踪了，虽然绑匪被抓住，但孩子却不知去了哪里。而且，当年案发的地点正好也是苍阳山。

躺在床上的陈有才听到动静，颤巍巍地转过头，眼睛半睁半眯地看了牛凯一眼，嘴里呜噜呜噜地嘟囔起来，也不知在说什么。

老人伸过耳朵仔细听了听，告诉牛凯："他问你是谁，要做什么。"

牛凯点点头，凑近后大声道："我是市公安局刑警队的民警，我叫牛凯，我来主要是想帮你找儿子，同时还要找你弟弟陈有德。"

陈有才听到后顿时激动起来，眼睛睁得更大了些，一只手哆嗦着努力抬起来，可尝试了几次都没有成功，嘴里的声音也变得急切了几分。

老人尽力安抚陈有才，同时告诉牛凯："他最大的心愿就是找到自己的儿子，至于他弟弟，根本不想管。"

牛凯露出果然如此的表情，轻声问道："当年绑架你儿子的凶手如今还在监狱服刑，据他供述，你儿子陈小聪被他放在苍阳山上的一棵大树底下，可是等警方找到那棵树时却没看见孩子。是这样吗？"

陈有才努力点点头，嘴里不断重复念叨着什么。

老人翻译道："他说，他没想伤害孩子，可儿子还是不见了。他记得那棵树，就在离山脚不太远的地方，儿子一定是跟别人走了。"

两个老人，一个躺在床上病入膏肓，一个年迈体衰行动不便，此刻重新回想起多年前丢失的孩子，情绪终于崩溃，老泪纵横地痛哭起来。

牛凯深吸了一口气，当他看到卷宗时就预料到现在这幅场景，这也更坚定了他帮这对老人找回儿子的决心。

"大姐，我想问一下，你们的孩子当时已经十一岁，这个年龄就算被拐骗应该也会记着你们，这么多年，有没有过奇怪的、不符合常理的事情发生呢？"牛凯问。

老人擦了擦眼泪，茫然摇头："我们一直不敢搬家，就是怕小聪回来找不到家，我们等了这么多年，他要是回来过，我们肯定知道。"

牛凯也陷入思索，难道孩子真的遭遇不测了？否则只要他顺利长大，一定会回家看望父母的，除非他连回家的能力都没有。

"我想问一下，你弟弟陈有德又是怎么被绑架的，他当时承包工程，按理说不容易被人控制住才对。"

陈有才激动地不断摇头，对自己这个弟弟似乎很是厌恶，连想都不愿想起对方。

一旁的老人补充道："他对陈有德恨啊，要不是他，小聪也不会被绑架失踪。老天爷的报应，让他也尝到被绑架的滋味。"

牛凯点点头："是啊，他明知道绑匪绑架了你们的儿子勒索他，可他却对自己唯一的侄子无动于衷，连十万块钱都不愿意拿，还故意刺激绑匪，确实可恶。"

"我们只知道，小聪出事后，陈有德也害怕了，每次出门都让他手下施工队的工人跟着，几乎不敢单独出门，可即便是这样，还是被人绑了。"老人咬牙切齿道，"那天他明明带着两个工人去采购物料，可走到半路突然让工人先回去，他要去其他地方办事，结果就再也没回来。你说，这是不是报应？"

牛凯思索片刻问："当时办案的记录里说，他失踪前曾经接过一个电话，可他之后就把大哥大交给工人拿着，自己却离开了。你不觉得这很奇怪吗？"

"没错，他这个人对钱看得非常重，为了赚钱不择手段，否则也不会骗我们那么多钱了。他的大哥大很值钱，所以他从来都随身携带，绝对不会交给外人。"老人肯定地说，"我们都想不通，他为什么这么做。那两个工人也不可能撒谎的。"

"您刚才说，小聪出事后，他就很害怕，去哪里都带着人。那能让他把大哥大交给别人的，会不会就是和小聪有关呢？"牛凯大胆推测道，"我觉得，以陈有德的为人，那个时候唯一能让他行为反常的事情可能只有和小聪有关了。"

"是吗？真的和小聪有关吗？"老人立刻精神起来，拉住牛凯的手激动道，"求求你了，警察同志，求求你帮我们把小聪找回来吧！否则，我们这辈子都会良心不安、死不瞑目啊！"说着就要给牛凯下跪，却被他一把拉住。

"大姐，你们放心，我一定会找到小聪的，你们保重身体，等我的消息。"牛凯郑重其事地说道，"这是我的电话，你们有事情就打给我。"

牛凯出了陈有才家大门，没有马上离开，而是在路边的石头墩子上想了半天。他总觉得陈有才和妻子的话有些不对劲儿，具体是哪里不对，一时之间又想不明白。于是，他仔细回忆了两个老人的每一句话，发现了两处奇怪的地方。

第一个奇怪之处是，老人翻译陈有才的话时说"他没想伤害孩子，可儿子还是不见了"。这句话的逻辑不太对。被绑架的人是陈有才的儿子，可他为什么说"他"没想伤害孩子呢？这个"他"指的是绑匪吗？怎么感觉他好像在说自己。

第二个奇怪之处是，临走前，老人求牛凯帮他们找回孩子，说如果孩子找不回来，他们一辈子都会"良心不安"。他们是受害者，为什么要良心不安呢？难道孩子被绑架也和陈有才夫妻有关？

牛凯从案卷里了解到，陈有德人品低劣，在案发前曾骗光了哥哥陈有才的积蓄，而那个绑匪则是陈有德手下的一个小包工头，被陈有德拖欠工程款走投无路，这才动了绑架勒索陈有德的念头。

陈有德没有结婚、没有小孩，于是绑匪就盯上了陈有德的侄子，绑架了陈有才的儿子陈小聪，以此来要挟陈有德。

可是，绑匪还是低估了陈有德的无耻，他竟然对陈小聪的被绑无动于衷，丝毫不顾及哥哥陈有才，不仅一分钱都不掏，而且连配合破案都不愿意。这也是陈小聪失踪后，陈有德极端恐慌的原因，他是害怕被人报复。

陈有才自然对弟弟恨之入骨，自己唯一的儿子因为陈有德的冷血而丢失，全家的积蓄也被他骗走，所以陈有德被绑架并且失踪，嫌疑最大的就是陈有才。

　　可是，警方针对陈有才进行了多年的调查，并没有发现他作案的任何证据，这也是此案迟迟无法突破的根源。

　　虽然梳理了一遍，但牛凯还是觉得哪里不太对劲，可是任凭他怎么琢磨都始终找不到那个让他不安的根源。

12

如约赴宴

牛凯在路边坐了半天，直到电话响起才回过神儿来，一看手机，原来是刘大头。

"牛队长，你在哪儿？我已经定了天堂烧烤的房间，晚上咱们喝酒撸串，你别迟到啊。"刘大头粗鲁又兴奋的声音传出来，"别忘了，今天晚上好好表现一下子，不喝三斤就算你对不起我。"

"哎，刘总，那个我晚上正好有点事，要不咱们改天？"牛凯试探道。

"牛队长，你要这样可就没意思了啊！"刘大头立马不乐意了，"本来我手下折腾了一天，找到了一点郝老三的线索，我想晚上顺便告诉你的。那要是改天的话，我可能就记不住了。"

"呃……"牛凯顿时没了脾气，只能叹了口气，"好吧，麻烦你把地址发给我。我去就是了。"

"哼哼，这才像话嘛。"说罢，刘大头干脆地挂掉电话，转过头冲着身边一个女孩瞪眼道："你说说你，一个女孩子，哪有这么上杆子往上贴的？你哥的这张老脸都被你给丢尽了！"

牛凯脸色铁青地看着手机，努力给自己做着心理建设：相亲而已，又不是拼命，小事一桩。

正凌乱着，手机微信就来了消息，刘大头把天堂烧烤的位置发给了自己。

这……还真是心急啊！

牛凯有心不去，但想找到郝老三只能靠刘大头帮忙，所以还是咬牙去一趟吧。

天堂烧烤是广府市最有名的老字号烧烤店，原来只是江北区一条老巷子里的小店，不过店主一家凭借祖传的烧烤配方和热情的服务，逐渐把店面越做越大，终于成了广府市最出名的烧烤店。现在，天堂烧烤已经开了十几家分店，然而最火爆的还是位于江北区的老店。听说每天排队的客人队伍都有好几十米长，想要预定至少得提前一个星期。

刘大头从小在江北区混迹长大，和天堂烧烤的老板是老相识，可以随时让老板加张桌子，所以这家伙只要和人谈事情总喜欢去天堂烧烤。不为别的，就图一个有面儿。

下午五点半，牛凯如约赶到天堂烧烤。临近饭点，门口已经排起长龙，大多是青年男女结伴而来，队伍从店门口延伸至巷子外，大有一眼望不到头的架势。牛凯刚到门口就见刘大头和一个比他还高半个头的"壮汉"在朝自己招手，而那个"壮汉"竟然还穿着一条裙子。

我去……

牛凯眼珠子差点掉出来，这位"壮士"实在是太魁梧了，膀大腰圆也就算了，胸前高高隆起的那是什么？胸肌吗？再看那张脸盆似的大脸，都快赶上饼铛子了。

这是刘大头的妹妹？这是猪八戒的妹妹吧！

牛凯强忍住扭头逃窜的冲动，一瘸一拐地走到刘大头面前，有点不好意思地挥挥手："刘总哈，不好意思，我来晚了。"

"来了就好，给你们介绍一下，我妹若冰。"刘大头说完，朝妹妹介绍道，"这是市公安局刑警队的牛凯队长，老朋友了。"

若冰上下打量了牛凯一下，竟有些腼腆，微微点头："你好。"

牛凯咽了口唾沫，故意将受伤的右腿露出来，装作不舒服的样子慢慢坐下，脸上却仍然一副和蔼可亲的样子："都说天堂烧烤的人多，这才几点，排队的人就已经这么多了。要不是刘总，我还真没这个口福呢。"

刘大头嘿嘿一笑，得意扬扬道："那是，也不看看是谁出马。别的不说，在江北这块，只要我刘大头出面，什么吃喝玩乐的地方都能安排。"

"对了，你的脚怎么了？上午还好好的，怎么现在一瘸一拐的？"刘大头见牛凯侧着身子坐在椅子上，还故意把右腿伸直，看起来一副牙疼的模样，不禁好奇道，"难道你白天跟人干仗了？"

"唉，别提了。"牛凯见状故意重重地叹了口气，"之前抓走私犯，被人撞到江里了，正好发动机螺旋桨打到我的右腿，在医院躺了三个多月，腿没保住。"

"啊？你这条腿是假的？"刘大头一听顿时大惊失色，赶紧低头查看，果然发现牛凯的右腿是一条假肢，"这……怎么可能？"

就连若冰闻言也惊讶不已，也顾不得矜持了，伸着脑袋看了半天，确认牛凯没有说谎，这才一脸失望地坐回椅子上。

一阵诡异的沉默，场面很是尴尬。

牛凯心里暗笑：怎么样，刘大头这下肯定后悔把妹妹介绍给我了。哼哼，小样儿，还想算计本大爷，没想到吧，老子宁可断条腿也不会屈服。

"哈哈！牛队长果然是条汉子，我喜欢！"刘大头愣了一阵后，突然爆发出一阵大笑，"你这是为人民牺牲奉献的英雄啊，我老刘虽然没啥文化，但我这辈子就佩服硬汉。来，咱们今晚不醉不归！"

"对，我从小就崇拜警察，尤其是英勇无畏的好警察。"若冰也一展笑颜，直接从桌子底下早已准备好的箱子里拿出两瓶二锅头，也不见她怎么用力，砰砰两声，瓶盖便被拔掉。然后她对着三个啤酒杯，咕咚咕咚地倒个满杯，分别端到哥哥和牛凯面前，"来，为了咱们的英雄，我先干了！"

说罢，若冰一仰脖子，三两多一杯的二锅头便倒入肚子里。

刘大头不甘示弱，同样端起酒杯一干而尽。

然后，兄妹二人直勾勾地盯着牛凯，那意思很明显：老弟，我们都干了，剩下的你看着办吧！

牛凯心里郁闷，想找借口工作日不能饮酒，但突然想起来今天正好是周五，明天不用上班，看来这兄妹俩早就计划好了，自己要是不喝肯定得不到刘大头的帮助。

算了，为了案子，喝就喝吧。想到这里，牛凯也不犹豫，端起酒杯咕嘟咕嘟喝个精光。这是他受伤以来第一次喝酒，感觉一股热流顺着口腔直通腑脏，然后猛地在体内炸开，让他浑身的血液都沸腾起来。

"好酒！"牛凯大声道，"多谢刘总和若冰，今天我就舍命陪君子了。"

"好！"刘大头和妹妹也连声叫好，随后，店里的各种美食流水般端上桌子，三人尽情开吃，那叫一个痛快。

若冰不知是因为喝了酒还是因为知道了牛凯的伤情，之前的矜持早已丢到了九霄云外，比她哥哥刘大头还要爽快几分，说话也不藏着掖着，缠着牛凯问了许多别人不好意思问的问题，比如少了条腿是什么感觉、平时会不会觉得自卑、有没有后悔之类的。

　　牛凯自从受伤，周围的人面对他时都会顾及他的感受，说话也变得小心翼翼，这让牛凯感觉很是别扭，再也没有以前直来直去的痛快。没想到今天和若冰在一块，竟然找回了以前和同事们在一起的感觉，这让他对刘氏兄妹有了些改观，就是对若冰的印象也好了许多。

　　"老牛啊，你看今天晚上没白来吧？"刘大头一边剔牙一边笑道，"我相信你受伤以后还没有这样放开喝过一场吧？"

　　"是啊，好久没这么开心了。"牛凯点点头，心里难免有些黯然，"别人是怕触碰到我的软肋，我却怕让他们失望。"

　　"嘿，这就是你想多了。"刘大头一口酒下肚，大声道，"人活一世，求的就是个问心无愧，否则吃那么多苦是为了什么？你不是让我找郝老三嘛，我这就告诉你他在哪儿。"

　　"真的？"牛凯抬起头，眼睛里满是希冀，"大头，这次算你帮了我一个大忙，以后只要不是违反原则的事情，需要帮忙的，尽管来找我。"

　　刘大头哈哈大笑道："我们一个做中介的，有什么需要你们刑警帮忙的？最好永远都别找你。"

　　"郝老三在哪儿？赶紧的。"牛凯问。

　　"他前阵子一直在翠竹街那一带，最近好像去了南屏巷，反正都在江北。"刘大头露出个高深莫测的表情，"没想到，你要找的郝老三就是这个家伙啊。"

"什么意思？"牛凯微微皱眉，表情也清醒了不少，"他没住在固定的地方？"

"没错，这个人一直疯疯癫癫的，是江北有名的流浪汉，几年前还在我这里找过工作。后来脑子坏了，就靠捡破烂要饭为生，到处乱窜，没固定的住址。"刘大头说，"我找人一打听才知道，他早年头部受过重伤，后来家也散了，就靠打零工养活自己，但他脑子受伤后干不了重活，说话都稀里糊涂的，慢慢地也没人用他，最后就成流浪汉了。"

牛凯眉头紧皱，心里有种不好的预感，高闯有些愚笨，没想到他曾经投奔的三叔爷竟然也是个傻子。这里面会不会有什么联系？

若冰见牛凯皱眉不语，主动表态道："凯哥，你找郝老三是为了破案吗？有什么要帮忙的尽管说，我正好没什么事，愿意帮你破案。"

刘大头轻咳一声，瞟了一眼妹妹说："你不是还有生意要忙吗，怎么这么有空？"

若冰嘿嘿一笑，也不觉得不好意思，大方道："我就是愿意帮凯哥，你管得着吗？"

刘大头顿时被噎得说不出话，只能狠狠地瞪她一眼。

牛凯只顾着琢磨案情，也没留意兄妹俩的小心思，片刻后他看向刘大头："能把郝老三最近出现的地方告诉我吗？

我等会儿过去找他。"

"现在？"刘大头惊讶，"大晚上的你怎么找？"

牛凯认真道："郝老三这个人很重要，必须尽快找到他，流浪汉晚上都会待在一个地方睡觉，反而好找一点。"

"行吧，我问问。"刘大头点点头，给手下打了个电话，要来郝老三最近出现过的地址。

牛凯酒意全无，接到地址后立刻联系辖区派出所的刑警队，大家都是老熟人，打听情况方便得很。没多久，派出所那边回复，郝老三现在就在一个高架桥下面睡觉。

"大头，这次多谢你了。等我把这个案子破了，好好请你和若冰吃一顿，到时候一定要赏脸啊！"牛凯一刻都不愿耽搁，准备出发去找郝老三。

"凯哥，这么晚了，你怎么过去？要不我开车送你吧。"若冰见牛凯要走，连忙露出关切的表情，"放心，我叫个代驾，你喝了酒，腿还有伤，这样过去我不放心。"

刘大头一脸郁闷，连连咳嗽，想要暗示妹妹保持矜持。哪知若冰根本不为所动，对这个哥哥正眼都不瞧，一双豹眼满含关切地盯在牛凯身上。这可把刘大头气得不轻。这才吃了一顿饭，怎么妹妹就像是别人家的了？这次真是亏大了。

牛凯知道若冰的心意，有心拒绝，但又觉得太不近人情。若冰虽然外表比较"粗犷"，但性格爽朗，看得出确实是个好姑娘。牛凯想了想便点头答应。

13

一夜两命

三人走出烧烤店，若冰一指路对面停的一辆黑色牧马人，霸气道："凯哥，上车。"

刘大头也准备过去，不料若冰招手又拦下一辆出租车，不由分说地把刘大头推进出租车里："哥，你喝了那么多，赶紧先回家休息吧。我跟着凯哥，你放心就是。"

刘大头被妹妹一套行云流水般的操作整得晕头转向，还没反应过来就坐进出租车里面了，只能眼睁睁看着妹妹和牛凯上车离去，心里如同打翻了五味瓶，顿时觉得晚饭都不香了。

牛凯和若冰坐在车后排，代驾认真开着车，夜晚的凉风顺着稍微开启的窗缝灌进车内，让牛凯的大脑清醒不少。车里谁都没有说话，若冰扭着脑袋，眼睛一眨不眨地盯着牛凯，满满的都是情意，似乎有种暧昧的气氛在车内酝酿。可惜的是，牛凯此刻满脑子想的都是案子，对旁边的"美人"毫无反应。

很快，汽车行驶到目的地。牛凯本想自己过去，但若冰执意跟随，他没办法，只好带着若冰一起走向高架桥底。

这里位于江北区的边缘地带，靠近城郊，是多条快速路交会的地方，只见一座巨大的立交桥矗立在大地之上，横竖多条快速路交叉重叠，这就形成了数个桥洞一样的空间，正好可以遮风挡雨，适合流浪汉栖居。

牛凯打开手机的手电筒，哈着腰一个个桥洞地找过去，若冰也亦步亦趋地跟在后面，满脸兴奋。这些桥洞已经成了流浪汉的聚居地，堆满了砖头、被褥和帆布，又脏又乱，屎尿横流，臭气熏天，就连牛凯都忍不住捂起了鼻子。

就这样，两人几乎把所有桥洞都找了一遍，终于在一个不起眼的水泥柱旁找到郝老三。他正裹着一大张厚厚的绿帆布蜷缩在一块木板上，脑袋下面枕着一本破旧的《鲁迅全集》，身旁放着一个啤酒瓶，看样子是喝完了酒正在睡觉。

郝老三六十多岁，头发很长，如同鸡窝，脸上满是黑泥，身上散发着阵阵恶臭，比陈有才屋里的臭味还要厉害三分。牛凯是从其他流浪汉嘴里打听出郝老三的"家"，否则光靠眼睛绝对认不出这就是郝老三。

不过，当牛凯想要叫醒郝老三时，却猛地一惊，赶紧用手推了推他，却发现对方一点反应都没有。

"若冰，退后一点。"牛凯语气严肃起来，"沿着你走过来的路退回去，不要让其他人接近。"

"郝老三？郝老三？"牛凯喊了几声，用手摸了摸对方的脖颈，发现已经没了气息。

"凯哥，怎么了？"若冰紧张地问。

"先打110报警，郝老三死了。"牛凯表情前所未有地冷峻起来，自己刚找到对方，想不到人却死了，要说是巧合鬼都不会信。难道真有一个幕后黑手在操弄这一切？他的目的又是什么？

警方到来前，牛凯简单地检查了一下郝老三的身体，没有发现明显伤口，不过却在郝老三的头部发现了异常。正如刘大头说的，郝老三的头竟然凹陷了一大块，只是他的头发太长遮盖住了。如果没有头发的遮盖，郝老三的脑袋就像一个被啃了一口的苹果，至少缺了五分之一的颅骨。

凭牛凯的经验可以判断，郝老三早年肯定受过外物重击，导致颅骨缺失，这么重的伤竟然能活下来，不得不说他还真是命大。只是，郝老三到底是被人杀死的还是自然死亡呢？这些只能等法医的尸检结果了。

很快，辖区派出所的刑警赶到现场，带队的是中队长秦威，他和牛凯是老同学，两人同年参加公安队伍，一个分到市局，一个分到派出所。晚上牛凯就是请他帮忙查找郝老三在哪儿的。

"老牛，我晚上接到你电话就觉得不对劲儿，你这平白无故地找一个流浪汉，肯定是有事儿啊！"秦威调侃道，"所以我早早就换好衣服到所里等着，果然指挥中心就派活儿了。"

牛凯笑着指了指蜷缩在地上的郝老三说："你少扯淡，

我也不知道会赶上这事儿啊。本来只是想找他了解点情况，谁知道刚到这儿就发现他没气儿了。"

"法医什么时候到？"秦威转身问和自己一起来的同事，"这附近的流浪汉不少，让所里再派点人手过来，先做好记录，不要让可疑人员离开。今天晚上没得睡了，大家准备加班吧。"

牛凯见派出所已经接手，便退出现场，他让若冰先回去，这里毕竟是命案现场，不适合女……壮士。若冰虽不愿意，但也知道这是警方的办案规定，只能不情不愿地离开。上车之前，她还主动加了牛凯的微信，说是找时间再请他出来喝酒。

牛凯无语地拍拍额头，有点拿这个爽快的女汉子没办法。不过，这些都是小事，当务之急是尽快搞清楚郝老三的死因，至少要弄清楚到底是不是他杀。

随着分局刑警队的法医到场，尸检工作紧张地开始了。江北分局的刑警们不久前刚在苍阳山刘家祖宅埋尸案查案现场见过牛凯，没想到今天又见到了，所以很是意外。

"牛队，怎么你也在啊？"分局刑警队副队长王胜利很是好奇。

牛凯笑了笑："先别说这个。我问你，前两天刘家老屋埋尸的案子怎么样了？"

王胜利嘿嘿一笑："怎么，你们支队的人都对你保密了？"

"少贫嘴，赶紧的，给我说说。"牛凯递支烟给他，"我现在去档案室了，不常去队里。"

"行吧，一顿小烧烤，先记着。"王胜利比画了一下，"村里和附近的村民都走访过了，没人知道尸体的身份，而且当地二十年前也没有人失踪，总之就是身份成疑。"

"DNA提取了吗？"牛凯问道，"有没有身份证明或者私人物品之类的？"

王胜利摇头叹气："山里气候潮湿，土质酸性很大，骨骼里面提取不到DNA，什么私人物品都没留下，这下麻烦咯。"

牛凯也沉默下来，这种二十年以上的案子最是难办，现场早已随着自然环境变化而被破坏，没有证据的情况下就算是神仙也束手无策。

"那个刘小毛呢？有没有问出什么？"

"啥也问不出来，他就是个在国外长大的富二代，从小到大也没回过几次国，连中国字都写不利索，根本没指望。"

两人默默地抽了一支烟，然后王胜利就去干活了。过了半个多小时，现场传出消息，初步尸检结果出来了，郝老三是中毒死亡，死因就是他临睡觉前喝的那瓶酒，里面下了大剂量的毒鼠强。

郝老三是被人毒死的！

牛凯一颗心沉了下去，自己最担心的事果然发生了，有人在阻止自己的调查，而且这个人了解自己的行踪，每次都快了一步。

刘大头？

牛凯第一时间想到刘大头，自己要找郝老三就是拜托他帮忙的，那个人只能从刘大头那里得到消息，而刘大头又硬拉着自己喝酒相亲，所以给了凶手杀人的机会。

不对，刘大头如果是凶手，那他根本没必要告诉自己郝老三的下落，只要告诉自己查无此人就没事儿了。所以凶手不会是刘大头，也许只是从他手下那里得到了消息。

或者，还有一个可能，牛凯想到给自己笔记本的修车行学徒小飞。

"老王，你们的车借我一辆，我要去个地方。"牛凯一想到小飞，心立刻悬起来，虽然凶手从小飞那里得到郝老三的信息可能性不大，但不怕一万就怕万一，他必须去一趟小飞家，确认他安全才行。

王胜利也不含糊，直接扔过一把车钥匙道："我让小张给你开车，有个照应。"

"谢了！"牛凯坐到副驾驶位，掏出手机查找小飞的微信，然后拨打对方的语音通话。然而，手机响了很长时间，仍然无人接听。

坏了！牛凯脸色铁青地看着手机微信，心里越来越不安。

时间已经接近凌晨，警车在无人的马路上一路疾驰，很快来到高闯打工的修车行。牛凯离着老远就看见修车行里仍亮着灯，和周围黑漆漆的商铺对比起来更加显眼。

"就是这里，一块把门打开。"牛凯下了车，第一时间来到门口，只见修车行的卷闸门已经关上，仅能容纳一个人通过的小门也从里面锁住，但车行里面的灯光还是顺着门缝透了出来。

牛凯用力砸了砸门，喊了几声，但都没有人应答。两人决定撬开铁闸门，先进去再说。

小张从车上找来千斤顶，塞进铁闸门底部的门缝，一点点将铁闸升起，随着"咯噔"一声，铁闸门的锁被顶开。

哗啦啦——

铁闸门向上卷起，露出修车行内部，只见小飞整个人趴在汽车升降机下方，半个身子都被压住，地板上满是鲜血，看样子已经没救了。

"王队，王队，修车行这边出事儿了，请求支援！目前发现一名受害者，需要救护车。"小张立刻跑回车里向王胜利和指挥中心报告情况，同时从车里拿出警戒带开始围闭现场。

牛凯小心翼翼地从没有血迹的方向靠近小飞，伸手摸了摸他的身体，发现身体已经僵硬了，看来已经死亡一段时间。

"王八蛋！"牛凯一拳砸在旁边的地板上，低吼道，"老子一定抓住你！"

14

信访档案

修车行外警灯闪烁，一个晚上两起命案，这在江北区是不常发生的。王胜利和秦威刚处理完郝老三的事，也急匆匆地赶到这里，一看见牛凯不由分说就把他拉到旁边："凯哥，如果你不是警察，我甚至都想把你当成嫌疑人了。说说，到底什么情况？怎么你去哪儿，哪儿就死人啊？"

牛凯无奈地摊摊手："我也没办法，没预料到会这么严重。"

随后，牛凯把自己调查高闯的事说了一遍，然后看向王胜利："情况就是这样，我现在也没有头绪，只能判断郝老三一定知道些什么，凶手不想让我找到他。至于小飞，应该是见到过凶手，所以才会被灭口。"

"我认为，那个高闯肯定是被人顶替了身份，顶替身份的那个人就是开快艇撞翻我们的人。从一开始，他就是冲着警察来的，而且一直没有留下线索。"牛凯分析道，"这个案子背后肯定有事儿，尽快上报市局吧，让梁文他们接手。"

王胜利若有所思地点点头："行，我这就通知他们。等会把修车行老板叫来，查一下监控，先看看死者的情况。"

两人回到修车行，已经有民警调取出修车行内部摄像头的视频，大家围在修车行的电脑旁目不转睛地盯着屏幕。

白天的修车行还是小飞一个人看店，看得出来这里的生意不算太好，整个上午只有一辆车进店更换轮胎。小飞三下五除二干完活，就像平时那样靠在沙发上玩手机。直到下午三点多，小飞从沙发上起来，把卷闸门放下来，并且上锁，然后一个人跑到升降机下方，好像在研究什么，可他趴下没过多久，上方的升降机横梁突然坠落，正好将趴在下面的小飞砸个正着，后者抽搐两下便没了动静，鲜血慢慢流淌，铺洒了整个地板。

所有人面面相觑，谁都没想到是这样的结果。

"不是他杀？真的是个巧合？"王胜利自言自语道，"小飞出事的整个过程都没有外人在场，而且他的每个动作都很自然，看不出有被胁迫或者其他反常的迹象。"

"如果是一个电脑和机械方面的高手，故意在升降机上做了手脚，趁小飞钻进去的瞬间破坏升降机呢？让升降机突然掉下来砸死小飞。"小张积极发言道，"然后再消除自己存在过的痕迹就可以了。"

牛凯点头："不能完全排除这种可能，我们得把监控往前查一遍，看是谁碰触过升降机的操作台。"

"可是，这个监控只能保存七天，超过七天的视频就会自动覆盖。"小张说，"我要是凶手，肯定会在做完手脚七天以后再动手。"

"如果是这样的话，就说明这个凶手对修车行很熟悉，至少和小飞很熟才可行。"牛凯判断道，"排查他的亲戚朋友，尤其注意在江北区生活的朋友圈子。"

说完，牛凯以身体不太舒服为理由，在梁文他们到达前回去了。自从上次办公室交接之后，他有些不想面对以前的同事，免得大家都尴尬。

牛凯从路边扫了一辆共享电动车，嘴里叼着婴儿磨牙胶棒，慢悠悠地往家走。他不是广城本地人，而是隔壁临安市人，警校毕业后广府市公安局同意接收他到刑警队，所以他才来广城工作。

十几年过去了，牛凯虽然也在父母的资助下买了一个六十平方米的老破小，但他孤家寡人一个，住在办公室的时间反而更多。

今天跑的地方有点多，所以牛凯的腿又开始疼了，这让他有些心烦意乱，思考问题都受到很大影响。他只能狠狠地咬了几口磨牙棒，似乎这样可以让疼痛没那么剧烈。

夜晚的路面上空无一人，整个城市好像陷入沉睡，只有牛凯一个人骑着电动车在宽阔的路面上歪歪扭扭地前行，身后拖着长长的影子，孤独又悲伤。

小飞的死让牛凯倍受打击，他觉得是自己害了这个年轻人，如果自己不去找他调查高闯，那么小飞就不会成为凶手的目标。

之前警方也不止一次找过小飞问话，但凶手就没有伤害小飞，自己因为查到了郝老三，引起了凶手的注意，所以他才对小飞下手。由此可见，这个凶手不仅凶残，而且行事带着一种肆无忌惮的疯狂。似乎不管什么人，只要触碰到他的"逆鳞"就都得死。

想到这儿，牛凯突然有种感觉，这个凶手似乎和以前自己遇到的杀人犯不太一样，他的行凶过程不仅是掩盖自己的罪行，而且带着强烈的情绪，类似复仇之类的感情。

不过，这只是牛凯的直觉，没有足够的证据能证明。

吱——

牛凯在一个路口踩下刹车，他的面前有两条路，向左是回家，向右是回单位。犹豫了一会儿，电动车毅然向右拐去。

回到档案室，牛凯没有去库房，而是打开电脑查询起案件资源库。通过王胜利，他了解到郝老三的真名叫"郝贵"，老家在外省，很早就来广城打工，之后留在这里生活。牛凯想知道，郝老三到底遭遇了什么，一个流浪街头的傻子为什么会成为凶手的目标。

"嘶……"

牛凯刚敲了两个字，就忍不住倒吸一口凉气，腿又开始疼痛了，而且比之前都要剧烈。他咬紧磨牙棒，用拳头锤了锤大腿，红着眼睛继续搜索。

可惜的是，数据库里没有郝老三的案件资料，这说明曾经发生过的刑事案件没有牵扯到他。

想到郝老三凹陷的头骨，牛凯觉得他一定是和他人发生过争执，而这种案情的记录要么因为时间久远没有录入系统，要么就是没有当作刑事案件处理。

想了想，他又查询了行政处罚类的数据库，但还是没有结果。

奇怪，郝老三的伤这么严重，怎么会没有报警呢？

牛凯百思不得其解。就在他疑惑不已的时候，突然看见桌子上放着的一份"信访案办理流程说明"。

这是他前两天路过楼下信访接待室时顺手拿上来的宣传页，当时只是好奇随手翻了一下，现在却让他灵光乍现。郝老三受伤后不一定报警，但很可能会去上访。

想到这儿，他赶紧登录信访登记系统，这就是档案室的便利之处了，要是在二大队，他们可没有信访案的资料访问权限。

登录系统后，牛凯很快就在信访人员库里找到郝贵的名字。

有了！

牛凯兴冲冲地点开案件记录，发现系统里没有详细资料，只有目录索引，而索引编号和档案库里的档案编号竟然一致。

难道，这些信访案的档案也保存在库房里？

想到这儿，牛凯顿时激动起来。他不知道的是，因为信访办没有自己的档案库房，于是他们就将一部分超过保存期的档案资料暂存在刑警队的档案库。

当然，两个部门的档案是分开存放的，牛凯之前光顾着看堆在墙边的档案了，却没有发觉档案架最里面的一排也存放了一部分信访档案。

而郝老三的档案因为年代久远，正好被保存在档案库房，牛凯很快就从档案柜里找到了他的资料。

郝老三，你的身上究竟藏着什么秘密呢？

牛凯一边咬着磨牙棒一边兴奋地翻开已经泛白的卷宗，虽然腿部的疼痛越来越剧烈，但他还是决定先看完再说。

不过，还没等他认真阅读，突然一阵眩晕袭来，天旋地转中，他差点栽倒在地。

怎么回事？

牛凯整个人倚着案柜，身体控制不住地滑向地面，强烈的呕吐感让他难受得抬不起头，连平时很简单的动作，此刻想要完成却变得千难万难。

他感觉整个世界都在眼前飞速旋转，甚至眼睛都睁不开了。

自己不会是要死了吧？

牛凯感到无比惶恐和绝望，听说人在发生大脑出血时就会剧烈眩晕，要是没有被人及时发现送医，等待他的就只有死亡了。

"唔……"

牛凯痛哼一声，强烈的眩晕和恶心让他连动动手指的力气都没有，只能紧紧闭着眼睛，咬紧牙关，忍受着极端的煎熬。

15

灰色卷宗

　　不知过了多久，那噩梦般的眩晕似乎已经退去，又好像仍在继续，只是牛凯的意识又逐渐清醒过来。

　　此刻，他觉得身体已经不再属于自己，眼前只有一片灰色，仿佛坠入另一个世界。牛凯努力睁大眼睛，但却看不出这是什么年代，只有一种深入骨髓的孤独，将他裹挟在其中。

　　天空阴沉，厚重的云团如同垂天之翼，将整个世界遮盖。

　　城市还是那座城市，但空气却像凝固了一般，没有一丝风，只有灰蒙蒙的雾霭充塞在天地之间。

　　雾气中，一个工棚慢慢现出轮廓，窗户里透出暗黄色的灯光，声音渐渐响起，却好像隔着一层帷幕，听起来既遥远又神秘。

　　就在他茫然无措之时，一个陌生的声音毫无征兆地在工棚里响起：

　　"我是谁？郝老三！别看在这儿打工，挣的还不如看大门的一条狗。不过，我太爷爷可是皇上身边的侍卫。"

"郝哥，过去的事儿就不提了，再喝一个！"另一个人道，"这酒可是陈老板掏了三块钱买的，比路边那种五毛钱一斤的散装酒好了不知道多少倍，现在不喝以后可就喝不到了。"

"对，说得没错，咱们抓紧整，三个人还干不掉两瓶吗？"郝老三的舌头有些转不过弯儿。

"郝哥，你刚才说你太爷爷是大内侍卫，这是真的吗？"一个稍显年轻的声音好奇道。

"哎，这事儿你可别随便往外说。那会儿我太爷爷还没死，我五六岁的时候，亲眼看见他轻轻一跃就从地上跳到俺家门口的杨树顶了。"郝老三带着几分醉意，又稍显得意地说，"你们知道北方的毛白杨吗？一棵树足有七层楼那么高，我仰起头都看不到树顶。我太爷爷轻轻松松就跳上去，不对，是飞上去的。"

"那不成神仙了？"另一人惊叹，"我就说嘛，这世上肯定有神仙。"

"这不是神仙，是天下无敌的武功。"年轻的声音急道，"郝哥，你快说说，你太爷爷的武功从哪儿学的？你会不会？"

"哈哈，我太爷爷那可是大内侍卫，保护皇帝的武林高手，全天下都没几个比他厉害的。"郝老三笑道，"我就是看见我太爷爷武功这么厉害，才开始跟他练武的。"

"郝哥，你也练武？那你是不是跟你太爷爷一样厉害？"年轻的声音激动道，"那你能不能教教我？我从小就想学武术，当大侠。"

"哼，这怎么可能？我们家祖传的功夫从来不教外人的。"郝老三冷哼一声，"而且，我太爷爷年纪太大了，教了我没多久他就死了。我也只学了个皮毛。"

"我太爷爷说，他虽然练成了绝世武功，但他也伺候主子一辈子，所以，学武不是出路。就算肯吃苦，学成了又能怎么样？能打得过军队吗？在那些大官眼里，武功再高也只是个奴才而已。"郝老三感慨道，"所以，直到死他也没有把武功传给后人，只教了我一点入门的基本功。"

"基本功也行啊，让我们开开眼，看看郝哥的武功。"另一个人笑道，语气却稍显不屑。

"刘哥，你别笑，我相信郝哥肯定会武功。上次我见他一个人扛了三百多斤的麻袋，一点都不喘，那会儿我就知道了。"年轻人端起酒杯，"郝哥，啥也不说了，我把这半瓶酒干了，你收下我这个徒弟吧！"

咕嘟……咕嘟……

屋里传出喝酒的声音，紧跟着还有拍手叫好和酒瓶翻倒的声音。

过了一会儿，工棚的门被推开，三个人影摇摇晃晃地从里面走出来，脚下还跟着一条小狗，忽前忽后地围着三人团团打转。

"郝哥，刚才你可是答应收我了，你可不能反悔啊！"

说话的正是刚才的年轻人，他应该刚喝了不少酒，走在最后，整个人左冲右撞的，连站都站不稳了。

郝老三则和那个姓刘的人相互搀扶着走在前面，郝老三喝得也不少，几乎靠在旁边那人的身上。

三个人沿着一条土路慢慢往前走，土路两边则堆放着不少建筑材料，有水泥、沙子、砖块之类的，看起来像是一个建筑工地。

郝老三边走边嘟囔："收你没问题呀，不过我这功夫可是祖传的，得从小练才行，你现在已经这么大了，晚了啊。"

"那就算了，人家练武都练童子功，你都快二十的大小伙子，肯定不行。"姓刘那人附和。

"谁说年龄大就不能练武了？我偏不信这个邪，郝哥，你明天就教我吧。"

"不行，明天不行。"郝老三迷迷糊糊道，"要练就现在开始，等会儿我先给你表演一个，铁头功！"

"行，先回宿舍睡觉，睡醒了就表演。"两人一唱一和。

他们不知道，走在后面的年轻人听到郝老三要表演铁头功，竟然真的从路边捡起一块砖头。因为他走在两人身后，所以郝老三他们根本没有意识到危险。

"郝哥，你现在就表演一下呗。"年轻人拎着砖头，加快了脚步。

"行，我就让你开开眼，看看我从小练到大的……啊！"

郝老三一句话还没说完，年轻人已经从背后狠狠地抡起砖头，正好砸中郝老三的头部。

随着一声撕心裂肺的惨叫，牛凯也猛地清醒过来，他大口大口地喘着粗气，仿佛刚才被砖头砸中脑袋的不是郝老三，而是自己。

这是怎么回事？

牛凯下意识地用手捂住脑袋，仿佛脑袋已经被砸开似的，但他摸了许久，也没有摸到哪里受伤，而且手上并没有血迹。

为什么自己仿佛看到当年发生在郝老三身上的一幕？难道是幻觉？

牛凯四下看看，自己正坐在档案柜旁的地板上，一本灰色的卷宗正摊开着摆在身前，而他似乎正在查看。

难道自己刚才正在读郝老三的案卷，所以脑子里才会出现案卷里描述的场面？

牛凯疑惑地拿起案卷，只见里面正是郝老三撰写的申诉材料。不过，和牛凯刚才看到的不同，郝老三认为砸自己的不是一个人，而是当时在场的两人，一个是工友刘灿，另一个是包工头的儿子陈有德。

陈有德？

牛凯不可置信地瞪大眼睛，砸伤郝老三的竟然是陈有德！这个陈有德和绑架案中的那个陈有德会不会就是同一个人？如果是同一个人，那么这其中究竟有什么联系？

相比刚才的景象，卷宗里还详细记载了郝老三受伤后的生活，因为头部受到重创，他在医院住了快半年时间才保住性命。

然而，此时工地老板已经撤走，连医药费都没有支付。郝老三将自己全部积蓄都交给医院还欠了一大笔钱，因为欠债，妻子也离他而去，只剩下他拖着残躯在城市里苟延残喘。

为了讨要医药费，郝老三开始四处告状，可因为他受伤时是在非工作时间，且是酒后受伤，不属于工伤范围。而且当时在场的两人全都否认自己是砸伤他的凶手，导致无法确定责任人。

根据当时的报警记录，警方是在郝老三住院一个月苏醒之后才接到报警，而那时现场痕迹已经全部湮灭，连砸伤他的砖头都成了新建房屋的一部分，根本无从查起。

就这样，郝老三因为一次酒后的吹牛，付出了一生的惨痛代价，并且至死也没有将凶手绳之以法。

牛凯根据卷宗记录，再次查阅当年的报警档案，找到工友刘灿的笔录。刘灿说，他当时扶着郝老三正往宿舍走，突然听到郝老三惨叫，然后两人同时摔倒在地，等他去扶郝老三时就发现他满脸是血地昏迷过去了。

刘灿吓得连忙呼救，可当时已经是深夜，宿舍里的工友们离得较远，都没有听到。他只能跑到宿舍去求助，这才喊到几个工友一起把郝老三送去医院。

笔录结尾，刘灿坚称自己绝对没有砸伤郝老三，他们两人一起干活很久了，他平时就知道郝老三喝酒后喜欢说大话，所以绝对不会因为他说自己会武功就用砖头砸他。

而陈有德的笔录就更简单了，他说自己那晚喝得太多，郝老三和刘灿先走，他在工棚里睡着了，等醒来的时候，工人们已经把郝老三送去医院。所以，他压根不知道郝老三被砸伤，整件事他都没有参与过。

因为没有证据，两个人的证言都没有办法确认真假，所以这个案件只能成为永远没有答案的积案。

原来是这样……

牛凯合上卷宗，心里不是滋味，想不到郝老三这辈子竟然如此凄惨，被人砸成重伤落下终生残疾不说，竟然连凶手都没有抓到，一生尽毁。

可即便如此，他又怎么会被杀害呢？从他的经历来看，郝老三已经是社会最底层、最弱势的那部分人了，还有什么可能威胁到别人？

牛凯百思不得其解。

不过，通过郝老三的案件，牛凯也得到了意外收获，那就是陈有德！

想不到陈有德竟然与郝老三有交集，并且很可能就是砸伤郝老三的真凶。

可是，陈有德已经失踪了十几年，谁也不知道他还在不在人世。也许当年绑架陈有德的人就是在为郝老三复仇也说不定。

如此一来，当时让陈有德惊慌失措、匆忙离开的人和陈小聪失踪案反而无关。真相到底如何，现在已经没办法调查了，可能永远都被湮没在历史的迷雾之中。

牛凯经过晚上的折腾，感觉整个人快要虚脱，尤其是头部的眩晕，让他觉得自己正飘浮在地面上，连腿部的疼痛都变得有些迟钝。他晃晃脑袋，强撑着走回办公室，一头栽倒在沙发上，什么都不知道了。

16

心理牢笼

再次醒来，已经天光大亮。

和煦的阳光透过玻璃窗，带着点点树叶的斑影投射在牛凯身上。

他缓缓睁开眼睛，首先看到的是老朱缓慢的动作。原来，他每天都会在办公室外面的走廊打太极拳，今天不知道因为什么，竟然改在办公室里面了。

看着老朱一丝不苟的认真劲儿，牛凯突然有点想笑。

"别动，再躺一会儿吧。"老朱目不斜视，嘴角微张，发出细不可闻的声音。

"谁？我吗？"牛凯没听清楚，打算坐起来。

"我说让你别动，多躺一会儿。"老朱顿时破功，不耐烦地瞪了牛凯一眼，"你身上负能量太多，影响我练功。"

啥？老子负能量多？

牛凯参加工作这么多年，头一次被人说身上负能量多，真是岂有此理。不过，他也犯不上跟老同志一般见识，自己怎么说也是队长，多躺一会儿就多躺一会儿吧。

他惬意地伸个懒腰，脑子里想的还是昨晚的事。自己为什么会看见一段卷宗里面的场景呢？难道自己觉醒了超能力？

不太可能，自己干警察这么多年，什么怪事儿没见过，但超能力这种东西是真没碰见过，所以就不指望了。

肯定是自己最近太劳累，今天好好休息一下，缓一缓就好了。

"起来吧！"

正瞎琢磨呢，老朱已经打完收工，一手插腰一手端着大茶缸，好整以暇地盯着牛凯。

"老朱，你看啥？"牛凯莫名其妙。

"哼。"老朱冷笑一声，"你说我看啥？你昨天晚上是不是又在办公室过夜了？"

"啊，昨天搞得太晚，就睡在这儿了。"牛凯尴尬地点点头。

"什么搞得太晚，我看你是累倒在这儿了。"老朱一副恨铁不成钢的样子，摇头叹息道，"牛队长，我知道你工作敬业，但你就算再能干、再敬业，浑身是铁能打几根钉子啊？"

"而且你想过没有，你这种状态，把自己活得不像正常人，这是良好的人民警察形象吗？"老朱越说越起劲儿，用手点着牛凯道，"既然你到了档案室，又是我们的负责人，那我就得代表同志们给你提点意见。"

牛凯翻了个白眼，很是无语：自己拼命工作怎么还成错误了？这个老朱，以前在刑警队的时候工作热情很高，怎么现在蜕化成这样？

"你是不是觉得我现在说的话都是扯淡？"老朱干了一辈子刑警，一下子就看出牛凯的心思，气哼哼道，"我1985年参加工作，一直干刑侦，直到去年生病才调到档案室。从最早的侦查破案到现在各种技术手段层出不穷，我基本上是看着刑警这个行当是怎么发展的。你这种拼命三郎的做法虽然精神可嘉，但却不可持续。你可以要求自己不戒家、不顾家，但你能要求其他人也像你这样吗？以后的刑侦靠的不是个人牺牲奉献，而是科学的组织管理，最大限度发挥科学技术和资源组织调配的作用。你不要忘了，你现在是刑警没错，但你更重要的身份是刑警队长，什么事情都靠自己，就算累死在岗位上也不可能办完所有案件。"

"老朱，我承认你说得没错。不过，这些技术只能办理当下发生的案件，对于时间久远、证据缺失严重的案件，只能靠人。"牛凯反驳，"我这人没别的爱好，就是喜欢当警察、破大案，以前在二大队的时候，我觉得自己每天都浑身是劲儿，只要有案子没办结，压根儿不想下班回家。现在因为受了伤，组织关心我，把我调整到档案室，可这个好意我压根儿不想要啊！"

"如果不是在档案库房看到这些积案，我简直不知道自己以后的人生该怎么走下去！"牛凯激动地看着老朱，"朱哥，你说的我都明白，可你看看我，我现在肢体残缺、事业残缺，如果再没有自己最喜欢的工作支撑，我就真的成了一个废物！"

老朱看着牛凯，脸上显出一丝心痛："牛凯，你喜欢破案不假，可我看到的却是你把自己的失落、怨恨、痛苦、绝望等等所有情绪，一股脑地投射在这个本来可以支撑你走下去的事情上，这不是爱，而是绝望后的自我毁灭。"

"你通过透支健康和生命，去完成你热爱的事业，可这根本不是为了事业，而是为了让你自己从现实中逃避出来。只有投身工作，你才可以不去想自己的父母、自己的责任、自己的生活，才能不去面对亲人、朋友、同事。我能感觉出来，你自己是抱着必死的信念去破这些积案的。其实，你所求的根本不是破案，而是通过破案的过程把自己彻底毁灭！"

牛凯脸色发白，有些不敢和老朱对视。

办公室里，两个人陷入长久的沉默。许久之后，牛凯惨笑一声，用力地拍了拍自己的右腿说："我知道自己不应该矫情，不就是少了条腿吗？有什么大不了的，这个世界上有那么多残障人士，那么多得了绝症的不幸的人，我还有无数人的关心和单位的支持，我有什么可矫情的？"

"可是，我真的接受不了。"牛凯的声音微微颤抖，盯着自己的假肢说，"我恨它，我不想要这个假东西，我想要回自己的腿！"

"你知道吗？我受伤到现在，连父母都不敢告诉。他们好几次说要来看我，我都不敢答应。我不知道该怎么面对他们，我甚至连想都不敢去想，如果他们看见我这个样子，该有多伤心！我怎么对得起他们？"牛凯两眼通红地抬起头，像是在质问老朱，"你告诉我，我能说吗？我能怎么说？"

"唉，小牛，这个世上，每个活着的人都有自己的不容易，可与人言无二三。"老朱叹息道，"上次在更衣室，老蔡说的那些话你还记得吧？你知道他为什么要这样说吗？"

牛凯点点头，他当然记得，老蔡对局里给自己解决副处级很是不满。

"他年初时查出得了胃癌，而且已经是晚期，没有手术机会了。可你知道他家的情况吗？他爱人只是个辅警，收入少得可怜，上面还有双方父母，一个瘫痪在床，一个同样癌症晚期，他的小孩在启智学校。你知道启智学校意味着什么吧？"老朱叹息道，"你说，老蔡全家人就指望着他的收入生活，他现在却自身难保。如果他也像你这样，那他全家都别活了。这可能吗？"

牛凯愣住。他之前听别人说起过老蔡家庭比较困难，可他没想到竟然如此困顿。

"老朱，我等会儿就去找刘主任，把我这个副处级让给老蔡。"

"行了，局里已经研究过他的问题了，这个月底应该就能解决，而且还有困难民警帮扶金，够一家人生活了。"老朱说，"我想跟你说的是，每个人这辈子都有自己的劫难，干咱们这行的更有体会。你看那些受害人的家属，后半生都会在痛苦中度过，可他们里面有几个一直沉浸在痛苦里面无法自拔的？"

"既然你现在从医院出来，重新回到工作岗位上了，那么，你的心不能还躲在自己画的牢笼里面，你得学习如何面对这个世界，就像你刚参加工作时那样，把自己当成新人，让自己成长，而不是困在原地，拼命打转。"老朱语重心长地说完，端着茶缸朝门外走去，"档案室的工作可不止那些积案，还有好多宝贝等着你呢。不过，你得首先成为合格的档案管理员才行。"

牛凯看着老朱离去的背影，眼泪终于不争气地掉了下来。

星期一早上，梁文和法医铁有水在单位停车场碰见牛凯。

当时，他们和王胜利一起刚从分管刑侦的周局办公室汇报工作出来，几个人脸色都不太好看，主要是刘家祖宅埋尸案的侦破没有一点进展，而且昨天一天时间，江北区就出了两宗命案，这在广府市的历史上都很少见。尤其是，这两宗命案还和撞击民警的逃犯有关，刑警队的压力之大可想而知。

梁文几个人站在停车场门口，等同事取车，他们准备再去一趟苍阳山查看现场。

正巧，牛凯要去警保处采购一批新的档案盒，准备替换掉那些陈旧变形的档案袋，路过停车场门口。

"凯哥，最近还好吧？"梁文看见牛凯，主动打招呼。

牛凯点点头，意味深长地看了看王胜利："胜利，来汇报工作？"

王胜利呵呵一笑："是啊，这不是刚忙完嘛，赶紧向周局做个汇报。"

"阿梁，我这边发现了一些新线索，有时间的话跟你说一下。"牛凯想了想，准备把自己发现的陈有德和郝老三的联系告诉梁文，这对他们办案应该有一定的参考。

"凯哥，多谢了。这个案子我们会全力以赴的，你好好休养身体，等身体彻底康复了，还有好多工作需要你指导呢。"梁文略显尴尬地看看牛凯。

这时，正好同事开的警车到了，梁文像是抓住了救命稻草一般，赶紧说："我们马上要出去一趟，回头再说啊。"

牛凯看着几个人逃难般慌忙离去，摇头苦笑。自己真的这么可怕？吓得他们连多说两句的胆量都没有。

没有耽搁，牛凯继续前往警保处。

警保处在市局大院的另外一边，属于附楼，原本有连廊和主楼连接，但最近正好施工维护，所以只能从小花园绕道。于是，牛凯拐向小花园的木栈道，沿着花草丰茂的花园小径去往附楼。

这段小径并不太长，主要由石板和木板交替铺就，中间还间隔着一小块草坪。牛凯两条腿一会儿踩在石头上，一会儿踩在木板上，一会儿又踩到草坪上，两条腿感受着不同的地面触感，竟有种不一样的趣味。

就在他边走边玩的时候，脑海里突然冒出一个似曾相识的感觉：那是在刘家祖宅埋尸案的现场，他跳下土坑的瞬间，当时他似乎有种一闪而过的奇特感觉，却因为腿部疼痛想不起来。

可是，刚才他走在草坪和木板之间时，这种灵光一闪的感觉似乎又回到他的脑海。

没错，就是这个感觉！

牛凯倒退了几步，重新从木制栈道走向草坪，左右两条腿分别尝试后，终于明白了自己当时的感觉是什么：那是自己在跳进土坑的一瞬，左右腿分明感受到不同的土质硬度。

这种差别对正常人来说根本无法辨别，但牛凯不同，他的右腿是假的，所以踩在地面时会有不同的感受，正是因为感受不同，才让他发现了土坑里的地面也存在区别。

这意味着，那个掩埋尸骸的土坑地面被人动过，很可能下面还有东西！

牛凯脑子里嗡的一声，这个发现可以说让他额头都有些冒汗。

难道，被害人不止一个？

他不敢再往下想，马上给梁文打电话："阿梁，你们在哪儿？我突然想到一个问题……"

"凯哥，我们正在出去办事的路上，有什么咱们回去再说吧。"梁文的声音夹杂着汽车行驶时的噪声，听得出来，他们的车速很快，"先这样吧，我挂了啊。"

"阿梁，你听我说……"牛凯还没说完，电话就被挂断。

"这个小混蛋，现在敢挂我电话了！"牛凯气呼呼地放下电话，扭头就走。

警保处的采购事项明天再办也来得及，他得尽快赶到苍阳山，自己的推测究竟对不对，只要去现场验证一下就行。

既然梁文他们不想听自己的意见，那干脆自己干，等真找到线索再通知他们也不晚。

想到这儿，牛凯大步流星地回到档案室，抓起桌上的包就要离开。

老朱听见动静，手里抱着一摞旧档案从库房探出脑袋："牛凯，你怎么火急火燎的，这么快就把事儿办完了？"

"没，我想起来一个重要线索，得去现场检验一下。"牛凯头也不抬地道。

"什么？那是人家二大队的事儿，你现在是档案室的。"老朱气得鼻子都歪了，"我上午跟你说了半天，敢情都白说了。"

"不是，我跟梁文打过电话，结果人家压根不想听。"牛凯没好气地道，"反正他忙得要命，我这个推测又没证实，与其麻烦他们，还不如我自己先去看一下。"

"哪儿的现场？"老朱不放心道，"你的伤刚好，就这么跑来跑去的，怎么行？"

"苍阳山。"牛凯收拾好东西，准备出门，"我很快就回来，放心吧。"

"混账小子，苍阳山的路可不好走。"老朱眼珠子一瞪，怒道，"你等等，我去开车，坐我的车去！"

牛凯脚步一顿，疑惑地看了老朱一眼，那意思明显是不相信他会这么好心。

"别愣着了，走吧。"老朱放下大茶缸，拿着车钥匙率先出门。

17

又现尸骸

苍阳山刘家祖宅。

梁文他们几个已经来到多时，正和分局的刑警一起，围着房屋外围一点点向外搜索。

"老铁，咱们总是对凯哥这个态度，是不是有点不太好啊？"梁文正猫着腰，蹲在一块大石头前，小心翼翼地拨开石头缝隙里的杂草，"每次我看见他，都觉得不该那么生硬。"

铁有水手里拿着刷子，在地上轻轻刮开最上层的泥土，露出下面深棕色的土层，然后又用镊子夹起一小颗土块，举到眼前一边看一边说："放心，老牛的心脏大得很。他开始的时候肯定不习惯，但是不这样的话，他就会继续跟着来办案，到时候伤上加伤，妥妥的英年早逝的下场。你说，咱们能不操心吗？正所谓，人生在世，全靠演技。放心吧！"

"唉，可我心里还很不是滋味儿。"梁文一边叹气一边翻找。

"阿梁，你看这块地上的颜色是不是比旁边要深一些啊？"铁法医打断梁文，慎重道，"你看看这些土壤颗粒，不少都是黑色的，看样子像是被火烧过一样。"

梁文探过脑袋，仔细看了看："确实是，看这个范围像是圆形，这是……"

"烧纸？"两人不约而同道。

就在这时，山下又上来两个人，正是牛凯和老朱。

"咦？怎么梁文他们也在？"牛凯和老朱对视一眼，立马明白他们再来这里的原因：肯定是案子没有进展，他们决定再仔细深入勘察一遍。

"凯哥、朱哥，你们怎么来了？"梁文惊讶地看着两人。

"许你们来就不许我来了？"牛凯想起这帮家伙躲瘟神似的回避自己，心里就来气，"我腿疼，跟朱哥一起散步，不知不觉就走到这儿了。"

"凯哥，你别开玩笑了。"梁文尴尬地抓抓头发，"有事儿吗？"

"你们牛队长昨天晚上睡觉的时候，在梦里得到神人指点，发现了新线索，所以我陪他过来核实一下。"老朱笑呵呵地道。

铁有水走过来说："什么？凯哥这是要得道飞升的节奏啊，做个梦都能发现新线索，下次就能在梦里成亲娶媳妇儿了。"

"别扯这些没用的，咱们进去说。"牛凯一马当先，朝屋里走去，梁文和铁法医不明就里，只好跟着进屋。

卧室里还保持着原来的状态，墙角挖开的土坑有一米多深，因为连续暴露了多日，表层的泥土已经变得干硬，颜色也不再是之前的深褐色，而是呈现出灰暗的黄色。

牛凯来到土坑边，像上次那样下到坑里，两只脚用力踩踏着泥土，从土坑一头走到另一头，来回好几趟。

随后，他冲梁文招招手："叫几个人过来，继续往下挖。"

"继续挖？凯哥，你是说地下还有东西？"

不只是梁文，在场所有人都大吃一惊，如果地下还有东西，那意味着什么不言自明。

"凯哥，你怎么知道地下还有东西？"王胜利带着几个人拎着家伙匆匆赶到，他对牛凯的判断很是不解。

"我怎么知道？老朱不是说了嘛，我昨天晚上做梦，有人给我托梦说的。"牛凯拽着梁文的胳膊上到地面，有意无意地瞟了他一眼，"反正我是个闲人，又不能接触案情，除了做梦还能怎么知道。"

梁文满脸通红，尴尬得不知道该说什么。

铁法医嘿嘿一笑："老牛现在可不是一般人，掐指一算就知道地下还有东西哩。不过，先别着急，看看下面有什么再说吧。"

几个年轻小伙跳进坑里，开始向下挖掘。

二十多分钟后，土坑又向下挖了快两米，距离地面已经有三米多深，之前下去的三个小伙子只能留一个人在下面，其他人则在上面帮忙运土。

"已经很深了，确定会有东西吗？"梁文忍不住问。

牛凯和铁法医则是紧皱眉头，表情严肃地看着土坑，谁都没有说话。

老朱也露出了思索的神色，指了指堆在一旁的土道："应该错不了，你看这些土，虽然已经过去好多年，但还是比较松，应该是曾经被挖开过。

正说着，坑底下传来一声惊呼，有发现了！

"怎么样？"梁文紧张地探头向坑里张望。

"队长，应该是骨头，需要专业工具清理才行。"坑里的小伙子肯定地说，"要通知局里增加人手，把土坑扩大，方便干活。"

"凯哥，竟然真的还有尸骸。"梁文脑门儿上开始冒汗，"真是屋漏偏遭连夜雨。凯哥，你怎么知道这下面还有埋尸呢？"

牛凯洒然一笑："我发现自从我换上这条假腿，感知能力还真的提高不少。上次跟你一块看现场时，我跳进坑里那一下就觉得不对劲儿，后来因为腿疼没有留意。今天早晨在单位小花园走路的时候，突然发现不同的路面，我的腿感觉会不一样。"

"所以你才知道这个坑底下还有东西，因为你两条腿感受不同？"铁有水哈哈笑道，"牛队长真牛，以后我们刑事技术又可以前进一大步，增加一个体感检测学，创始人就是牛队长。"

"原来是这样。"梁文恍然大悟，"你要是不说，我还真想不出来。"

牛凯板起脸道："我早晨叫住你，想跟你说一下我发现的新线索，你可倒好，躲得我远远的，看不起残疾人是吧？"

"哪能呢，我这不是怕你身体吃不消嘛。"梁文一张圆脸垮得跟苦瓜似的，心说自己这是招谁惹谁了。

随着增援力量的陆续到达，土坑被扩大了接近一倍，经过彻底清理，在距离地面三米多深处又发现了一具尸骸。

这具尸体同样已经掩埋了不知多少岁月，全身只剩白骨，连衣物都已经无法辨认，没有留下任何明显的线索。

铁法医带着技术人员仔细检查尸骸后得出结论：死者三十岁左右，身高一米七五，被害时间距今二十年左右，具体还需要根据土壤等环境样本的实验结果判断，死者身上没有明显外伤，死因无法判定，但通过尸骸的姿势判断，被害时死者双手处于被捆绑的状态。

被绑住再杀害？

在场众人都愣了，之前发现的那具尸体并没有被绑，而是用衣架勒死，看起来更像是临时起意。可第二具尸体却是先被绑住才遇害。

梁文问铁法医："老铁，如果这两名死者是被同一个凶手杀害的话，那会不会是先绑架杀害第一个人，然后两名凶手之间发生内讧，第二个死者就是凶手之一了？"

铁有水难得地露出异常严肃的表情，捋了捋头顶稀稀落落的头发道："现在还没法确定两名受害人是不是同一时期遇害的。"

牛凯突然问："老铁，上次那具尸体，死亡时间我记得是二十年以上，这具尸体却只有二十年，这么说来，埋得更深的尸体反而死亡时间更晚，对吗？"

"这正是我想不明白的地方。从尸体白骨化的程度来看，1号受害人，也就是埋在上面的尸体，掩埋时间确实比2号受害人的长。据我推测，大概要早十年时间。"铁法医说，"不过，这个时间点判定只是推测，并不是很精准，因为尸体在泥土中降解的过程非常复杂，也许不同深度的土壤温度、湿度区别很大，埋在上面的受害者很快就白骨化，而埋在深处的受害者白骨化的时间反而比较长。"

牛凯点点头，看向梁文："还是要继续走访，先确定死者身份，只有这样才能找到突破口。如果2号受害者能提取到DNA就更好了。案子是你们负责的，我就不瞎掺和了，省得又被某些人鄙视。"

"凯哥，你这话说的……见外了。"梁文圆乎乎的小脸露出一丝委屈，"我们也是迫不得已啊。"

"行了行了，反正我把我知道的都告诉你们，剩下的就看你们的了。"牛凯从口袋里掏出磨牙棒塞进嘴里，刚才爬上爬下的，他的腿又开始疼了，"对了，还有个事，我在整理档案时发现，郝老三头部的伤可能是陈有德砸的，而陈有德已经失踪十几年了，他的侄子陈小聪被绑架也失踪了。现在只剩下陈有德的哥哥陈有才，也就是陈小聪的父亲还活着，不过他两年前被车撞成重伤，瘫痪在床……"

说到这里，牛凯脑子里突然闪过一个念头：为什么陈有才会出车祸？这起车祸真的是意外吗？

"怎么了？"众人发觉牛凯的异常，以为他身体不舒服。

"没什么，我就是突然想到陈有才的车祸也许没那么简单。"牛凯狠狠地咬了几下嘴里的磨牙棒，"到现在为止，两具无名尸体，两人失踪，死亡两人，还有一人重伤瘫痪，三名警察重伤。虽然不是同一个人做的，但这些案件的当事人却相互关联。"

"而且，最早的案子已经超过二十年了。"老朱说，"我干了一辈子刑警，还真没遇到过这种奇怪的巧合。"

"也许，还有个人，我们可以去了解一下。"牛凯笑了笑。

"谁？"完美搭档梁文恰到好处地问道。

"不是说无关人员不能参与案件吗？这和我又没关系。"牛凯神气地看了梁文一眼，"还没确定之前，我还是先不说了。"

"老牛啊，这可就是你的不对了。"铁有水在一旁冥思苦想了半天，怎么也想不通为什么尸体的时间对不上，闻言立马急了，"有什么事儿赶紧说出来，别藏着掖着，也不怕半夜睡不着觉。"

谁知牛凯却毫不买账，摆了摆手，扭头朝山下走去。

"哎，我说，老牛你也太不厚道了，怎么说也是这么多年的生死之交了。"任凭铁有水如何在后面大呼小叫，牛凯还是脚步不停地离开了现场。

老朱自然跟着牛凯一起下山，不过他也搞不清牛凯葫芦里卖的是什么药，好奇道："小牛啊，你这个胃口可是吊得够高的，到底要去问谁啊？"

牛凯一边咬着磨牙棒一边笑："去问咱们库房里面的宝贝。"

"宝贝？你是说那些案卷。"老朱闻言顿时乐了，"敢情你是故意逗他们的，这些卷宗放在那儿这么多年，翻来覆去地查了多少遍了，还能有什么新的线索。"

牛凯却摇摇头，一副高深莫测的样子："那可不一定，之前没有进展是因为这些案子相互的联系没有建立起来。更何况现在凶手又开始作案了，那就一定会留下马脚。"

"好像有点道理，不过你可别像昨天那样，又累倒在档案室。"老朱说，"你是不知道，我今天一大早看见你的那副样子，和老铁手下的检验对象没啥区别。"

"老朱，你说得没错，我之前是钻进牛角尖里了。"牛凯停下脚步，转过身看着老朱一字一句道，"谢谢了，多亏你点醒我。"

"这还差不多。"老朱哈哈大笑，和牛凯慢悠悠地下山，真有点散步的感觉。

18

意外相遇

"伟大的祖国赋予我使命，复兴的民族给予我力量，忠诚的道路浴血荣光，英雄的足迹越走越长……"

一段铿锵有力的旋律响起，牛凯掏出手机发现是个陌生号码，想了想按下接听键。

"喂？"

"牛凯吗？我是若冰啊！"

"哦，你好啊。有事吗？"

"没事就不能找你了？那天晚上我跟你看见那个流浪汉被杀，后来我吓得一晚上没睡好觉唉。"若冰的声音里带着嗔怪和撒娇。

牛凯一想到若冰那身高体胖的形象，再和这个撒娇的声音联系起来，不禁起了一身鸡皮疙瘩。

"那真是不好意思了，昨晚很抱歉。"牛凯一边说一边纠结，他能感觉到若冰对自己的好感，可自己对若冰似乎又没有那方面的念想，虽然他觉得若冰这姑娘性格不错，很适合做兄弟，但女朋友甚至老婆？还是算了吧。

果然，若冰又问道："凯哥，我今天一天还心惊肉跳的，你晚上有没有时间，咱们去吃火锅吧，这样我就没那么害怕了。"

"那个，吃火锅能壮胆吗？"牛凯莫名其妙，不过他还是没有答应，"今晚我可能没有时间，主要是白天又发现了一名受害者，晚上我还要加会班。"

"这样啊。"若冰失望地笑了笑，"我就知道你不答应。没事儿，我明白，我这个形象根本不符合你们男生的审美，所以每次都是这个结果。"

"啊？你别误会，我是真的要加班。"牛凯这下反而觉得不好意思起来，赶紧解释，"你其实挺不错的，性格豪爽，不扭扭捏捏，很多人都做不到。不过，我的情况你也知道，身体残疾了，家里也没有矿，所以还是不祸害像你这么优秀的好姑娘了。"

"哈哈，凯哥，你也太妄自菲薄了。你可是我心里的大英雄，我从小就崇拜警察啊！"若冰心情好了许多，"这样吧，你要加班我就不打扰了，不过我听我哥提到，昨晚死的那个流浪汉在江北区呆了好些年，我哥的手下跟他挺熟的。如果你需要的话，也许我能让我哥的手下跟你说一说情况。"

"哎，真的吗？"牛凯顿时来了精神，"我正发愁没有郝老三更多信息，你要是能找到认识他的人，一定要帮我约出来。这样吧，正好晚上我同事也要加班，我就不加了。咱们找个火锅店，好好吃一顿，你再把那个朋友叫上，怎么样？"

老朱在一旁听得直翻白眼，什么叫同事也要加班，那你刚才还假惺惺个屁啊！

对牛凯这种变脸比翻书还快的行为，老朱很是深恶痛绝，于是插嘴道："好啊，正好我也有空，一起去吃火锅，我知道一家店特别正宗，就这么说好了。"

牛凯无语地看着老朱，看样子今晚要被宰了。

回城路上，老朱提前设好导航，直接朝目的地，广城最有名的火锅店老炎楼驶去。

他们折腾了一天，抵达的时候两个人都饿得前胸贴后背，还没进门就被一阵火锅特有的香气馋得直流哈喇子。

"小牛，今晚你是主角，我就不多说什么了，到时候别忘了结账买单啊。"老朱笑呵呵地一马当先进了火锅店大门，眼睛首先就被门口两边的生猛海鲜死死地吸引住。

"好吧。谁让你年纪大呢，我不跟你一般见识。"牛凯的眼神从价格标签上瞟过，心疼地摸了摸钱包。

"凯哥，这里，这里！"

两人刚进大厅，就听见一个洪亮的声音在叫牛凯。

"这小伙子是谁啊？"老朱上了年纪，眼神儿有点不太好，直接把若冰当成了小伙子。

牛凯心酸地揉了揉额头，解释道："人家不是小伙子，是个大姑娘，江北区刘大头的妹妹。"

"哦，还是老啦，不仅眼神儿不行了，连你们年轻人的喜好都理解不了咯。"老朱哪壶不开提哪壶，字字戳在牛凯的心窝子里。

后者脸色一阵发白，赶紧掏出磨牙棒塞进嘴里，恶狠狠地咬了好几口。

来到桌子前，牛凯惊讶地发现，和若冰一起来的竟然是一个女孩。这女孩二十岁出头，留着齐耳短发，鼻梁高挺、五官立体，而且身型非常匀称，没有现代女孩那种矫揉造作，反而给人一种精干飒爽的感觉。

"这是……"

不仅牛凯愣住，连蹭饭的老朱都有点意外，盯着若冰和这个女孩多看了好几眼。

"凯哥，快点坐，菜我已经点好了。"若冰豪气地朝服务员一挥手，示意上菜。

"今天真是得谢谢你了，没想到你朋友和郝老三很熟。"牛凯短暂失神后，很快进入主题，看向那个英姿飒爽的女孩道，"这位就是你说的朋友吧？"

"你好，我叫刘歆，很高兴认识你。"刘歆微微起身和牛凯握了握手。

"凯哥，我跟你说，这就是我哥公司的员工，也是我朋友。她以前负责跑市场，正好郝老三住在她负责的区域，所以她认识郝老三。"若冰大大咧咧地介绍。

"是的，我之前在社区做过一段时间志愿者，给流浪乞讨人员提供帮助，或者送他们去救助站。"刘歆笑道，"郝贵就是我负责的。"

"来，咱们边吃边聊。"牛凯不想表现得目的性太强，显得自己太过功利。

老朱瞟了牛凯一眼，高深莫测地微微一笑。

服务员很快把点好的东西摆上桌，光牛肉、羊肉就摞得和小山一样高，还有各种海鲜，看起来就让人食欲大开。

若冰和老朱一点也不客气，闷头猛吃，连话都很少说。牛凯则觉得浑身上下有点不太自在，他也不是没见过世面的人，不知道为什么，似乎在刘歆面前就有种不够自信的感觉。所以，他吃得不快不慢，偶尔还和刘歆说上两句。

刘歆却表现得很是大方，既没有像若冰那样大口猛吃，也没有过分拘束，而是落落大方地正常吃饭。

"郝贵的外号叫郝老三，据他说是因为他在村里的辈分很高，排行老三。我到社区做志愿者的时候，他已经在江北混迹了好多年了，生活主要靠打零工。不过，他却不认为自己是流浪者。"刘歆说。

"为什么？"牛凯安静地听着。

"郝老三与其说是流浪汉，不如说是上访户。他打工赚的钱除了吃喝外，全都花在上访了，每年光告状信都寄出去几百封，不过却没什么用。主要是他反映的问题年代太久，而且也没有任何证据可以证明他是被别人砸伤的，因为每年很多喝醉酒的人自己摔倒也会受伤。"刘歆静静地说，"我们都很同情郝老三的遭遇，但在这件事上，确实无能为力。"

"郝老三有没有跟你说过一些其他事情，比如凶手身份、与其他人的恩怨之类的？"牛凯问。

"这个倒是没有，因为他受伤以后妻子也跟别人跑了。我觉得，他精神受到的创伤可能比身体上的伤害还要严重，这种打击一般人确实很难承受。"刘歆思索道，"所以，郝老三的精神状态一直不太好，整个人钻进了牛角尖，所有精力全部放在了给自己讨一个公道上面。整个人浑浑噩噩的，而且还极其固执。经常凌晨两三点钟打电话给社区领导，搞得所有人都避之唯恐不及。"

牛凯点点头，看见盘子里的肉都快被若冰吃光了，便很自然地用公筷给刘歆夹了些肉。后者道了声谢，开始吃菜。

"他一直都在上访吗？哪怕没有结果也要坚持？"牛凯问，"我相信官方部门对他的问题应该已经答复过了，为什么他不肯接受？"

"答复过很多遍，还有专人来跟他做过工作。可他就是不接受，一口咬定，肯定是那个老板的儿子用砖头砸了他。"刘歆叹息道，"有时候支撑一个人活下去的理由很伟大，有时候又很渺小，把凶手绳之以法就是支撑郝老三活下去的信念。"

"对了，我前阵子还听说，他准备找人帮他去上访。他觉得之所以这么多年都没有成功，主要原因是自己文化水平不够，如果能找一个懂法律的人帮他，那么就肯定可以成功。"

"哦，后来他找到了吗？"牛凯眼睛一亮。

刘歆摇摇头说："那我就不知道了，他有时候说话颠三倒四的，不能太当真，所以我也没往心里去。"

牛凯若有所思地默默吃菜，郝老三一辈子上访，目的就是咬死了要让陈有德对自己的受伤负责，这样看来，和他恩怨最深的就是陈有德。如果陈有德还活在世上的话，那他谋杀郝老三的嫌疑最大。

不过，陈有德自己已经遭绑架失踪了多年，这个可能性实在微乎其微。除非，绑架陈有德的真凶还在，那么他为了不让别人关注陈有德的下落，倒是有可能对郝老三下手。只是那么多年过去了，凶手为什么早不动手，非要现在害死郝老三呢？

另外，牛凯想到自己去找郝老三本意是调查高闯的下落，是不是因为这个原因惊动了凶手。这样说来，撞击警方快艇的神秘人和绑架陈有德的人也存在某种联系。

"小牛，想什么呢？"老朱打断了牛凯的思索，"两个美女叫你好几声了。"

"哦，不好意思，我刚才走神儿了。"牛凯不好意思地看看刘歆。

"凯哥，你怎么光顾着想案子，连看都不看我一眼。"若冰不满地白了牛凯一眼。

噗……

老朱和刘歆没憋住，差点呛着，只能强忍笑意看向牛凯，看看他怎么接招。

没想到牛凯老老实实回答说："我刚才看你吃得那么急，就没好意思跟你说话，后面不知不觉就走神儿了。"

"凯哥，我就喜欢你的坦率，不像其他人那样虚伪得很。"若冰一脸崇拜地望着牛凯，然后打了个饱嗝，"我刚才吃猛了，先缓一缓，等会儿再来下一轮。你也赶紧吃，以形补形，给你个鸡腿！"

这……

牛凯愣愣地看着若冰把鸡腿夹到自己碗里，然后期待地盯着自己。

以形补形？

老子缺腿？

哦，好像自己还真是缺了一条腿。不过，怎么听起来这么伤心呢？

牛凯最后还是含泪把鸡腿吃了下去，惹得刘歆和老朱哈哈大笑，只有若冰一脸茫然地看着他们，不知道为什么吃个鸡腿会有这么多戏。

吃完饭，牛凯打算以回单位为借口，早点回去。哪知老朱说自己年纪大了，得早点休息，提前回家去了。临走的时候还不忘小声提醒牛凯，让他记得买单。

牛凯苦着脸去付账，却被服务员告知账已经结过了。这让牛凯顿时觉得有些对不起若冰，人家毕竟是个大姑娘，虽然外表比较生猛，但内心还是个少女，对自己能做到这一步已经很难得了。

牛凯啊牛凯，你一个穷警察，身体落下残疾，又没有豪车大宅，有人愿意真心以待，这是打着灯笼都找不到的好事。自己有什么不满足的呢？

想到这儿，牛凯回到餐桌边，对若冰和刘歆说："谢谢你们，本来应该我请客的。我送你们回去吧。"

"好呀，开我的车，先送刘歆回家。"若冰听到牛凯要送自己回家，顿时激动起来。三个人有说有笑地出了餐厅，朝停车场走去。

这个时间段正是用餐结束的高峰期，不少食客正在陆续向外走，火锅店门口则停满了私家车和出租车，有些黑车司机都跑来凑热闹。

牛凯刚下台阶，眼角余光扫到一个似曾相识的身影，之所以让他印象深刻，是因为这个人戴着口罩。

是他！

牛凯猛然惊醒，条件反射地朝刚才那个身影出现的方向望去，同时身体也本能地做出反应。

嘶！

一阵钻心的疼痛袭来，让准备助跑加速的牛凯差点摔倒，幸亏旁边一只有力而温暖的大手将他扶住。

随即，一声惊呼："凯哥，你怎么了？"

"快，刚才那个戴口罩的人！"牛凯痛得额头冒汗，但还是奋力指向刚才那个人的方向，可他马上反应过来，扶住自己的是若冰，不是单位同事。

"算了，我来处理吧。"牛凯在若冰的搀扶下走到路边，也顾不得许多，直接坐在地上。随后，他拿起电话打给梁文。

"阿梁，我刚才在老炎楼火锅门口看见高闯了，不过我没追上。"

说完，牛凯从口袋里掏出磨牙棒塞进嘴里拼命地咬住，额头青筋暴起，面容扭曲。

"凯哥，你坚持一下，我叫救护车。"若冰吓得花容失色，却被牛凯一把拦住。

"没……事儿，我……忍一忍……就好了。"牛凯断断续续地说，"不好意思，吓到你们了。"

这时，一双柔软的小手坚定地按在牛凯右腿膝盖，轻柔而有力地沿着固定线路按压。这双手似乎知道牛凯的疼痛点，每一次按压都会让疼痛轻上几分。

很快，残酷的痛感终于消失。牛凯惊讶地看着还在帮自己揉捏腿部的刘歆："麻烦你了，没想到你还会按摩，我都不知道该怎么感谢你了。"

刘歆用手捋了一下头发，洒然一笑："谢什么，举手之劳而已。我以前在社区和一个老志愿者大叔学过，能帮上忙就好。"

"你可真厉害，按了几下我的腿就不疼了，比医院的医生按的效果还好。有机会的话，教教我吧。"

"没问题，随时都行。"

牛凯又冲若冰点点头："也给你添麻烦了，谢谢。"

"没事就好，刚才真是吓死我了。"若冰拍着胸口后怕不已。

19

民工讨薪

这时，警车的灯光闪烁着由远及近，梁文和王胜利一路小跑着赶到近前。

"凯哥，你没事儿吧。什么情况？"梁文本来就有点胖，一路跑过来竟有些气喘。

牛凯在若冰的搀扶下站起身，伸手朝火锅店外一侧指了指："刚才我看见开快艇撞我们的那个人了。"

"好，我们马上排查。这次一定不能让他跑了。"梁文眼睛放光，挥舞着拳头说，"只要他露了头，我们就一定能抓住他。"

牛凯知道同事们的本事，那个家伙敢在火锅店这种公共场所冒头，抓住他是早晚的事。

因为出了这档事儿，若冰也没了缠着牛凯的心情，牛凯分别送两人回家后便回到档案室。

市局每个部门都配了淋浴间和备勤室，牛凯回到单位没有急着去查档案，而是把自己要看的档案挑出来放在一旁，先去洗了个热水澡，又换了一身干净衣服，浑身轻松地靠在床头发呆。

假肢已经取下来，此刻正安静地躺在床边。

牛凯看着自己的这条"腿"，感觉既陌生又熟悉，不管喜不喜欢，自己后半辈子都要和它一块度过了。想到这儿，他伸手摸了摸假肢光滑的外表，不知怎的，脑海里浮现出晚上那双帮自己按摩膝盖的小手。

刘歆，这个名字真好听！

工作这么多年，牛凯第一次没有了加班工作的干劲儿，心里却美滋滋地想着那个留着齐耳短发、英姿飒爽的身影。

唉，可惜了。

这么好的女孩，注定和自己没有缘分。

牛凯看看自己残缺了一半的右腿，嘴角微微翘起，笑得苦涩又无奈。

他拿起手边的案卷，轻轻摩挲着发黄的封皮，沉默半晌，这才将封皮打开。

这是一本尘封了二十多年的卷宗，牛皮纸袋早已随着岁月变迁褪去原本的色泽，就连封皮的字迹都已经模糊不清。

牛凯抽出卷宗第一页，上面用工整的字迹写着：冯乐绑架案（未办结）。

"冯乐。"

牛凯默念着这个陌生的名字，心中默念道，就从你开始吧！

随着一页页的记录出现在眼前，牛凯渐渐沉浸其中……

清晨，窗外的喧闹声将牛凯吵醒。

他揉了揉惺忪的眼睛，感觉阳光十分刺眼，晃得他只得把头扭向一边。

"快点，陈老板来了，大家一起去啊！"

窗外传进来一阵吆喝，紧跟着身边许多条身影争先恐后地飞奔而出，好像都是为了这个陈老板。

牛凯努力地睁开眼睛，却只能微微眯成一条缝隙，隐约地看向外面。

这是什么地方？

四周靠墙放着的全是双层床铺，房间中间摆着一张宽大的木桌，上面胡乱堆放着各种杂物，地面是深灰色的水泥地，却一点也不平整。

牛凯从床上下来，活动了一下四肢，感觉有些奇怪，具体哪里不对却又想不起来。

"快点啊，陈扒皮回来了，赶紧去要钱啊！"

窗外不时传来他人的叫喊声，牛凯眯着眼睛找到房门走了出去，然后跟着人流向前跑。

不知跑了多久，他感到前后左右全是人，每个人都很气愤地大声嚷嚷着："发工资，发工资……"

所有人都一边大吼一边奋力往前挤，好像他们的工资就在前面似的。

没多久，前方响起一阵喧哗，紧跟着，有人高喊道：

"姓陈的说了，他现在没钱！还要再等一个月。"

"不行，发工资，我们要回家过年！"

人群瞬间被点燃，所有人都像疯了一样朝前冲去。牛凯被人裹挟着一同向前挤去，混乱中，他不知被谁推句旁边，就这样从队伍里掉了出来。

人群的旁边，还站着不少看热闹的工人。他们三三两两地聚拢在一块儿，看着群情激奋的人群，指指点点。

忽然，牛凯听见旁边有人说话："冯乐，姓陈的肯定是不会掏钱了。咱们要不要想想办法，把钱抢回来？"

"抢钱可是犯法的。不行吧？"冯乐犹豫道。

"那我们只抢我们自己的工资呢？这钱本来就是我们的呀，这还算抢吗？"

"可是，陈老板的钱都存在银行，我们总不能去抢银行吧？"

"没事儿，咱们把他抓起来，不怕他不给钱。"

"抓陈老板？你没见他身边跟着那么多人么，怎么抓啊。"冯乐连连摇头。

"那就抓他身边的人。"工友生气地骂道，"冯乐，你别忘了，当初咱们都是听了你的话才来这打工的，现在马上过年了，却一分钱都没发。我们拿什么回家？你说，你要不要负这个责任？"

"是我不对，我也不知道陈老板这么不讲信用。"冯乐很是委屈，"我向你们保证，春节前一定把钱要回来。"

"这可是你说的，要是过年前还拿不到工资，我们就去你家要账。"那个声音狠厉道。

"可是我家里也没钱啊。"冯乐的声音带着哀求，"要不我们再想想办法，一块去找陈老板。"

"没用的，他这种人就是一个黑心资本家，你还是赶紧想办法吧。"那人阴恻恻地笑，"我听说姓陈的还没结婚，不过他有个侄子，这两天跟着父母住在公司，剩下的就不用我说了吧。"

"你是说抓住他侄子，找他要钱？那不成绑架了嘛！"冯乐大惊失色，"不行，不行，怎么能干犯罪的事情？"

"我不是告诉你了，你是要回自己的钱。他欠钱不还，犯罪的是姓陈的，怎么会是你呢？"那人循循善诱道，"而且，你动动脑子，不一定就要把人抓走，可以骗他到什么地方玩一玩，然后把钱要到就把孩子送回去。万一姓陈的没人性就是不还钱，那你就把孩子送回去，又不是真让你去绑架撕票。"

"这样可以吗？"冯乐被说动了，语气有些犹豫，"那要是警察来了怎么办？"

"警察来了更好啊，你可以把情况告诉警察，人民警察为人民，他们也得讲道理是不是？欠债还钱，天经地义。我就不信警察不帮你。"

"好吧，我去试试。不过，你到时候要给我作证，我不是真要绑架孩子，我只是为了讨回自己的钱。"冯乐下定了决心，"陈老板一共还欠咱们两万八千三百块，零头就算了，只要能给咱们两万八就行。"

牛凯看着冯乐，他没有向人群集中的方向走，而是朝另一个方向走去。

很快，冯乐走到工地旁边的一栋二层小楼下面，这里也是给工作人员居住的宿舍，但条件比牛凯刚才所在的工人房强了不少，都是单间不说，还有公共厕所和洗浴间，只有管理人员和他们的家属才有资格入住。

冯乐应该没少来，对这里很是熟悉。他先在一楼的一户玻璃窗上敲了敲，随着哗啦啦一声响，窗户向一边推开，露出半个脸来。

"要买啥？"

"一个大大泡泡糖，两个棒棒糖。"冯乐从裤兜里掏出一卷纸币，全是一角、两角的零钱，然后从里面抽出两张一毛的递过去。

"三毛，还差一毛。"屋里的人不耐烦地道。

"棒棒糖不是五分钱一个吗？怎么涨价了？"冯乐惊讶道。

"前天涨的，买不买？"

"算了，那就来一个棒棒糖吧。"冯乐心疼地捏住卷好的钱，咬牙道。

买完糖果，冯乐就进了楼，他先是来到二楼最里面那间的门口，把耳朵贴在门上，小心翼翼地听了半天，然后才小声敲敲门。

过了一会儿，房门打开，一个十岁左右、略微显胖的男孩开门，奇怪地看着冯乐。

"你是陈小聪吗？"冯乐佯装镇定地问。

小男孩点点头："你是谁？"

"我是你叔的同事，他让我来接你过去玩儿。"冯乐有点紧张，眼睛也不敢看对方，听起来显得很没底气。

"切，我才不去他那儿玩，没意思。"小男孩说完就打算关门。

"哎，你等等。"冯乐急了，连忙把手里的泡泡糖拿出来，"跟我出去玩吧，我给你买泡泡糖。"

小男孩眼睛一亮，一把将冯乐手里的泡泡糖抓走，开心极了："好呀，你给我买泡泡糖，我就跟你走，不许骗人！"

冯乐使劲儿点头："不骗人，我肯定给你买。"

小男孩已经剥开泡泡糖的包装，塞进嘴里咯吱咯吱地嚼得正欢："走吧，我爸妈快回来了，别让他们看见。"

两个人就这样下了楼。

冯乐心中暗喜：总算成功了，只要自己能稳住他，在外面住个几天，不怕他父母不着急，到时候他们去找陈老板，肯定能顺利地拿回自己和工友们的工钱。

牛凯虽然听不到冯乐心里的想法，但从他脸上掩饰不住的笑意也能猜出他的想法。

不过，这个陈小聪似乎很是精明，冯乐真能按计划带走陈小聪吗？

果然，陈小聪跟着冯乐走到工地侧门，停住脚步，看着冯乐。

"怎么不走了？"冯乐奇怪道，"赶紧出去吧，外面有好玩的。"

陈小聪摇摇头："你带我出去，要给我买好吃的才行，不然我就不走了。"

冯乐看看附近，四周都是工地的工人，大家进进出出的谁也没在意他们。可陈小聪要是在这里大喊大叫起来，自己可就麻烦了。想了想，把口袋里的棒棒糖拿出来，递给陈小聪。

"这样总可以吧，快点跟我出去玩儿吧。"

陈小聪接过棒棒糖，歪着头想了想，这才和冯乐走出大门。

两个人沿着马路漫无目的地走了一会儿，陈小聪又站住不动了。

"你又怎么了？"冯乐有点生气，"不是刚给你糖吃了吗？"

"我饿了，你给我买个煎饼果子。"陈小聪理直气壮地说。

"这……我去哪儿给你找煎饼果子？"冯乐差点气笑了，没想到这个孩子这么难缠，自己儿子都没有给他买过煎饼果子。

"你要是不买，我就喊了，就说你是人贩子，拐卖儿童。"陈小聪一脸戏谑地看着冯乐，那样子一点也不像是开玩笑。

冯乐又气又急，被逼得没办法，只能再次掏出那卷零钱，忍痛给陈小聪买了煎饼果子。

二人这才继续出发。

走了没多远，陈小聪吃完了煎饼果子，又停在路边卖烤红薯的摊子前不动了。

冯乐脸色一变："你不是刚吃完煎饼果子吗？还要吃？"

"是啊，煎饼果子没吃饱。你再买两个烤红薯吧。"陈小聪理所应当道。

冯乐简直要气疯了，自己明明是要靠这孩子去要账的，怎么搞得自己成了被勒索的那个。

"不行。"冯乐板起脸怒道，"我身上已经没钱了，而且我带你出去玩儿，没说要给你买这么多吃的。"

陈小聪也板起脸："那你就是拐卖儿童的人贩子，我告诉警察，你就要去坐牢。"

"你……"冯乐大怒，但他又不是真的绑匪，哪里敢对陈小聪下手，只能忍气吞声道，"那我只能再给你买一次，买完以后就不买了。"

"行，那你买两个烤红薯给我。"陈小聪点头。

冯乐买完烤红薯，身上只剩下五角钱了。一想到自己平时不舍得吃喝，好不容易省下的这点钱全被陈小聪给祸祸了，气得真想掐死这小子。

陈小聪却一点没意识到自己正在危险的边缘疯狂试探，虽然没有再要吃的，可他却要冯乐带着他去逛了公园、游乐场，甚至还去庙会上转了一圈儿。直到天色暗下来，才意犹未尽地决定回家。

"我困了，想睡觉。"陈小聪习惯性地跟冯乐提出要求，"咱们晚上去哪儿住？"

冯乐转了一整天，心里乱成一锅粥，根本不知道接下来该怎么办，这时才想起来，自己连晚上睡哪儿都没想好。

"你想好了没有，咱们去哪儿睡觉啊。"陈小聪不依不饶。

"你等等，我找找，看哪里有合适的地方。"冯乐烦躁地挠挠头发，继续朝前走。

"不行，你得马上带我去休息。我很累，而且还很饿，我要吃酸辣粉！"陈小聪大喊道，"你快点，不然我就要喊人了。"

时间已近春节，正是昼短夜长的时节，路上几乎看不见行人，只有呼啸的北风冰寒袭人。

冯乐脸色铁青地瞪着陈小聪，可后者还浑然不觉，依旧大喊大叫地闹个不停。

20

人质失踪

"够了！"冯乐突然大吼一声，冲过去一巴掌扇在陈小聪脸上，像头发怒的雄狮，一把将陈小聪拎起来，朝城北走去。

陈小聪被这突如其来的爆发吓蒙了，甚至忘了哭喊，任凭冯乐扛着自己越走越远。

"王八蛋，老子连自己儿子都不舍得买，泡泡糖、棒棒糖、烤红薯、煎饼果子，你吃了多少就给我十倍百倍地还回来！"冯乐暴怒地吼道，"你叔叔要是不给钱，我就生撕了你，让你求生不得求死不能，小兔崽子，你他妈的跟你叔一个德行，就知道欺负老实人。王八蛋，老子一定要宰了你！"

陈小聪顿时被吓得哇哇大哭，但此时他们已经走到城市边上，周围根本没有人听见他的喊叫。

"哭什么哭，你鬼嚎什么？"冯乐再次一巴掌甩在陈小聪脑袋上。

人往往就是这样，平时咋咋呼呼的人也许并没有想象中那么有攻击性，总是闷不作声的人一旦爆发反而容易做出极端的事。

冯乐明显属于后者，现在陈小聪在他眼中不仅是讨要工钱的工具，还是花光自己身上仅有钱财的仇人。之前积压在心里的怨气，此刻彻底爆发，拳头雨点般落在陈小聪身上，直到他的拳头都打得麻木了，才停下来。

"唔，唔……"陈小聪声音微弱地躺在地上，完全站不起来。

冯乐像拖牲口一样拽着陈小聪的胳膊向城外走去。

牛凯看到这里，突然想起，冯乐他们去的方向正是苍阳山。

他想要跟上去，但不知为什么，来到市区边缘后便不能再向前走。好像有一堵无形的墙壁挡在面前似的，让他无论如何也迈不出那一步。

大概过了半小时，冯乐一个人走回到市区，他先是找了一处公用电话，用最后五角钱打过去："喂，我找陈有德。下班了？那就转到员工宿舍，找他哥哥陈有才。"

"陈有才吗？你儿子在我手里，你可以报警，也可以不报警。不过，我的要求很简单，让你弟弟陈有德把欠我的工资结给我。否则你儿子就回不去了。"冯乐恶狠狠地说，"我叫冯乐，行不更名坐不改姓，你问问你弟弟就知道了，他欠我们的钱一分钱都别想赖账。"

电话那头不知说了什么，原本怒气冲冲的冯乐竟然愣住，好半天才反应过来，不可置信地问："你弟弟还骗了你的钱？你们不是亲兄弟么，他连这种事都做得出来？"

"那怎么办？你弟弟又没结婚，我也不可能再换一个抓，我不管你们有什么恩怨，反正欠我的钱一分钱都不能少。"冯乐语气虽然凶狠，但声调已经没有开始时的坚定，"什么？你想合作？咱们一起要账，把你弟弟骗你的八万块钱要回来，你愿意配合我跟警察作证？"

冯乐被电话那头的陈有才说动了，主要是他觉得如果陈小聪的父亲愿意给自己作证，他们为了追债假装绑架陈小聪，这样他的罪责就会小很多。

想了一会儿，他确认这个计划确实对自己有利，点头同意。

冯乐放下电话，找了一个背风的角落靠墙坐下，他怎么都想不到事情竟然发展到这个地步。自己这个假绑匪竟然和被绑架孩子的父亲合作要钱，这大大超出了冯乐的认知范围。

不过，按照双方约定，他要把赎金提高到十万八千三百元，其中八万元是陈有才被骗走的积蓄，剩下的两万八千元是自己的工钱，对了，还有三百块钱算是给陈小聪买糖的费用。此外，陈有才会立刻报警，好让警方说服陈有德准备赎金。等收到赎金后，陈有才再为冯乐作证，证明他不是真的绑匪。这样，双方皆大欢喜。

这个计划听上去似乎很完美，冯乐找不到拒绝的理由。虽然存在陈有才将来反悔，不去给自己作证的可能性，但他本来也没有奢望陈小聪的家人会原谅自己，哪怕这个绑架是假的。

深冬的夜晚，温度极低，冯乐蜷缩着身子不住地哆嗦。身无分文的他已经没有地方可以去，只能等到明天收钱后再好好休息。

时间一分一秒地流逝，一晚上终于过去，冯乐几乎被冻僵，浑身上下挂满了冰碴子，但他靠着长年在工地干活锻炼出的体魄，硬是生生熬到了天亮。

六点钟的时候，他换了另一个公用电话打给陈有才。果然，按照陈有才要求的那样，冯乐为了钱绑架陈有德的侄子，索要赎金十万八千三百元。

虽然不知道冯乐为什么赎金要得有零有整，但警方还是第一时间找到陈有德，并要求他先稳住冯乐。

陈有德本不想来，但看着全副武装的警察，心里还是有些发颤，只好硬着头皮赶到现场。

"喂？我是陈有德。"

"我是冯乐，你们工地的木工活都是我带人做的，你欠了我们一年的工钱，到现在一分钱都没发过，十万八千三百块，少一分钱都不行。"

"你有病吧？工人的工资我不是说了要下个月才能结吗？敢情你拿不到工资就去绑架我侄子。我跟你说，你想都别想，老子一分钱都不会给你！"陈有德一听绑匪原来是自己手下的工人，顿时火冒三丈，"你是哪个队伍的，我马上让项目经理开掉你，明天你不用过来上班了！赶紧滚蛋。"

一旁的警察都听傻了，怎么被害人这么牛叉，连绑匪都敢骂，这到底是怎么回事儿？

事情并不复杂，警方很快查明情况，原来是黑心老板拖欠工资，工人走投无路绑架要债。因为冯乐毕竟绑架了儿童，公安机关仍然高度重视，但武力准备的级别明显降低，因为人质受伤害的可能性已经大大降低。

很快，警察们开始对陈有德进行施压，同时继续和冯乐保持沟通，舒缓他的情绪，同时探听陈小聪的位置。

"放心，昨天晚上……以后，我把他藏在一个很安全的地方，而且也很暖和。"冯乐保证道，"只要陈有德还钱给我，我马上放人。"

在警方的强大压力下，陈有德总算是不情不愿地点头同意了，但他只能拿出五万块钱，其他的钱早就被他挥霍一空。

为了保证陈小聪的安全，警方还是决定让陈有德凑够十万八千三百元，把钱交给冯乐。等冯乐拿到钱的瞬间，特警们就会扑上去把人抓住，再让他交出人质。

陈有德七拼八凑，很快准备好赎金，双方约定在江北区的北边城乡接合部见面，一手交钱一手交人。

谁知，到了交易的时候冯乐竟然没有出现。

这下，无论警察还是陈有才，所有人都慌了神儿，不知道冯乐是发生了意外还是故意的。

只有牛凯知道，冯乐真不是故意的，而是发生了谁也想不到的事情：陈小聪不见了。

原本，冯乐把陈小聪带进苍阳山，是想去他之前发现的一个位置隐蔽的山洞，让陈小聪待上一晚。可他在路上发现了山里一栋废弃的房子，于是便把陈小聪绑在房子的柱子上，告诉他过两天就放他走。

哪知道，这还没到两天呢，冯乐再上山找陈小聪时，人竟然不见了。

冯乐知道自己闯了大祸，他把房子里里外外找了好几遍，也没找到陈小聪的影子。自己明明用绳子把他捆在柱子上的，还堵住了嘴，光靠陈小聪的力气根本不可能解开，他是怎么消失不见的呢？

这些牛凯自然看不见，他只能停留在市区范围，但冯乐失魂落魄地回到市区后，牛凯从他自言自语的话里推断出陈小聪的失踪过程。

没过多久，警方就发现了冯乐，他正蹲在路边自言自语，像个疯子。

警察立刻逮捕了冯乐，但陈小聪却像人间蒸发一样彻底消失。

事情发展到这个地步，陈有才更不可能去给冯乐作证，更不可能主动告诉警方，他和冯乐曾经合谋向陈有德索要赎金，而警方自然也不会相信冯乐的自我辩解。

最终，冯乐被判处无期徒刑，后来减刑为二十年。算算时间，今年年底正是冯乐刑满释放的时间。

"呼……"

牛凯再次从床上醒来，大口地喘着粗气，脑袋疼得像是有人拿着电钻正在里面打孔。

哗啦啦。

手里的卷宗从床上掉到地板上，散落一地。

牛凯的假肢仍然静静地躺在床边，似乎一切都没有变过。

刚才"看到"的一幕幕景象再次飞快地从眼前掠过，牛凯努力回忆，发现自己竟记得每个细节，就像自己亲身经历过一样。他很肯定的是，这绝对不是幻觉，他甚至还能想起冯乐给陈小聪买煎饼果子时的心疼和食物的香味。

过了一阵，牛凯总算慢慢恢复正常，他看看时间，已经早晨五点半了。他清楚记得自己昨晚上床时才刚十二点，没想到一晚上已经过去。

牛凯看了看已经被汗水浸湿的衣服，摇了摇头，看来还得再去洗个澡了……

21

新的线索

冯乐，广府市第一监狱六监区在押人员，因绑架罪被判处无期徒刑，后减刑至二十年，今年12月31日即将刑满释放。

监狱会客室里，牛凯坐在桌子前，安静地看着手里关于冯乐的服刑档案。

良久之后，他轻轻地合上档案，交还给旁边的狱警，笑了笑道："可以了，麻烦把冯乐请过来吧。"

狱警点点头，走出会客室。

时间不长，一个面容憔悴的中年男人在两名狱警的陪伴下走了进来，正是冯乐。

"坐。"牛凯指了指对面的椅子。

冯乐坐下后，面无表情地看着牛凯，好像对他的到来没什么反应。

"陈小聪这个孩子，把你戏弄得不轻啊。"

随着牛凯一句类似感叹的话语，冯乐麻木的脸上终于起了变化，眼睛也倏地睁大、瞪圆，不可思议地看着牛凯。

"你……你……怎么知道……"

牛凯微微一笑："别激动，你当初的笔录里写得很清楚，带走陈小聪后，他先是吃完你准备的糖果，然后又要挟你给他买各种食物，还陪他在公园、小吃街等地方玩了一天。"

冯乐的表情恢复平静，点点头："现在说这些还有意义吗？"

"有没有意义要看对谁而言。"牛凯说，"对我没有意义，但是对你不能没有意义。"

"你想怎么样？"冯乐警惕地看着牛凯，"我还有一个多月就可以出狱了，有没有意义都和我没有关系了。我已经付出二十年的代价，这个代价还不够吗？"

"我很同情你的遭遇，如果不是陈小聪莫名其妙失踪，你的罪行完全不会这么严重。"牛凯叹息一声，"但是，人这一生是没有后悔药可吃的。人在关键的时刻，一次选择就决定了后半生的命运。不管你觉得自己多么冤枉，但一个孩子就因为你的无知，从此离开父母，甚至失去生命，这对他来说就不冤枉吗？"

"是的，我这些年也想明白了，这是我自作自受。所以，我认了，你也不要再来烦我。"冯乐咬牙说。

"我来找你不是为了你，准确地说，和你也没有太大关系。"牛凯换了个舒服点的姿势，从口袋里掏出磨牙棒塞进嘴里，嚼了几下，发现冯乐正盯着自己的假肢看，于是笑了笑，"你看，每个人都有付出代价的时候，关键是自己多年后回首往事时，会不会为当初的选择后悔。"

"我没有后悔，不知道你有没有呢？"

说罢，牛凯盯着冯乐的眼睛，目光像是要穿透对方的身体似的。

少顷，冯乐无奈地低下头："我后悔，当然后悔。但我有什么办法？所有人都在逼我，家人等着我寄钱回去，工友领不到工资全赖在我头上，老板天天压榨我们的血汗，所有人都只想着从我们身上榨取价值，有谁真正关心过我们？"

"你看起来没有选择，但是，当你的工友提议去绑架陈小聪时，你为什么开始拒绝，后面又自欺欺人地接受呢？这难道真的不是你自己的选择吗？"

"你怎么什么都知道？你到底是谁？这些事我没有告诉过其他人！"冯乐像见鬼似的看向牛凯，眼睛里露出无比的恐惧。

"回答我的问题，你在陈小聪失踪后第一时间到达现场，并且仔细地找过许多遍。当时，你发现了什么？"

"我……"冯乐一时语塞，沉默了半晌才说，"我带走陈小聪那天晚上，狠狠揍了他一顿，然后想把他藏在苍阳山上的山洞里面，我之前去玩的时候偶然间发现过一个山洞。不过，在我上山的时候，遇到一个下山的人。当时，我吓坏了，生怕被人发现我绑架了陈小聪。可那个人反而比我还要紧张，直接从山路上跳进了山沟。"

"后来呢？"牛凯知道，冯乐现在说的事情并没有记录在案，"那个人长什么样子？"

"天太黑了，我看不清他的样子，只记得他走路有点内八字，好像还挎了一个布包。"冯乐摇摇头。

"继续说。"

"后来，我害怕得不行，就带着陈小聪赶紧离开。不过，我走错了路，再加上天又很黑，就沿着山路一直走，后来发现了那栋废弃的房子。"冯乐回忆道，"那个房子废弃很久，不过进门处刚好有人烧过东西，里面的火苗还没熄灭。我又冷又饿，看见火苗自然就不想走了，所以我把陈小聪绑在柱子上，又从旁边拣了些树枝生火，这才暖和很多。"

"烧东西？大晚上的，谁会跑到一个破房子前面烧东西？"牛凯奇怪道。

"嗯，准确地说，是烧纸。"冯乐说，"给死人烧纸，而且烧了很多，很多纸钱都摞在一块，外面看起来已经熄灭，但是我一翻动火苗就重新烧起来了。"

牛凯点点头："这件事你为什么没有交代？"

"这件事说不说又有什么区别？"冯乐笑了笑，"找到那个目击者吗？这样除了证明我确实绑架殴打过陈小聪，还能有什么帮助？"

牛凯点点头："是的。你说的不错，但是你想过没有，也许陈小聪就是那个人带走的呢？"

"什么？"冯乐大惊失色，"这怎么可能？他当时看见我好像触电一样，吓得马上就跳下山沟，怎么可能再回来？"

"我也只是推测。按照你的说法，陈小聪被绑在柱子上，根本没有能力自己解开绳子，想要离开一定是有人带走了他。"牛凯分析道，"而那个看见你就躲避的家伙，十有八九去而复返。你觉得呢？"

冯乐彻底呆住，是啊，如果自己当时如实说出这件事，警察是不是就能找到失踪的陈小聪？自己也就不用坐牢这么多年了。

"所以说，人的一生无论好坏，全是个人选择的结果。"牛凯叹息道，"你选择了一条错误的路，本来还有回头的机会，但你没有抓住这唯一的机会。"

冯乐抱着脑袋，将头深埋进两腿之间，发出阵阵呜咽。

牛凯问清楚那个神秘人跳下山沟的具体位置，慢慢起身道："还有一个月，你就要出狱了，希望你后半生不要再让自己后悔。关于那个人的模样，请你再仔细回忆清楚，然后向组织报告吧。"

从监狱回来，牛凯对案件的了解更清晰了一些，之前许多疑惑也得到了答案。比如：为什么陈有才会说"他没想伤害孩子"，以及如果找不到陈小聪，他们夫妻这一生都会"良心不安"。

因为，冯乐"绑架"陈小聪一案里，陈有才也是参与者。

他相信，随着冯乐的反映材料上报单位，梁文他们一定会将那个跳山逃跑的神秘人列为刘家祖宅埋尸案的首要嫌疑人，也会把他作为寻找陈小聪下落的突破口。

可惜自己不能参与案件侦破，也不知道梁文他们调查得怎样了。

回到档案室，老朱正和一群老同志站在楼梯口打太极拳。

牛凯心情不错，索性站在队伍最后，跟着这群老同志一起练起来。

"白鹤亮翅……金鸡独立……"

伴随着悠扬的民乐和富有磁性的男声，一群人打得有模有样，只是有些人看起来精神百倍，有些人却看着昏昏欲睡。

牛凯自然属于后者，自从他第二次沉浸在另类的档案世界之后，他就觉得自己身上似乎多了点奇妙的韵味，好像看待任何事情都少了之前的急切，多了几分淡然。

当然，这种"淡然"也可能是因为睡眠不足导致的精力匮乏。不过，牛凯还是自我安慰，觉得这是自己"近距离"观察过档案里面的世界，从而获得了某种精神上的升华。简单讲，就是自己的范儿更足了。

不过，他这个"能力"究竟是好还是坏呢？有时候，牛凯甚至忍不住怀疑自己是不是得了绝症，比如脑袋里长了个肿瘤之类的，否则怎么会产生如此逼真的"幻觉"？

就在他胡思乱想的时候，老朱轻轻拍拍他的肩膀。

牛凯睁开眼，发现大家已经收工结束了，只剩下自己还保持着刚才的姿势，仿佛老僧入定。

"你小子，学打太极还能睡着喽，真是够可以的。"

"刚学，水平有限。"牛凯嘿嘿一笑，"老朱，我问你件事，可能听起来有些不可思议，不过我是很认真的。"

老朱翻了个白眼："今天你怎么回事儿？又是跟我们练功，又是说些没头没脑的玩意儿。有话就说，有屁快放。"

"那个，我是想问问，你以前整理档案的时候，有没有发生过什么奇怪的事情？"牛凯字斟句酌地说，"比如说，正看着档案，却突然产生了幻觉，或者好像坠入了一个梦，类似这样的经历。"

"你神经了吧？"老朱后退两步，像看傻子似的看了看他，"我是得过脑梗和心梗，但是老子还没痴呆呢。你是不是想说我老糊涂了，分不清现实和幻想。"

"不是，不是，老朱你误会了。"牛凯连忙解释，"我是说这个现象，你有没有碰见过。不是笑话你得过脑血栓。"

"放屁，老子是脑梗，不是脑血栓。"老朱义正词严道，"我们病友之间可是有鄙视链的，脑梗是工作辛苦，常年熬夜导致的工伤。脑血栓是脑子里的血管被废物堵住了，属于脑残的范畴。你把我和脑血栓搅合在一起，明显是看不起我啊！"

"这……我哪儿知道这里面的道道儿，我就是问你一个现象，你遇到过没有。"牛凯郁闷道，"谁跟你说脑梗了，你觉得得脑梗更光荣，就多梗几次，那不更显得你为民奉献了嘛！"

"哼，我看你就属于脑血栓的症状，至少二十年以上的脑血栓。"老朱嗤笑道，"还看档案看出幻觉来了，你咋不说看出个黄金屋、看出个颜如玉呢？"

牛凯摇摇头，还是放弃跟老朱交流的想法，完全是对牛弹琴。

"对了，说点正事。"牛凯正色道，"今天有空吗？中午一起去个地方。"

老朱奇怪地瞟了牛凯一眼，心里暗自嘀咕，这小子今天到底怎么了？怎么想起一出是一出。于是谨慎道："啥事儿？先说好，太辣、太油的不能吃。"

"没说吃饭，我是想去趟苍阳山，我有条新的线索。"牛凯看看左右，神神秘秘地道，"我可能发现埋尸案的嫌疑人了。"

老朱眉头一皱，脸上尽是怀疑之色："埋尸案嫌疑人？那至少得二十年前作案吧，你真能找到线索？怎么感觉不太靠谱呢，别是你昨晚做梦梦见的吧？"

牛凯心说，还真被你说中了，我还真是"做梦"发现的。但这话他绝不会对老朱说，他怕后者听完就把自己扭送到精神病院去了。

于是，牛凯把去监狱会见冯乐的经过讲了一遍，只是略去自己让他开口的那些信息。

"这样啊，听你这么一说，确实嫌疑很大。"老朱思索了片刻，看了看手表道，"既然要去就得趁早，等到中午黄花菜都凉了。"

牛凯暗喜，没想到老朱竟然这么痛快就答应了．自己叫他主要是为了蹭他的私家车。最近单位公车改革，除了办案部门保留少量公车外，其他车辆统一上缴财政拍卖。搞得牛凯想要去趟江北，还得打车或者蹭同事的车。

两人驾车来到山脚下，像往常一样把车停到苍山村村委门前的空地上。

之前他们过来都是开警车、穿制服，这次是私家车也没穿警服，所以两人下车后并没有引起村民们的注意。

老朱有烟瘾，一摸口袋发现没烟了，便向旁边的小卖部走去。牛凯则在路边的花坛上坐下休息。

花坛旁边围着一圈老年人，正在打麻将。哗啦哗啦的麻将声传出很远，夹杂着人们的交谈、手机里的音乐，给人一种岁月静好的感觉。

当地老人们一边打牌一边聊天，牛凯虽然不是本地人，却听得懂当地话。

一个正在摸牌的秃顶老人慢悠悠道："最近每天都有公安局的人来，调查老刘家的杀人案。去过你们家了没？"

"当然来过了，都来了两趟呢。"另一个戴眼镜的上年纪大爷说，"七大姑八大姨的事儿都问得清清楚楚，就差把家底给他们看了。"

"人家是调查老刘家的事儿，跟你七大姑八大姨有什么关系？"

"可不是吗，但警察们说了，他们得调查最近三十年有没有谁家里的人失踪过，凡是自己家里的亲戚、朋友，都要挨个回忆一遍。"眼镜大爷说，"我想了好几天，所有亲戚朋友都想了个遍，也没想起来谁失踪了。"

"可不是么，我把家里亲戚都问了个遍，他们也都说自己没有失踪。"另一个老头很是赞同。

"这是在调查那两个死者的身份呢。"秃头的大爷无语地看了看刚才那个老头，"咱们村一共就这几十户，别说三十年了，解放以后就没有人失踪过吧？"

"是啊，除了老刘一家搬走了，谁家不是一辈子住在这儿。要我说，老刘家的嫌疑最大，当年说是要出去做生意，可哪有一家老小全都走的？就连最后帮他家看门的那个谁，后来也没影了。"

"没错，当初他们家搬走的时候我就觉得不对劲，搞不好是他们自己家里出了事儿，所以才搬走。"

众人七嘴八舌地议论。说者无心，听者有意，牛凯坐在花坛上默默思索，要说失踪人口，本地村里人才是最清楚的，除非受害者是外地人，否则他们没理由不知道。

按照这个逻辑，嫌疑最大的反而是老刘家自己人。可惜，尸骸上的DNA没有提取成功，无法和刘小毛进行比对，否则结果一目了然。

现在只能考虑从刘家入手，查一查有什么线索。

这时，老朱抽完烟回来，冲牛凯招招手："走吧，我过完烟瘾了。"

"行，等一会儿，还有人。"牛凯说。

"还有人？谁啊。"老朱不明所以。

正说着，村委会里面走出来一个五十多岁的本地人，正是牛凯第一次查看现场时见过的村委会沈主任。

"牛警官，不好意思，让您久等了。"沈主任客气地给老朱和牛凯递烟，前者喜滋滋地接过，夹在耳朵上，后者则摆摆手客气地拒绝了。

"沈主任，这次真是麻烦你了。"牛凯笑了笑，指着进山的路感慨道，"这些山路拐来拐去，没有熟悉的人带领，我们可找不到。"

"是啊，最近几年村里变化很大，新铺了水泥路以后，很多以前常走的路慢慢都荒废了。不是我吹牛，如果没有我们村里人跟着，确实很难找到。"

"那就走吧。"牛凯看着眼前这座连绵起伏的苍阳山，深吸一口气，"能不能找到当年的嫌疑人，就全看你的了！"

22

打草惊蛇

三人一起朝山上走去，牛凯仍是走得很慢，一方面是因为腿疼，另一方面是要慢慢辨认冯乐说的遇到神秘人的地点。

果然如牛凯所料，距离陈小聪被绑架已经过了二十年，许多地方都已经物事两非，山里的路更是无法辨认。即使有沈主任这个当地人带路，他们还是走错了好几次，因为有些山路已经荒废多年，全部被杂草和树丛覆盖，普通人想要过去都困难重重，更何况牛凯有伤在身。

"嘶……"

牛凯右脚踩在一块松动的石头上，因为他的假肢没有触觉，没办法像正常人那样通过脚底感觉地面的坚实程度，瞬间失去重心，身体向右栽倒。

"小心！"

老朱跟在牛凯身后，一直留意他的状态，第一时间伸手抓向牛凯的胳膊。

牛凯在摔倒的同时，反应同样很快，两手抓住路边树丛的枝叶，险之又险地站直身体。

"好险。"牛凯拍了拍胸口，山路右边虽然不是悬崖峭壁，但也是个斜坡，要是滚下去的话，虽然没有生命危险但也很容易受伤。

他们都没注意到，在身后茂密的树林里，一双眼睛正幽幽地盯着他们。

沈主任拿着一根棍子在前面探路，听见动静看向他们道："牛警官，你的腿不方便，要不在山下等我们吧。"

牛凯摇摇头："不行，那个地方我也没去过，光靠你们很难找得到。"

"好吧。那你最好找根粗一点的树枝当拐杖，这样安全一点。"沈主任建议。

牛凯觉得很有道理，便和老朱一人捡了一根树杈，清除掉多余的枝叶，用着倒也趁手。

"咱们走的路对吗？我怎么感觉离山脚很远了。"老朱一边走一边嘀咕。

"没错，我们以前都是从这条路上山，那会儿还没有修进山的公路，要从国道那边走进来，这条路正好通往国道。所以，村里人都走这里进山。

"老刘家的房子走这条路也能到吗？"牛凯关心道，"我听说山里面有个山洞，可以钻人的。"

"厉害啊，这个山洞很少人知道，就连本村的年轻人都不清楚。"沈主任对牛凯刮目相看，"我也是年轻的时候和朋友好奇，才去那里面探险。"

"不过啊，那个洞并不算深，走个几十米就到头了。里面空荡荡的什么也没有，慢慢地就没人去了。"沈主任解释道，"从这里过去大概要走两个小时，以前的村民也住在前面，顺着这条路走半小时就差不多了。"

"以前这条路也像现在这么窄吗？"牛凯看了看眼前的山路，最窄处大概只能并排走两个人的样子，不知道以前村民是怎么进出的。

"呵，以前可不是这么窄，那会儿还能开拖拉机上山呢。"沈主任说，"现在是因为树太多了，枝叶蔓延把路盖住了，还有就是下雨山洪把泥土冲下来，渐渐地路就越来越窄了。"

老朱郁闷地说："那就更麻烦了，连山洪都有，还能留下什么线索呀？"

牛凯咬着磨牙棒道："就算希望再渺茫也得过去看看，这是唯一的希望了。"

"嗯，牛队长说得没错。"老朱点头，"谁让咱们干这行呢，比工地搬砖还辛苦。"

三个人一边走一边观察，想要找到冯乐说的遇到对方时的位置。按照冯乐回忆，当时有一个比较大的转弯，但是弯度并不大，所以那个人一开始并没有发现冯乐和陈小聪，等看到他们时，双方相距已经只有二三十米。

按照这个特征，他们一路找过去，都走到老刘家祖宅的房子门口了还没有找到。

"奇怪，咱们一路走过来，并没有看到大的转弯啊。"老朱看着眼前的破房子，郁闷不已。

"也许以前有，后来地形和植被改变，所以样子变了，咱们发现不了？"沈主任也想不明白，"以前我记得有好几处拐弯，大概位置都记得八九不离十，但具体是哪个就不好说了。"

"咱们再找一遍。"牛凯沉声道，"不找到那个地方，就不回家。"

沈主任和老朱对望一眼，无奈点头。

于是，三人再次原路返回，但仍然一无所获。沈主任指出了几个拐弯的位置，但他们经过还原发现都不是要找的地方。

"怎么办？看样子要么是冯乐记错了，要么是咱们走错了路。"老朱坐在一棵树下，嘴里叼着烟，想了想又收回口袋，"山里禁止烟火，老子一下午没抽烟了。"

"牛警官，你看这……"沈主任也是快六十岁的人了，折腾了一天，早就累得直不起腰，有些为难地看着牛凯。

"沈主任，除了这条路，还有没有其他路？"牛凯仿佛没看到沈主任的表情，一边用力地咬着磨牙棒一边思索。

"其他路也是有的，只是不太好走，所以村民们都不经常走，只有放羊的时候才会去那些小路。"沈主任想了想说。

"我们应该是选错了路。"牛凯得出结论，"咱们都忘了，冯乐带着绑架的孩子，那个人又鬼鬼祟祟的，他们怎么会选择一条人多的路呢？"

"是啊！刚才怎么没想到。"老朱一拍大腿，"真是白费了半天功夫。"

"嗯。看来是这样了。"牛凯看向沈主任，"不好意思，今天辛苦沈主任了。你要是累的话，要不换一个熟悉情况的同志，我想趁着天还没黑，过去看一下。"

"唉！我是没想到你们警察干起活来这么不要命。算了，我舍命陪君子，再跟你们走一趟吧。"沈主任叹了口气，"谁叫咱是村干部呢。"

就这样，沈主任带着他们绕到山脚另一侧，找到一片杂草覆盖的位置。

"就是这条路。"沈主任指着面前完全看不出路面的草丛道，"这里离国道有点距离，还得绕一大段路，所以村民平时不怎么走。我想了想，如果他从市区走过来，不一定会穿过国道，从城郊过来这里反而更方便一点，而且很少人走，几乎不会被发现。"

牛凯看着杂草丛，知道仅凭他们三个人的体力，无论如何也开辟不出道路，想要找到线索，必须由单位派人进行大范围搜寻才行。

"今天够呛了，只能等局里派人搜山才行。"老朱说。

"我通知梁文，让他带人组织搜山吧。"牛凯有点郁闷，一旦梁文接手，后续的线索和进展就和他没关系了。他虽然没有争功的意思，但这种不让接触案情、隔靴搔痒的感觉实在太不好受了。

"天色不早了，要不先去村委会坐一会儿，休息一下。我让家里准备点晚饭，都是乡下的粗茶淡饭，你们别嫌弃。"

牛凯和老朱客气了一下，觉得拒绝不太好，还不如买些礼物送给沈主任，这样既增进感情又表达谢意。

老朱憋了一下午，一到村委会就钻进小卖部，买了两条烟给沈主任拿过去，自己又美美地点上一根，坐在村委会门口吞云吐雾，好不惬意。

牛凯只能嚼着磨牙棒，一边打电话通知梁文，一边琢磨接下来的行动。

他们料想不到，就在三人回到村委会的同时。一个穿着黑色连体衣、背着登山包、戴着口罩墨镜、手里还提着一根铁铲的身影，悄然出现在三人之前找到的僻静山路前。

哗哗、咔咔……

黑衣人看了看一人多高的杂草，没有犹豫，挥舞起铁铲一路清理着杂草向山上走去。

梁文来到村委会的时候，牛凯他们已经吃得七七八八了。

一个砂锅煲土鸡、一盘韭菜炒鸡蛋、一份土豆烧排骨、一盘拍黄瓜和油炸花生米，三个人累了一天，吃起来格外香甜。可惜老朱和牛凯不能喝酒，只有沈主任一个人端着酒杯，滋溜一口小酒，啪嗒一口肉，美得不要不要的。

"来，干一个！"老朱端起一杯苹果醋，和沈主任碰了一下，"老沈，今天真是多亏你了，否则给我们一个月也找不到那条山路。"

"这算啥，小事、小事，能帮政府破案那是我的荣幸。"沈主任脸颊微红，笑道，"就是这条路不好走，明天得多派点人来才行。"

"那是，明天别的不干也得把这条路搜寻一遍。"老朱咂吧咂吧嘴，感慨道，"二十多年的老案子，能查到现在这个地步已经很不容易了。如果能查出来死者身份就更好了。"

牛凯放下筷子问："对了，沈主任，当年老刘家搬走以后，听说还留下一个人最后离开，这个人是谁？"

"哎呀，这个还真不知道该怎么说。"沈主任斟酌了一下道，"老刘一家搬走的时候，确实留下一个人帮他们收尾锁门，不过这个人不是我们村的。听说是老刘家远房的亲戚，也姓刘。大概在刘家搬走后又多呆了一两天吧，然后就锁门离开了。"

他是真的离开了吗？

不知为什么，牛凯脑子里冒出一个念头，于是赶紧问："这个人叫什么名字？他走的时候有人看见吗？"

"这谁能注意啊，反正刘家的屋子没人了，大家就认为他走了呗。"沈主任摇摇头，"至于叫什么名字，还真不知道，本来就不是村里人，就是过来看房子的，跟村里人都没说过话。谁也不认识。"

"牛队长，你怀疑这个看门的人要么是受害者，要么是凶手？"老朱思索了一下道。

"有这个可能。我们得问一下刘小毛，或者让刘小毛问他家的长辈。"牛凯咬着磨牙棒道。

"不用问了，我们已经问到了。"

正说着，门口响起声音，梁文搓着手走了进来。

"哟呵，吃得不错嘛！怎么没给我留点？"梁文一进屋就不自觉地咽了口唾沫，"真香啊！"

"少废话，食堂打包的盒饭还不够你吃啊。"牛凯嘲讽了一句，梁文顿时垮下脸来。

"凯哥，我说你能不能别翻旧账，那次是意外！"说着，梁文拿了双筷子，一点也不见外地夹了个鸡屁股放进嘴里，露出一脸陶醉的表情。

"少贫嘴了，你赶紧吃两口，然后沈主任带我们去看一下山路入口。"牛凯瞪他一眼，"你评估一下，晚上安排人手，明天一早就上山。"

"唔、唔……"梁文嘴里塞满了鸡肉，连忙点头。

等他吃完饭，四个人再次从村委会出发，去看山路的情况。

23

趁夜上山

哪知道再次来到山脚，眼前的景象和之前已经不一样了。

"这怎么回事？"老朱指着眼前杂草丛中一条开辟出的"路径"叫道。

牛凯狠狠地咬了几口磨牙棒："肯定有人在咱们吃饭的时候从这里上山了。"

"这条路多少年没人走过了，怎么会有人从这里上山呢？"沈主任百思不得其解。

"不用问，肯定是有人不想让咱们发现什么，所以趁着咱们离开，抢先一步上去了。"牛凯脸色铁青，"一个小时，足够他毁灭证据了。"

"嘿！"老朱一拍大腿，恨恨道，"早知道就不离开了，就差这一会儿啊！"

"阿梁，看来不能等到明天，现在就得进山，也许那个人还在山上，或者还没来得及毁灭证据。山里杂草丛生，想要找到当年遗留的东西不是那么容易。"牛凯眼神坚定地说，"马上通知单位，派人封锁这一带，咱们先进山。只要那个人还在山里，就不能让他跑了。"

"沈主任，麻烦您回村里找几个手电筒，我们先进去，等后面增援的同志到了，再辛苦你带他们过来。"牛凯说完，就和老朱、梁文一起沿着那个人开辟出的小路追踪而去。

此时太阳已经落山，只有朦胧的月色勉强映出山林的轮廓，但月光又被茂密的树叶遮挡，只能靠手机自带的电筒照明。

"凯哥，这条路太难走了，到处都是碎石头，要不你先在山下等我们吧。"梁文深一脚浅一脚走在最前面，速度越来越慢，"这里还有好多坑，两边全被杂草挡住，万一摔下去太危险了。"

老朱也是气喘吁吁地跟着道："没错，得想个办法，不然追不到嫌疑人不说，还把咱们搭进去了。"

"行，你们先走，我在后面慢慢跟着，放心，我不会有事。"牛凯知道梁文说的有道理，当机立断道，"一定要注意安全，手机保持通话状态，遇到情况马上告诉我。"

说罢，牛凯用手机打通梁文电话并且按下免提，这样他可以随时掌握前方动态。

三个人兵分两路，梁文和老朱加快速度，先往前追去，牛凯则一个人小心翼翼地稳步前进。

慢慢地，两人的身影消失在前方的夜色当中。牛凯捡了根树枝当作拐杖，一边走一边想事情。

他心里很是不解：自己明明上午才去监狱见冯乐，下午就和老朱进山，那人是怎么知道的？而且时间点把握得如此精准，简直就像是跟着自己一样。难道自己的行动都被人跟踪监视了？

这样的话，这个人的目的又是什么？

如果只是为了销毁证据，那他为什么不提前去销毁证据呢？非要等到自己查到这里才下手，而且还要留下痕迹。这明显不合常理。

不过，他来不及细想，只能尽量加快速度，不和梁文他们拉开太远。

正走着，手机里传来一声惊呼，伴随着嘈杂的声音，电话断线了。

"梁文……老朱！"牛凯吼了几声，却没人回应。

糟糕！

牛凯马上加快速度，一手拿着手机，一手拄着树枝，一瘸一拐地往前赶去。走了十几分钟，总算看见前方的亮光。

可等他到了近前才发现，发光的是梁文的手机，此刻正静静地躺在地上，人却消失不见。

"梁文！老朱！"

牛凯扯着嗓子喊了半天，也听不到人回应。

难道摔下山了？

牛凯仔细看了看地上，发现之前那人开出的小路到了这里便停止了，前方又是一片没有人迹的杂草丛。左右两边则被树枝交错覆盖，靠手机的光亮根本看不清下面有什么。

"老铁，我和阿梁、老朱在苍阳山上，他们两个失踪了，我现在跟着去找他们。位置就在上山的老路上，村委会沈主任知道怎么走。你们尽快过来，我猜应该有人受伤了。"

"凯哥，你别轻举妄动，我们马上就到。等我们一下！"铁法医焦急地说，"分局和派出所的同志跟我在一块，还有十分钟。"

"好，我会小心的。"

牛凯打完电话，把手机挂在脖子上，腾出一只手在地上摸索，同时用树枝做的拐杖奋力拨开一侧的树枝杂草，露出烂叶覆盖的地面。

不是这里。

他看见地上的烂树叶没有任何人走过的痕迹，于是看向另外一侧。当他拨开树枝时，发现这下面竟然是一条深沟。

牛凯用手机照了照，根本看不见底，除了一群飞虫在手机的亮光下飞舞，更远处只是一团漆黑。

梁文和老朱应该就是走到这儿，发现踪迹中断，四处寻找时不小心掉进了这个深沟。

这下，牛凯也不淡定了，这么深的沟壑，如果毫无保护地摔下去，后果不堪设想。

想到这儿，他又拨打老朱的电话，刚才梁文的手机掉在地上，但老朱的手机却还在他本人身上。

嘟——嘟——

手机里响起了无法接通的忙音，应该是下面没有信号。

牛凯不敢贸然下去，只能再打电话给法医铁有水，让他们准备救援工具。同时，自己先清理这块地方，方便救援人员干活。

原本他不想擅动这块地方，也许那人会留下脚印之类的痕迹，但现在救人要紧，牛凯顾不得许多，拼命将地上的杂草拔开，清出一片七八平方米的空地来。

不知过了多久，山下亮起点点灯光，救援人员终于赶到了。

铁法医他们带着绳索、铁锹、照明灯等工具来到深沟旁，当地护林员马上绑好安全绳、带好装备，首先进入沟里。

随着照明灯的缓缓下降，大家的心都跟着悬了起来，这里竟然是一个道路的拐角处，拐角下面的山势突然变得陡峭，看起来就像一条深沟似的。

首先下去的护林员用了十几分钟，终于下到沟底，通过对讲机告诉众人，梁文和老朱都在下面，但是人已经受伤昏迷了。

原来，这个深沟的一边非常陡峭而且全是岩石，另一边则相对平缓并且是泥土和杂草。梁文和老朱运气不错，跌落时恰好是从平缓的这边掉下去的，即便如此，落差几十米的陡坡也将两人摔得七荤八素。

很快，更多救援人员赶到，他们根据地形很快制订好救援方案：先用担架将两人固定，再用人力抬出来，然后送去市区的医院救治。

"别太担心，救援队传来消息，他们的生命体征还算稳定。"铁有水来到牛凯身旁，轻声安慰道，"真是命大，差一点就撞上岩石了，那样的话神仙都救不回来了。"

"都怪我，是我坚持晚上上山的。"牛凯呆坐在地上，整个人显得十分憔悴，只有嘴里几乎被咬断的磨牙棒显示出他内心的不平静，"你们说得对，我不该再掺和进这个案子的。"

"唉，你别太自责了。"铁法医看着牛凯，不知该说什么，叹了口气坐在地上。

半小时后，救援人员终于将两个人运了上来，梁文已经苏醒，但他的一条胳膊骨折了，疼得直叫唤。

牛凯和铁法医赶紧上前，只见老朱双眼紧闭，表情痛苦，虽然没有恢复意识，但一看就知道他受伤不轻。梁文因为长得胖，看起来受伤没那么重，但也疼得直哼哼。

"凯哥，包……"梁文看见牛凯，龇牙咧嘴地挤出几个字，"草丛里有包，我去捡，掉下去……了。"

"好的，我知道了。你坚持一下，等到医院就好了。"牛凯眼圈发红，安慰道。

"老朱，没事儿吧？他是为了拉我，才一起掉下去的。"梁文想转头看看老朱，不知道牵动了哪根神经，疼得他眼泪鼻涕都流出来了，狼狈至极。

"他没事儿，你放心吧。"铁法医拍拍担架，对救援队同志说，"辛苦你们了，麻烦尽快送他们去医院。"

另一个救援队员走了过来，手里拿着一个沾满泥土的布包，递给铁法医：

"您好，这是从山沟下面捡上来的，刚才那个同志说一定要交给你们。"

"好的，多谢了。"铁法医接过布包，简单看了一下。

"凯哥，这个包应该就是梁文和老朱发现的，上面的泥土很多，看样子已经掉在这里很久了。"

"交给你们了。"牛凯已经没有心情关心这个，"我和他们一块去医院。"

"好，你小心点。"铁法医还要勘察现场不能离开，只能目送牛凯下山。

下山的路比上山还要艰难几分，好在救援队员们经验丰富，最终有惊无险地回到山下。牛凯一路上没有说话，只是默默地跟在梁文和老朱身后。

两辆救护车早已等候多时，伤员一到立刻向市区驶去。

老朱的情况比较严重，随车医生们一路上眉头紧皱，忙碌而有序地进行抢救。

医院急诊手术室门口，老朱的爱人和孩子已经到了，大家看着两人被推进手术室，众人的心全部悬了起来。

刘楠瑾也早早守在了医院，他看见牛凯一个人孤零零地坐在角落，忍不住叹了口气。

"当时的情况我已经了解，现在说什么都晚了，只希望老朱平安无事吧。"

"是我的责任。"牛凯垂着头，自责地道，"他们本来不用冒险，全是为了照顾我，才硬着头皮顶上去的。"

"你啊，就是太固执了。"刘楠瑾感慨道，"希望他们没事儿，老天爷也会眷顾他们的。"

刘楠瑾明白，如果老朱有个三长两短，牛凯一辈子都不会安心的。到时候，这将会成为他的心结，也许后半生都会一蹶不振。

"我不应该瞎掺和的，那么多人都在劝我，梁文劝我、老铁劝我，老朱也说过我，可我还是一意孤行，从没有把他们的话放在心上。"牛凯哽咽道，"是我害了他们。"

刘楠瑾皱眉道："我刚说你固执，你怎么还来劲了？你给我尽快冷静下来，现在不是钻牛角尖的时候，知不知道！"

牛凯点点头，身体贴着墙缓缓站起，失魂落魄地朝门口走去。

"你去哪儿？"刘楠瑾低吼道，"别给我再添乱了。"

"我出去静一静，就在门口，不走远。"牛凯说完，慢慢出了急诊室大门。

刘楠瑾叹了口气，转身继续安慰老朱的家属。

24

愧疚自责

啪！啪……啪！

医院外面的墙角，牛凯蹲在阴影里，一个接一个地扇着自己耳光。

他两侧的脸颊已经被打得通红，嘴角还有着点点血迹。

过了许久，牛凯已经扇得没了力气，整个人瘫坐在地上，两眼空洞地望着天空。

不知过了多久，一个苗条的身影出现在他面前，随后一个疑惑的声音响起：

"凯哥？你怎么在这里？出什么事儿了？"

牛凯觉得这个声音很熟悉，而且有些亲切，但那人背光，他一下子没有看清对方的长相。

直到，那个身影靠近一些，一张英姿勃勃的俏脸出现在他的视线之内。

"刘歆。"

牛凯心里突地一跳，没想到自己竟在这里见到了刘歆。

自己这副鬼样子，怕是会吓到对方吧？

想到这儿，牛凯赶紧坐直身体，用手擦了擦嘴角的血，尴尬得不知该说什么。

刘歆微微皱着眉，从她的角度可以清楚看见牛凯的狼狈，不过她没有马上安慰，而是靠着牛凯身边静静地坐下。

牛凯感受到一个苗条的身形若即若离地挨着自己，空气中甚至有种淡淡的香气飘进他的鼻子，这让他这个单身汉顿时有种手足无措的感觉，心跳都慢了一拍。

"不好意思，让你见笑了。"牛凯不知道该怎么解释。

"是挺可笑的，平时遇到什么困难都那么坚强的人，原来也会有脆弱的一面呀。"刘歆嘿嘿笑着，露出两个可爱的小虎牙。

牛凯咳嗽一声，觉得自己一张老脸都丢尽了，比刚才挨了几巴掌还要难受。

"刚才抢救室的伤员是你们同事吧？"刘歆好奇地看着牛凯，"他们怎么摔下山的？"

"我叫他们去查一个案子，线索在山上，当时天已经黑了……"

牛凯缓缓讲述了一遍经过，最后情绪上头，眼圈又控制不住地红了。

"是我害了他们。"

刘歆点点头："好像是的，他们要不是因为你，应该不会受这么重的伤。"

"对。"牛凯更自责了。

"那你得对他们负责。"刘歆的声音带着几分轻盈，"我要是他们家人，肯定想去法院告你，至少赔偿个百八十万的，心里才会好受点。"

"这……"牛凯有点反应不过来，"赔钱？这合适吗？"

"有什么不合适？你不用钱表示一下诚意，光在暗地里扇自己几巴掌，有什么用。"刘歆理所应当地道，"你那叫自虐，不叫表达歉意。"

"……"

牛凯不知道该说什么了。

"光赔钱还不够，你至少得把那个罪魁祸首抓起来，把头砍下来，在他们两个头七的时候，拿到坟前摆上，这样就差不多了。"刘歆拍拍手站起来，居高临下地看着牛凯道，"我还有事儿，得回去了。你自己好好努力。我还是很看好你的，加油！"

说完，比了一个胜利的手势，就迈着轻快的步伐走了。

看着那道苗条的身影消失在视野之外，牛凯突然觉得自己很可笑。

她说的似乎有点道理，自己蹲在这个角落扇自己嘴巴，这是干什么呢？怎么越想越觉得是在冒傻气啊！

顿时，他觉得自己继续呆在这里有点没意思。

可是，刚才那股自责、悔恨的情绪却怎么也找不回来了，反而被那个轻飘飘的"嘿嘿"笑声代替了呢。

回到急诊手术室，大家还在等候，所有人都不敢大声说话，只有小声的交谈和轻轻的啜泣声。

牛凯来到老朱爱人面前："嫂子，是我对不起老朱。"

老朱爱人李爱莲是第一中学的语文老师，虽然悲伤之情溢于言表，但她看向牛凯的目光里却没有责怪和不满，而是深深的关切："小牛，你的事情老朱跟我说过，你不用自责，这不是你的错。"

牛凯愧疚道："如果不是我坚持，他们不会遇到危险。"

"你错了。"李老师说，"这是他们自己的选择。老朱的性格我了解，他如果不想做的事情，谁都没法让他去做，只有他自己想做的事情，他才会不顾一切地去做。"

"所以，这不是你一个人的选择，而是你们共同的选择。这其中的区别，你能明白吗？"

牛凯愣住，他一直把老朱和梁文的受伤怪在自己头上，可李老师的话一语点醒梦中人。

是啊，他自己可以为了破案不计后果，可其他人又何尝不是呢？并不是只有自己才是英雄，老朱、梁文、铁法医和刑警队的同事们，他们哪个不是为了工作拼尽全力。

牛凯啊牛凯，就像老朱说的，你自己太过偏执，忘了团队、忘了自己只是团队中的一员。

"我懂了，谢谢您。"牛凯肃然，向李老师敬了一个标准的举手礼，然后默默走到一边坐下等候。

李老师看着牛凯，眼睛里露出欣慰，然后转头看向手术室的大门，脸上尽是忧色。

没过多久，手术室的门开了，主治医生从里面出来，正是给牛凯看病的崔教授。

"医生，老朱他怎么样了？"李老师紧张地问。

崔教授摘下口罩，露出微笑，沉声道："放心吧，轻微脑震荡，没有内伤，只是双臂都有不同程度的骨折，我们已经打了钢钉，休养一段时间就可以恢复了。"

"那梁文呢？他怎么样？"刘楠瑾赶紧问。

"他的伤更轻一些，左小臂骨折，已经处理了。"崔教授笑道，"放心，他们的运气都很好，从几十米的山上滚下去，已经是最好的结果了，我们之前担心的情况都没有发生。"

"那就好、那就好！谢谢崔教授了，辛苦您了！"

所有人都长长地松了口气。

刘楠瑾来到牛凯面前，眉头紧锁地看着对方，良久之后缓缓说："这下你可以放心了。"

"是。"牛凯站起来，同样表情严肃地看着刘楠瑾，"我接受组织的一切处理，并且对这段时间自己的无组织无纪律行为深刻检讨。"

"哼，还算你没糊涂到家。"刘楠瑾冷哼一声，心里却很是奇怪，怎么这家伙突然像变了个人似的，刚才还一副生无可恋的样子，现在怎么突然就成熟了呢？

不过，出了这么大的事，表面上还是要做做样子，于是佯装生气地说："牛凯，你先回去好好反省，等候组织通知。"

"是！"牛凯咬着牙应道。

这时，一辆警车火急火燎地开进医院，停在急诊室门外。

铁有水和一群同事急匆匆地冲了进来。

"主任，老朱和阿梁怎么样了？"铁有水急切地问道。

"没事儿了，他们都是轻伤，可以放心了。"刘楠瑾微笑道，"你们怎么回来了？"

铁有水长出一口气，后怕地拍拍胸口道："没事儿就好，没事儿就好，我们这边勘察完现场就赶回来了。明天白天再仔细检查一遍，现在光线太差了。"

"有什么发现？"牛凯问道。

"有。"铁有水为难地看了一眼刘楠瑾。

"回单位再说。"刘楠瑾不打算在这里谈论案情。

牛凯却盯着铁有水，看得后者有些心里发毛。

"怎么，你还有什么话？别藏着掖着。"刘楠瑾太了解牛凯了，看见他那个样子就知道这小子在想什么。

"刘主任，我申请协助二队侦破刘家祖宅埋尸案。"牛凯沉声道。

"哼，这时候还敢提要求。"刘楠瑾冷哼一声，"回去等通知吧。"

25

千丝万缕

刑警队技术科实验室。

一个军绿色帆布包安静地躺在实验台上，它的表面已经被岁月侵蚀，原本的绿色如今已经变成土黄色，只有表面上"好好学习，天天向上"八个大字依稀可见。

刘楠瑾、梁文、铁有水等人围着实验台，目不转睛地看着这个布挎包，谁都没有说话。

过了一会儿，刘楠瑾问："可以确定吗？"

铁有水点点头："没错，检测结果出来了，可以肯定这个挎包埋在苍阳山已经有二十年了。"

"那么，这个挎包的主人应该就是埋尸案的最大嫌疑人了。"刘楠瑾说。

"是的，按照冯乐的交代，当时他挟持陈小聪上山时遇见的人就是他。这个人应该刚从刘家祖宅回来，他去那里给被害人烧纸，没想到在下山时碰见冯乐，情急之下跳下山坡逃走。但他的挎包却遗落在山上。"梁文推测道，"原本他逃跑后没有打算再回来，但是最近埋尸案的出现，让他开始紧张，害怕警方查到他。所以他才冒险进山想找回这件遗落的证据。"

"包里面的东西呢？"

"已经全部取出来了，一支铅笔、十几块钱、一个手绢、一个指甲钳，还有香皂、牙刷和毛巾，最重要的是一张收据。"铁法医说，"收据的纸张非常薄，在地下埋了这么多年已经烂掉了大部分，保存下来的大概只有四分之一。上面能看到'青莲香烛'的字样，还有一个手写的签名，除了一个'张'字能辨认出来，其他字迹太模糊，无法分辨了。"

"香烛店？这应该就是那个人去购买冥纸的商店了。"刘楠瑾点头，"不过时间过去这么久，店还在不在都不好说了。"

"我已经安排人去走访，应该就在苍阳山附近。香烛店比较特殊，老街坊应该都记得。就是这个签名，不知道是不是嫌疑人的名字，还是店老板的签名。"梁文补充道，"这些都要等走访的结果才知道。"

铁有水想了想说："既然那个人不惜冒险也要回来取包，说明包里肯定有重要证据，现在看来应该就是这张收据了。"

"山沟的搜索结束了吗？"刘楠瑾又问。

"结束了。我们组织人员连续三天大范围搜索，方圆三公里内每一寸土地都翻了一遍。"铁有水答道，"除了这个挎包和一些脚印，其他的都没有发现。"

"脚印查得怎么样？"

"这个人反侦察能力很强，故意穿大一码的鞋，而且是最常见的布球鞋，想靠脚印锁定嫌疑人基本不可能。另外，虽然他有意掩饰，但我们还是发现，这个人应该是内八字。"铁有水说，"还有，通过对两具尸骸头骨的复原，我们已经完成了头骨重建，靠复原后的头骨骨骼，我们可以恢复受害者的样貌，准确率应该超过百分之八十。"

"很好。同志们最近一段时间都很辛苦，随着大家的努力，现在案件的线索已经越来越多，我相信距离真相大白的那天已经不远了。大家继续保持住这股干劲，等破案以后，局领导给大家记功！"刘楠瑾高兴道。

"刘主任，我能提个建议吗？"梁文的左胳膊打了钢钉，外面包着石膏，挎在胸前，他的脸上、脖子上还有一道道结痂的血痕，看起来有些狼狈。

"不用说了。我知道你想说什么。"刘楠瑾瞟了梁文一眼说，"牛凯的事情，局领导会统筹考虑，你们抓紧破案，做好各自手头的工作就行。"

"是！"大家齐声应道。

档案室里，牛凯一动不动地坐在办公桌前，眼睛看着隔壁老朱空荡荡的座位，脑海里浮现出平日老朱端着大茶缸，慢悠悠地去打太极拳的样子。

发了会儿呆，牛凯掏出手机，给老朱、老钟和小刀分别下单订了一大捧鲜花送去医院。然后目光逐渐变得坚定：

"老朱、老钟、小刀，我不会让你们白受伤的，等着我，我一定把凶手揪出来。"

丁零零……

办公室的门禁系统响起门铃声，这是楼下有人来访。

牛凯走到可视对讲机前，看见楼下一个穿着制服的民警，他戴着白色的警帽，一看就知道是交警。

"周队是吧，快上来，欢迎欢迎。"牛凯一脸笑容地亲自到楼下迎接。

"牛队，你好，我是交警三大队的周庆，接到你的电话，我先回单位找到当年的资料，所以晚了一点。"周警官一看就是那种非常认真的人，说话也是一丝不苟的样子。

"辛苦你了，进去说。"牛凯带着周庆上楼。

两人坐下后，周庆直接从包里掏出一套案卷和一个文件签收本："这是陈有才交通事故的案件卷宗，麻烦您在这里签收一下。"

"好的。"牛凯在签收本上登记清楚，然后签上自己的名字，"真是麻烦你跑一趟，本来应该我自己去的。"

"这是应该的，你的事迹我们都知道，大家都很敬佩你。"周庆认真地说，目光坦诚而直接，让人生不起反感。

"多谢，我看两天左右，到时候给你们送回云。"牛凯笑道，"听说就是您负责这起事故的，能给我介绍一下吗？"

"可以。"周庆认真地想了想说，"陈有才这起事故发生在两年前的12月3号傍晚六点二十分左右，地点在江北区黎阳街和仁和路交叉口。当时陈有才外出买菜，路过这个交叉口时，从北向南驶来一辆半挂货车，陈有才是自西向东过马路，在货车到来前在路口站定，躲避货车。事故就是在货车驶过时发生的。"

牛凯疑惑道："他不是已经停下来躲避了吗？怎么还会被撞？"

"撞倒他的不是半挂货车，而是一辆小型面包车。这辆面包车一直和货车并排行驶，货车行驶在中间车道，面包车在最右侧车道。当货车驶过路口时，面包车则贴着路边向陈有才冲过去。"周庆缓缓道，"当时路口的监控只有一个方向，是从东向西拍摄，正好被货车挡住。而且在事发地其他位置的摄像头正巧因为线路维修而暂停使用，所以我们找不到事故过程的监控。"

"面包车的驾驶员呢？"牛凯皱眉道。

"你听我慢慢说。这辆面包车是已经报废的那种非法上路车辆，连牌照都没有，很多小商户私下购买后作为短途运货的车辆使用，驾驶员大都是商户的年轻员工，有些连驾照都没有。"周庆摇摇头道，"而且，这宗事故最诡异的不是这里，而是陈有才并不是被面包车撞伤的。"

"不是被面包车撞伤的？"牛凯吃了一惊。

"是的，陈有才虽然站在路边，但他并没有站在机动车道上，而面包车也是在车道内正常行驶过去。严格来说，面包车并没有碰到陈有才。"周庆说，"陈有才是头部被重击，导致瘫痪。可我们在现场只找到了一根长两米、宽二十公分的广告板，应该是从面包车或者货车上掉落下来后碰巧砸中陈有才的头部。"

"为什么确定不了是哪个车上的？"牛凯奇怪道。

"因为从其他路面监控来看，这两辆车的侧面都没有发现这块广告板，好像就是凭空出现的一样。"周庆摇摇头，"我们把两辆车之前的轨迹录像全部找出来查看过了，它们的侧面根本没有多余的装饰，在驶过陈有才身边的瞬间，不可能掉下这样一块板子。"

"这也是我们迟迟无法结案的原因。"周庆说，"事后我们找到了那辆大货车，司机却对此事一无所知，它的货车外箱是全封闭的，表面还刷了企业的LOGO，如果多出一块板子，肯定会发现不对。可事实上，他们压根儿没有发现任何异常。经过我们对货车的鉴定也可以证实司机所说的属实。"

"那面包车呢？有没有找到。"

"找到了，不过和货车一样，没有办法证明那个广告板是面包车上掉落的。而且司机是临时来帮忙的，当天开车的小工临时生病就找人代替他开车，事后这个临时帮忙的人去了外地。"

"临时帮忙？"牛凯默默念道，"又是临时帮忙。"

"牛队，有什么问题吗？"周庆问。

"没有，你继续说吧。"牛凯摇摇头，觉得自己太过敏感了。

"后来，我们请了痕迹检验方面的专家，对面包车进行仔细检查，也没有找到更多证据。所以我才说，陈有才不是被面包车撞倒的。"周庆继续道，"陈有才受伤后，当场摔倒在地，昏迷过去。后来被路人发现后打电话报警，在医院的ICU住了二十多天，总算保住性命。不过，颈椎断裂导致他终生瘫痪，只能躺在床上了。"

牛凯点点头："案发时连目击者都没有吗？"

"是的，当时天气比较寒冷，傍晚六点多，天已经黑了，路面上没什么人，所以事故发生时附近没有行人，也就找不到目击者。"周庆回答道。

"好吧，多谢你介绍，我等会儿再慢慢看一下案卷。"牛凯给周庆加了些茶水，"对了，那个临时开车的小工叫什么名字？"

"郝贵。"周庆随口道，"我们找了很久，也没查到这个人太多记录。"

"什么？你说这个人叫……郝贵？"牛凯脸色一变，手里的茶壶差点没有拿稳。

"是啊，郝贵，是这个名字。"周庆也意识到不对，"怎么了？"

"郝贵外号叫郝老三，以前一直在江北流浪，前两天被人下毒毒死了。"牛凯沉声道，"而且，郝贵二十多年前头部受了重伤，丧失了劳动能力，开车的肯定另有其人。"

"这……"周庆愣了半天，"难怪你来调阅这宗交通事故案，看来陈有才是被人故意伤害的。"

送走周庆后，牛凯打电话给梁文，把自己最新发现的线索交代给对方，但却没问二大队调查的进展。

"凯哥，这个线索很重要。我记得高闯到广城投奔三叔爷的时间也是两年前。现在发现陈有才也是两年前遭遇车祸，这之间也许有某种联系。"梁文在电话里说，"我想应该有人在幕后冒充郝贵先撞伤陈有才，后来又冒充高闯冲撞警察。"

"只是他这样做的目的究竟是什么呢？一方面不停地杀人掩盖自己犯罪的证据，另一方面还主动冲撞警察。"梁文唠唠叨叨地说，"上次我们在山沟里发现的挎包……"

"好了，不用说那么详细。"牛凯打断梁文，"组织没有同意我参与案件，我还是不了解太多案件进展比较好。现在把我发现的线索告诉你，这属于热心群众积极协助公安机关破案，性质不一样。"

"那好吧，我们一定会尽快查出真相，让所有受害人沉冤昭雪。"

梁文信誓旦旦地挂了电话。

牛凯则坐在办公桌前，开始翻阅陈有才的交通事故卷宗。

有了前两次经历，牛凯现在看案卷时都有些心理障碍了，生怕自己又莫名其妙地"看见"什么奇怪的场景。不过，这次很奇怪，他把陈有才的卷宗翻来覆去地看了好多遍，也没有再进入之前的状态。

还好，前两次应该是太累了，大脑出现了幻觉。

牛凯长出一口气，自己安慰自己，以后应该就不会再遇到这种事儿了。

陈有才的事故和周庆讲述的基本一致，没有更多发现，牛凯看完后也就放在了旁边。

闲来无事，他想了想，干脆拿起笔，开始梳理这段时间各种案子的关系，他先按时间顺序将所有案子列出来：

第一个案子，郝老三被砸受伤案，时间1983年冬天，受害人是郝老三，嫌疑人陈有德、刘灿。

第二个案子，刘家祖宅下的第一具白骨，遇害时间是1985年到1990年之间，死因是被衣架勒死，受害人和嫌疑人身份未知。

第三个案子，刘家祖宅下的第二具白骨，遇害时间是1990年到1995年之间，死因是被捆绑后杀死，受害人和嫌疑人身份未知。

第四个案子，冯乐绑架陈小聪案，时间在1993年，受害人陈小聪，主犯冯乐、从犯陈有才，当事人陈有德。

第五个案子，陈有德失踪案，时间在1994年，受害人陈有德，嫌疑人身份未知。

第六个案子，陈有才交通事故，时间在两年前，受害人陈有才，嫌疑人冒用郝贵身份。

第七个案子，走私冻肉案，时间四个月前，受害人牛凯、老钟、小刀，嫌疑人冒用高闯身份。

第八个案子，郝老三被毒杀案，时间一周前，受害人郝老三，嫌疑人身份未知。

第九个案子，小飞被杀案，时间一周前，受害人修车店学徒工小飞，嫌疑人身份未知。

第十个案子，苍阳山神秘人案，时间三天前，受害人老朱、梁文，嫌疑人身份未知。

牛凯看着纸上写下的十起案件，感觉脑壳有点疼，它们跨度超过二十年，每件案子之间似乎没有直接的联系，但仔细琢磨好像又有着千丝万缕的联系，实在让人捉摸不透。

想了很久，仍然没有头绪。

牛凯决定出去转转，刚准备下楼，却听见手机响。他拿起来一看，是若冰的电话。

"喂，若冰你好。"

"凯哥，你今晚有空吗？我想请你吃饭。"若冰的声音一如既往的豪迈。

"今晚啊，我想想，目前没什么安排，应该没问题。"牛凯觉得若冰人不错，上次听说自己想了解郝老三的情况，还专门介绍刘歆给他认识，自己还没有表示感谢呢。

想到这里，那道英姿飒爽的身影再次浮现在牛凯眼前："晚上我请你吧，上次你和刘歆真是帮了我大忙，我还没有好好感谢你们呢。对了，刘歆有时间吗？可以叫她一起。"

牛凯说完，心脏扑通扑通地乱跳起来，他也不知道自己怎么鬼使神差地想要邀请刘歆，难道自己真对刘歆有感觉？那自己可是注定要失望的啊。

若冰应该没察觉到牛凯的忐忑，大大咧咧道："好，我等会儿问问她。咱们晚上去哪儿吃？上次的火锅不错，但是遇见你说的那个嫌疑犯，搞得心情都没有了，咱们换一家粤菜怎么样？"

"行，好，我没问题。"牛凯没听到刘歆的消息，不觉有点失望。

"那就说好了，我们晚上见。"若冰欢快地挂了电话，然后板起脸、转过头对着旁边抱怨，"你想约他就直接打电话啊，干吗每次都拿我做挡箭牌，现在牛凯看我的眼神儿都不对了，要是他对我提出什么非分的要求，我是该答应呢还是不答应呢！"

"而且，我跟你说实话，牛凯虽然人不错，但他毕竟受了伤，而且也没什么钱，还天天忙得顾不上回家，你要是嫁给这种人，肯定得后悔。"若冰絮絮叨叨地说，"虽然你长得又柴又瘦，不是男人喜欢的菜，但也不至于找个这么差的呀。"

"洪若冰！你找打是不是？"刘歆杏眼圆睁，怒目而视，"牛凯那是为了工作、为了维护正义，这样的人才最可爱。"

"好了好了，你说的都对还不行吗？我认输。"洪若冰举手投降道，"你爱怎么样就怎么样吧，我就一个要求，以后别拉着我做挡箭牌就行。"

"好吧。"刘歆闷闷不乐地低下头，楚楚可怜地说，"我天天在医院值班，连请假的时间都没有，要是不让你帮我盯着点他，万一被别人抢走了怎么办？我哥又不愿意帮忙，唉！"

洪若冰见刘歆不高兴了，想了想还是妥协道："算了，看你这么可怜，我就再帮你一回吧。不过，你得答应晚上的菜让我来点。"

"成交！"刘歆立马眉开眼笑，爽快答应。

若冰眯着小眼睛看了看刘歆，良久之后叹息一声："又上当了。我咋就这么不长记性呢？"

26

温情命案

牛凯放下电话，脑子想起若冰刚才说的话，上次吃火锅时遇见了戴口罩的神秘人。他为什么会出现在火锅店门口？巧合吗？牛凯自从干了刑警，脑子里就没有巧合这两个字了。

那个人肯定有自己的目的，只是碰巧被自己撞见。甚至他有可能是故意现身让自己发现，可他这样做的目的究竟是什么。

想到这里，他决定再去老炎楼一趟，于是他打开手机准备叫车。可当他输入目的地老炎楼的时候，手机弹出了火锅店的地址：江北区青草街道189号。

牛凯顿时愣住，这个地址怎么看着似曾相识呢？

江北区，青草街道……青草街道！

牛凯突然反应过来，自己上次去过这个地址，陈有才家不就在青草街道335号吗？那个戴口罩的人为什么会出现在火锅店门口，也许他不是要去吃火锅，而是碰巧从那里路过，他的目的是去陈有才家！

想到这，牛凯坐不住了，马上打电话给梁文：

"阿梁，上次我在火锅店看到那个戴口罩的家伙，当时叫你们过去查他的行踪，结果怎么样？"

"我们查过那条路的监控，这个人是从一辆出租车上下来的，目的地就是火锅店，后来就没了踪影。他上车的地方则是市郊的一个公交车站，再往前同样没有记录。所以这条线索也断了。"梁文正在办公室加班，嘴里还塞着米饭，"凯哥，有什么情况？"

"如果方便的话，最好让辖区民警去陈有才家查看一下，我也不敢肯定。"牛凯忧心忡忡道，"我怀疑，那天晚上这个人是去陈有才家。"

"陈有才？他不是陈有德的哥哥吗？而且和冯乐一起用自己儿子要挟陈有德还钱的那个。"梁文一愣，"开快艇撞咱们的家伙为什么要去找陈有才呢？"

"我也不明白，但我有种感觉，陈有才似乎有危险了。"牛凯咬着磨牙棒，声音有些含糊，"两年前的交通事故很可能也是这个人做的，别忘了，他能改装大飞，机械水平肯定很高，制造一起看起来像是意外的车祸也不是没有可能。"

"好，我马上叫人过去。"梁文不敢怠慢，放下电话马上联系青草街道派出所，让辖区民警先过去查看一下情况。

牛凯赶紧从办公室出来，坐上出租车朝江北区赶去。

还在路上的时候，梁文的电话已经到了：

“凯哥，你猜对了，陈有才出事了。”

“怎么回事？”牛凯心里一沉。

“民警赶到的时候，发现他们家门窗紧闭，屋内没有一点声音，等到把门打开后，发现陈有才和他爱人已经死去一段时间了。”梁文沉声道，“他们倒在卧室，地板上有一个火盆，里面放着未烧尽的木炭。”

“烧炭自杀？”牛凯自言自语道，“不对，他们老两口不会自杀，我上次去的时候，他们说要等陈小聪回家，否则他们死不瞑目。”

“究竟是不是自杀还不好说，老铁已经带人过去了，我把手头的事情忙完也赶过去。”梁文的声音有些沙哑，“凯哥，我已经向刘主任申请了，希望你能回二大队，没有你在，我们感觉少了主心骨一样。”

“我知道了。”牛凯认真道，“放心，你们需要我的话，我绝不会推辞。”

“谢谢你了，凯哥！”梁文似乎动了感情。

“少给我整肉麻的，该干吗干吗去。”牛凯最怕别人煽情，赶紧打断梁文，“我也在路上了，等会儿见面再说。”

牛凯到的时候，陈有才住的那栋小楼已经拉起了警戒线，门口停满了警车。

辖区民警带着人在路边维持秩序，屋子里灯火通明，之前节省到连电灯都不舍得开的陈有才老两口绝对想不到，自己家如此明亮的时候竟然是自己死去的时候。

铁法医和技术科的同事正在屋子里忙碌，他们先在地上铺设好行走时的踏脚砖，并用白色粉笔画好各个区域的分界线，防止不明就里的人破坏现场。各个小组则按照分工采集房屋内的足迹、手纹和血迹等各种检材。

"凯哥，小心地板。"铁有水正蹲在楼梯上逐级提取足迹，看见牛凯到了门口准备踩着踏脚砖进屋忍不住提醒，"小王再拿几块砖过来，方便凯哥走路。"

牛凯道了声谢，看着面前这个狭小的客厅，心里很不是滋味。他还记得自己几天前拎着牛奶进屋时的情景，想不到再来时，那个客气的老人已经阴阳两隔。

"死者什么情况？"牛凯走到楼梯边，看着铁法医问，"我上个星期来过这里，当时两个老人状态都还可以。"

铁法医闻言摇摇头道："这两个老人活得有些太节省了，冰箱里只有腌制的咸菜，还有一些米粥，倒是牛奶还有一箱，只喝了一罐。"

牛凯点点头："牛奶是我送的。"

"一氧化碳中毒，死因基本确定。"铁法医说，"但房子的门窗关得很严，也许是最近天气寒冷，他们想生火取暖，出了意外。"

"有没有他杀的可能？"牛凯眉头微皱。

"当然有，不过，两个老人走得很安详，不太像是外人做的，除非这个外人是他们很熟悉的人。"铁法医指了指楼上，"一会儿你自己上去看就明白了。"

"不像是外人做的？"牛凯疑惑地抬头看看楼上，等铁法医取完足迹，这才慢慢地走上二楼。

这里和他上次来时没什么两样，仍旧狭小、逼仄，但不同之处是似乎物品的摆放比之前规整了许多。也许是老人有空收拾了一下吧。牛凯没想太多，走进屋子。

陈有才仍旧瘦得皮包骨头，整个人裹在棉被里，空气中散发着阵阵臭味，和之前一样。不过，牛凯发现陈有才的脸上竟挂着淡淡的笑意，似乎在生命临近终结的时候，有什么开心的事情发生了一样。

陈有才的老伴儿，也就是上次招待牛凯的老人，则是坐在一张小沙发椅上，脖子后仰，两手张开，似乎在拥抱着什么，她的表情同样没有痛苦，反而带着笑容。再加上她整个人张开双臂、身体后仰的姿势，看起来像是开怀大笑，给人一种莫名的……温馨？

"怎么会这样？"牛凯眉头皱得更紧了，"有什么事情值得他们这么高兴？"

"我说得没错吧？"铁法医站在牛凯身后感慨道，"干了这么多年法医，还头一回看见这么温情的命案现场呢。"

"他们死前没有任何挣扎的痕迹，更别提外伤了，看起来就是自然去世。"铁法医道，"甚至我觉得，就算是自杀，也不可能做到他们这么放松、开心的状态了。许多自杀者，其实内心是非常苦闷和痛苦的，反映在表情上往往带着各种怨恨、不甘。可这两位老人却不是这样，所以我才说，即便是外人下手杀害他们，那也是很熟悉的人，甚至让他们感到开心的熟人才能做到。"

"有没有可能是某种药物？比如笑气这类毒品，先让受害者精神亢奋，体验到某种愉悦感，再趁机下手。"牛凯思索片刻，问道，"以我对他们的了解，这个世界上已经没有能让他们开心的事情了。除非他们的儿子陈小聪突然蹦出来，但这个可能性几乎为零。"

"你说的也对，确实有这个可能。"铁法医点头，"不过这得拉回解剖室做尸检后才能确定。"

牛凯叹了口气，突然想起了那个戴口罩的神祕男人，于是问道："我上次在火锅店门口看见那个戴口罩开大飞撞击我们的人了。后来我才想起来，他应该不是故意去火锅店的，而是为了来这里，路过火锅店。"

"你的意思是？"铁法医也严肃起来。

"我怀疑是他杀了陈有才夫妇。"牛凯说，"至于他是怎么做到让两个老人神态安详地死去，我还没想明白。"

正说着，梁文也赶到了，他来到屋里，看完现场后也露出疑惑不解的神情。

"凯哥，老铁，这是怎么回事？不知道的还以为两个老人是心愿已了、毫无牵挂地走了呢。"

"不知道，现在几种可能性都有。"铁法医摇头，"这个戴口罩的人太过神秘，我感觉他在现场留下痕迹的可能性也不会太大。"

"关键是，他的动机到底是什么？"牛凯沉吟道，"陈有才和他老伴儿已经风烛残年，对任何人都不会构成威胁，而且也没有掌握什么秘密，那为什么要取他们的性命呢？"

"即便是郝老三，虽然他不停地举报陈有德，但这么多年过去了，有关部门对他的举报已经见怪不怪，也不会太过当回事，那为什么还要杀死他呢？"

"难道这个凶手不知道，一旦发生命案，反而会让公安机关更加重视那些陈年旧案吗？"

三个人想了半天，还是摸不到任何头绪。

这时，楼下传来痕迹检验组同事的声音："铁法医，你下来看一下，我们把刚才采集到的一枚单独足印发回单位，对比出了结果。"

"什么？这么快就有结果了？"铁法医惊讶道，"真的假的，以前可从来没有这么快过啊。"

大家来到楼下，小王拿着平板电脑交给铁法医，上面是系统传回的结果，果然刚采集到的足印已经有比对一致的结果了。

铁法医皱着眉头看完，脸色古怪起来，对牛凯说："结果是出来了，但很奇怪，你们绝对想不到。"

牛凯接过电脑看了一眼，眼睛不由自主地瞪大："竟然和苍阳山那个嫌疑人的足印一致？"

"什么？"梁文立刻不淡定了，他可是刚因为这个嫌疑人差点摔死，没想到这陈有才家里发现的足迹竟然和那个埋尸案嫌疑人的足印相同，"这也太扯了吧？二十年前的命案嫌疑人，现在重出江湖吗？玄幻小说都不敢这么写吧？"

牛凯从口袋里掏出新买的磨牙棒，塞进嘴里嚼啊嚼了好半天，问铁法医："我记得上次在山路上提取的足印是嫌疑人故意穿大一码的球鞋留下的，对吗？"

铁法医点点头："没错，现在这枚足迹和上次的一模一样，凶手也是穿着大一码的球鞋进屋。"

牛凯陷入沉思，如果当年那个跳进山沟逃跑的嫌疑人就是前两天进山寻找挎包的人，那么当年他下山的时候碰巧看见冯乐挟持着陈小聪进山，随后在冯乐离去后返回刘家祖宅，带走陈小聪就说得通了。

正是因为他带走了陈小聪，所以他才有陈小聪的下落，所以才能顺利地得到陈有才夫妇的信任，从而找到下手杀害两位老人的机会。

那么，杀害郝老三和小飞的人是不是也是这个人呢？因为他每次出现都戴着口罩、墨镜，所以牛凯下意识地认为他是个年轻人或者中年人，但如果他常年锻炼，那保持健硕的身材并非不可能。

如果真是这样的话，那牛凯列出的十宗案件就全部是一个人做的，而这个人从刘家埋尸案发生的二十多年前开始，一直在陆续杀人，他究竟是谁？

牛凯想了想，决定和梁文一起回二大队，他必须把自己推测到的结论详细告诉梁文。

现场勘察结束后，铁法医先运送遗体去解剖室尸检，牛凯、梁文一起返回二大队。

当牛凯把自己推测的结果告诉梁文和二大队的同事时，大家都被这个推测震惊了。干了这么多年刑警，谁没有遇到过几件奇案，可像这样跨度超过二十年，还在不停作案的凶手，大家都是第一次见到。

"凯哥，你说的这些有几成把握？"梁文咽了口唾沫，小心问道，"不是我不相信，而是觉得有些太过离奇了。"

牛凯摇摇头："很多案子，不能从是否离奇来判断真实性，而要从证据来推断可能性。"

"目前来看，这是最合理也最有证据支撑的推断，虽然还有许多漏洞和空白没有填补，可这也是你们接下来努力的方向。"

"不是你们，应该是我们。"

一个声音在门口响起。

所有人看向办公室大门，只见分管人事的政治处主任刘楠瑾和分管刑侦的周局一起站在门口。

"刘主任、周局。"大家一起起立，敬礼。

"好了，你们继续。"刘楠瑾笑呵呵地走进来，看着牛凯道，"经过局长办公会研究，鉴于近期发生的一系列案件性质恶劣、案情复杂，局领导决定成立1211专案组，牛凯作为专案组负责人抓好案件侦破工作。"

"是！"牛凯马上立正敬礼，大声道，"保证完成任务！"

27

正式回归

牛凯正式回归专案组工作，许多案件详情也可以向他公开。

梁文第一时间把近期调查的成果通报给牛凯。

原来，二大队从苍阳山找到的挎包里发现了当年埋尸案嫌疑人的蛛丝马迹，他们顺着那个"青莲香烛"的收据，找到了那家香烛店。没想到二十多年过去了，这家店竟然还在。而且店老板还是原来的老板。

不仅如此，店老板做事严谨，从开店以来每一笔交易底单都有留存。办案民警终于在几十个旧纸箱中找到了当年的收据底单。

从底单上得知，那个跳山逃跑的人名叫张全志，不是江北本地人，而是隔壁临江市人，早年从事贩卖外汇、投机倒把等非法勾当。不过，二十多年前，张全志却突然失踪了，此后再也没有下落。

张全志失踪后，他的家人也曾积极寻找过，可张全志这个人吃的是捞偏门的饭，经常离家一年半载也没有音讯，所以他的家人开始并没有放在心上。直到他消失了快两年，家里人才开始着急。

不过，他的家人也没往杀人上面去想，而是以为他捞偏门得罪了人，跑去外地躲藏起来。因此，从来没有正式报警过。几年后，他的父母相继去世，老婆也改嫁他人，所以张全志的死活也就无人关心了。

与此同时，二大队在对刘小毛的连番询问下，也得到了一条重要线索。

原来，刘家当初举家搬迁时，刘小毛的爷爷曾委托自家远房亲戚来帮忙收尾。最后，刘老爷子离开前，为了对这个亲戚表示感谢，留下一笔港币作为报酬。可随着刘老爷子出国，这个亲戚和刘家就断了联系。

刚开始，刘老爷子以为是这个亲戚不想和他们联系，也就没放在心上。但随着时间推移，刘老爷子越想越不对劲儿，曾托人回乡打听，都说找不到这个亲戚的下落，好像人间蒸发了一样。

由此一来，刘老爷子的心结越来越重，最近几年时常噩梦缠身，甚至有些老年痴呆的症状。家人觉得这样下去，老爷子的身体会很快垮掉，这才安排刘小毛以回乡祭祖的理由回老家亲自寻找这个亲戚的下落。而刘老爷子的这个远房亲戚，名字叫"刘灿"。

"刘灿？"牛凯一下子明白过来，张全志、刘灿的名字一出现，所有线索就全部串起来了。

之前他一直想不明白郝老三和凶手之间到底有什么关系，现在刘灿的出现正好解释了所有疑惑。刘灿就是郝老三当年被砸伤时搀扶他的工友，其实也是嫌疑人之一，只是他的嫌疑比陈有德小一些而已。

　　再结合刘老爷子所说，当初他交给刘灿一笔港币，作为帮助他们搬迁后收尾的报酬。那么刘灿自然需要找到可以兑换港元的人，将钱换成人民币。这样一来，张全志也就顺理成章地出现在刘家祖宅。

　　刘灿失踪，张全志不知去向，但他却回到刘家祖宅烧纸祭奠，并且掉落了随身携带的挎包。真相基本上已经呼之欲出。

　　"这几起案子的嫌疑人就是张全志！"牛凯斩钉截铁道，"接下来，我们要全力以赴找到张全志。"

　　"可是，这个人就像是人间蒸发了一样，最近十几年都没有他活动的线索。"梁文叹了口气，"当年的户籍管理不够完善，许多人拿着别人身份证或者随便找个理由就可以把名字改掉，想要追查还真不容易。就算我们拿到当年张全志的照片，但时间久远，他的样貌很可能已经变得认不出来了。"

　　"没错，所以他每次出现都戴着口罩和墨镜。我猜，他肯定还有另一个身份，只是我们没办法锁定而已。"牛凯底气十足道，"我们先把所有张全志出现过的地点在地图上标注出来，然后看看有没有什么线索。"

　　众人铺开地图，梁文拿着笔仔细在上面圈出所有张全志出现过的地点，发现全部都在江北区，而且集中在靠近苍阳山的城中村一带。

"阿梁，之前对走私集团的调查怎么样了？他们驾驶的大飞一定有固定的改装点，如果能找到这个地方，张全志的踪迹应该会暴露更多。"牛凯询问道。

梁文说："我们上次遭遇的那个走私团伙已经彻底打掉了，他们的大飞是从南边沿海地区购买，一路沿着海岸线逆江而上，开到广府市的。"

"而且，现在沿海地区对走私打击力度非常大，这些走私集团只能转移阵地，都不从沿海地区走私了，全部改由内陆水道登陆。咱们还算好的，打击走私比较有经验，我听说曲江中上游的几个地市，连高速执法艇都没有，被走私集团打了个措手不及。"

"那就想办法把运送大飞的人找到，走私犯肯定有专人跟他们对接，咱们可以代替他去会会对方。"牛凯打定主意，"上次的那帮人听说已经判了，里面负责运输的家伙关在哪儿？明天咱们就去见见他。"

正说着，牛凯手机响了，他拿起来一看，脸色有点难看。

"若冰，你们已经到了？好的，我马上就过去。"牛凯攥紧手机，贴在耳边、压低声音道，"不好意思，我下午太忙了，刚才忘记晚上吃饭的事儿了。我这就过去。"

办公室其他人全都神情古怪地看着牛凯，眼睛里的八卦之光晃得牛凯不敢直视。

"你们看什么？还不赶紧干活。"牛凯放下电话，有些心虚。

"凯哥，我们也饿了，要不一起去吃饭吧。"梁文故意晃了晃自己受伤的胳膊，"最近不知道怎么回事，整条胳膊疼得厉害，可能是缺乏营养了。"

"就是，我们已经连续一个月在办公室吃外卖，实在受不了了。"其他人纷纷附和，全都一脸期盼地看着牛凯。

"好，那就一块去。"牛凯见大家热情高涨的样子实在不好拒绝，他本就不是婆婆妈妈的人，大手一挥道，"你们不就是好奇嘛，这次让你们看个够！"

"好耶！"所有人欢呼起来，办公室压抑了许多天的气氛一下子变得热烈起来。

一群人浩浩荡荡地出了办公大楼，坐满了五辆出租车，杀向广府市最近新开的粤菜海鲜酒楼。

牛凯坐在出租车上，趁同事不注意，偷偷掏出手机点开"群众评价网"，瞄了一眼这家海鲜酒楼的价格，头发差点没立起来，然后一脸肉疼地擦了擦额头的冷汗。

这次可要大出血了！

不知道上个月的工资有没有到账。牛凯默默地给若冰发了条信息，让她们换一间大点的包房，也不用太大，能坐二十个人的就行。

很快，出租车来到酒楼门口，牛凯率先下车，众人跟在身后。只见他上身穿蓝色卡其布夹克，下身穿浅蓝色牛仔裤，脚上踩着"阿由大斯"运动鞋，肩膀上斜挎一个军绿色腰包，嘴里还咬着一根婴儿磨牙棒，画风虽然清奇，但派头确实杠杠的。

酒楼服务员看见这货得瑟的样子，赶紧向大堂经理汇报，很快一个精明干练的胖子带着手下赶到门口。

"老板，您好，请问有预订吗？"

牛凯迈步走进大堂，右脚踩在柔软的地毯上，稍微有些不适，可在外人眼中就像是他对酒楼很不满的模样。

大堂经理眉头微皱，可很快便被掩饰过去，露出客气却不卑微的表情道："请问老板，有预订了吗？"

"刚定的，天字一号房。"

牛凯打开手机，看见若冰发来的消息，说她们已经换到最大的包房天字一号了。

大堂经理热情道："好嘞，我让服务员带您上去，等会儿点菜时我再上去。"

牛凯点点头，心说：不愧是最受欢迎的高档海鲜餐厅，就冲这个服务，也值那么多钱。

大家伙高高兴兴地进了房间，若冰和刘歆已经等了一阵子，若冰饿得连吃了几盘花生米，正在房间里来回转圈儿。

"牛凯，你总算到了。我们都等了一个小时，饿得前胸贴后背。"若冰一见牛凯立马激动起来，朝门口的服务员喊，"赶快起菜，越快越好，还有米饭记得先端上来。"

牛凯很是不好意思，明明是自己要感谢人家，结果让别人干等了那么久，歉意道："真对不起，害你们等了那么久，我向你们赔罪。"

"没事儿，我还好，主要是刘歆晚上要上夜班，她可是专门赶过来的。"若冰大大咧咧地道。

牛凯更不好意思了，不过心里也很是疑惑，刘歆不是若冰哥哥公司的员工吗？怎么又在医院当护士呢？不过，现在人多嘴杂，自己也不好冒然去问，只能把疑惑先压在心里。

刘歆却像明白牛凯心思似的，主动解释道："我之前在我……刘总公司工作，后来考上了卫校护士班，毕业以后就去了人民医院。"

牛凯心里了然，借机给大家相互介绍。

铁有水先是看看若冰，然后又看看刘歆，一副胸有成竹的模样对着刘歆道："哎呀，久仰大名，我们牛队长在办公室三天两头魂不守舍地念叨小刘长、小刘短的，我们都很好奇小刘到底长什么样儿，今天终于见着了，真是一朵鲜花插在了花盆里。"

众人闻言哈哈大笑，可牛凯的脸色却僵住了，他心虚地看了看若冰，生怕这个傻丫头心里不高兴。

哪知道若冰也跟着大家一起傻笑，看样子好像一点也不介意。

不会吧，若冰是性格豪爽，又不是缺心眼儿，怎么这种反应？

正说着，酒楼开始上菜，之前若冰下完单，后厨就已经准备就绪，一声令下马上就端了过来。

　　大家都饿了，欢呼一声开始吃饭，牛凯坐在若冰旁边，发现这姑娘真是心大，一门心思都在吃上，根本连看都不看自己一眼，不禁摇头苦笑。

　　"凯哥，你也赶紧吃饭吧。"刘歆轻声提醒。

　　牛凯感激地笑了笑，拿起筷子开始夹菜。

　　若冰晚上点了不少招牌菜，有刺身拼盘、清蒸斑鱼、烧鹅、烤乳鸽、猪脚煲、盐焗鸡等一大堆粤菜精品，众人借机一饱口福，每个人都吃得兴高采烈。

　　"等一下！"

　　就在大家正吃得尽兴时，若冰的大嗓门却突然爆发，"不对！这个牛腩煲的味道怎么变了？"

　　"味道变了？"

　　"是不是餐厅换了菜谱或者改良了？"

　　"也许是厨师换了？"

　　"还好吧，我觉得挺正常的呀。"

　　所有人都看向若冰，七嘴八舌地讨论起来，还有人专门夹了几块牛腩放进嘴里，也没吃出什么不一样。

　　牛凯同样不明所以，好奇地问若冰："我觉得还行啊。牛腩不都是这个味儿吗？"

　　哪知若冰难得一见地露出严肃的表情来，神情凝重地摇摇头："这不是新鲜的牛腩，里面的味道是用汤汁煨出来的。"

"还有这种事？"牛凯奇怪道，"做菜不都是用汤汁煮出来的吗？"

大家都看向若冰，屋子里安静下来。

只见若冰板着脸，又夹起一块牛腩，先是放在鼻子前闻了闻，然后又放进茶杯的水里涮掉汤汁，最后放进嘴里嚼了几下，很快呸呸地吐在桌子上。

"服务员！"若冰一声大喊，脸色难看得吓人，"叫你们老板过来！"

牛凯从没见过若冰这么生气，心里竟也跟着有点紧张。这时，旁边伸过来一只小手，轻轻地在他手背拍了拍。

牛凯转头，看见刘歆平静淡雅的样子，心里也安生不少。

"没事儿，若冰对吃很挑剔，她不会无理取闹的。"刘歆小声解释。

"是不是食材有问题？"牛凯不傻，立刻明白若冰生气的原因，大概率是牛腩的肉质有问题，被若冰吃出来了。

很快，刚才在楼下见过的大堂经理来到房间，客气地看着牛凯，他以为又是这家伙找茬。

可没想到，说话的却是旁边那个五大三粗的男人婆。

"经理，你们的牛腩不新鲜。"若冰的声音不带一丝感情，冷得让人心颤，"今天你必须给我解释清楚，否则后果自负。"

胖经理明显见惯了场面，看着若冰冷哼一声："这位小姐，我们餐厅的原材料都是正规渠道进货，而且原料质量都是广府市最好的，你说话可要讲证据，污蔑我们酒楼的名誉可是要负责的。"

"哼，我的嘴就是证据！"若冰寸步不让，"你们的牛腩肯定是过期很久的陈肉，不仅没有牛肉味，连口感都不对，肯定早就烂了。"

"这位女士，看来你是想找茬了？"胖经理脸也冷下来，眯着眼扫向在座的人道，"我们酒楼在广府市可是最火的，每个客人吃完了都赞不绝口，你们要是想含血喷人，那就别怪我们报警了。"

"哼，你最好赶紧报警，你不报警我就替你报！"若冰马上掏出手机，直接拨通110。

胖经理见若冰来真的，不甘示弱地也掏手机报警，两边比赛似的，都向报警台说了事情经过，不过诉求却完全相反。

牛凯和一群同事们面面相觑，他们没想到出来吃个饭，竟然也能遇上这种事。不过，既然酒楼敢用过期烂肉以次充好，那他们也要看看究竟怎么回事。

很快派出所两名民警赶到现场，一进门就愣了一下，带队的那个高高瘦瘦的民警苦笑一声："这什么情况？怎么你们全在这儿，今天聚餐吗？"

胖经理立马明白过来，敢情这一屋子人和派出所关系匪浅啊！于是露出讨好的笑容："丘警官，你看看就是他们，在我们酒楼吃饭，非说我们的菜不新鲜，我们的食材都是高端产品，他们这样污蔑可不行。"

丘警官点点头，指了指屋里这群人，冲胖老板解释：
"王经理，我们出警有严格的纪律，你不用担心我们徇私枉法。不过，我也跟你交个底，这一屋子人，除了两位女士，全是我同事，他们应该不会污蔑别人的。"

"什么？"这下胖经理也傻眼了，自己还底气十足地报警呢，敢情这一屋子客人都是警察，那自己还硬个屁啊！

胖经理擦擦额头的汗，马上换上一副笑脸，客气道："实在不好意思，我有眼不识泰山，今晚这顿饭我们请了。希望各位老板，哦，不对，各位阿Sir给个面子，多帮衬啊。"

说着，赶紧朝身后的服务员摆摆手，让他们赶紧出去，别杵在这里看自己丢脸。

"王经理对吧，你不用这么客气。我们虽然是警察，但下班以后也是普通消费者，今天我们一定会公道地处理这件事。"牛凯站起来说，"我朋友既然很肯定这道菜的肉有问题，而你们也觉得冤枉，那我们不如就通知食药部门来检验一下吧，如果是我们的错，我们愿意赔礼道歉。"

王经理笑呵呵地点点头，他巴不得请专业部门来检验一下，好证明自己酒楼的品质。

丘警官也冲牛凯点点头："就按程序办吧，大家稍等一会儿。"

没过多久，质监局的人也到了现场，他们先是把吃了一半的牛腩取样带走，又到后厨对原材料取样，在带回实验室检测之前，现场可以进行快速检验。结果，他们发现这批牛腩当中，有一部分是合格的，但还有一部分的大肠杆菌等细菌超标，而且应该是冷冻了很久的僵尸肉。

牛凯和梁文他们互相看了看对方，不约而同地想到了走私冻肉的犯罪团伙。

这下子，胖经理脸色也变了，他肥胖的脸因为紧张而不住抽搐，脑袋上挂满汗珠，结结巴巴道："这是怎么回事，我确实不知道啊！我们一定马上查找原因，彻底整改！"

质监局的人冷笑一声："你们餐厅还是网红餐厅呢，每天那么多消费者来这里吃饭，你们的食材却掺了走私冻肉，说明你们采购部门肯定出了严重问题，按照规定要先歇业整改。"

胖经理闻言愣在当场，失魂落魄地看着得意扬扬的若冰，真是一头撞死的心都有了。不过，这种人在社会上经受的风浪多了，很快就调整过来心态，咬着牙向若冰鞠躬："真是对不起，这位女士，我们的食材确实不新鲜，这是我们酒楼的责任。今晚的饭菜免单，另外我们还会做出赔偿。希望您能原谅我们。"

"哼，我就说过，我的嘴就是证据，你还不信！"若冰才不在乎什么赔偿，但她的意见得到证实，感觉从未有过的扬眉吐气，得意地看看牛凯，"凯哥，听我的没错吧！"

牛凯赶忙点头，和刘歆相视一笑。

有了这个插曲，晚餐也就顺势结束了。不过，牛凯安排了几个同事留下，和派出所一起调查牛腩的货源渠道，其他人先回单位加班。

"凯哥，我晚上要值夜班，先走了。"刘歆跟牛凯打个招呼，准备离去。

牛凯竟有些舍不得，但又不知道该怎样张口。正好若冰得瑟地走过来说："刘歆，你是要回去值班吗？这么晚了，干脆你坐凯哥的车去吧，他们回单位正好路过你们医院。"

"这合适吗？"刘歆难得地露出害羞的表情，看得牛凯一阵心神摇曳，赶紧点头，"合适、很合适，我反正也是顺路。"

不过，牛凯奇怪地看了若冰一眼，心说这姑娘怎么回事，今天竟然不缠着自己了？

若冰还沉浸在晚上的高光时刻，见状哈哈一笑："凯哥，我跟你说实话吧，我对你这款的没感觉，天天就知道工作，一点情趣都没有，不好玩。你还是跟刘歆凑一对儿吧，以后你们两个自由发展，别再抓着我当挡箭牌了。"

啊？牛凯大吃一惊，自己难道幻听了？

"对了，要是你们吃好吃的，可得记得叫上我。"说罢，若冰潇洒地摆摆手，朝自己的越野车走去，剩下牛凯和刘歆两个人四目相对。

"那，咱们也走吧。"牛凯从震惊中缓过来，笑着看向刘歆。

"好。"

28

量身定做

"牛队，情况拿到了。"

二大队办公室，牛凯坐在自己曾经的座位上，正翻看一份询问笔录。梁文手里拿着一摞材料，兴冲冲地走过来。

"我们对酒楼的后厨进行调查，发现了那批走私冻牛腩的来源了。"

"怎么说？"牛凯放下笔录，抬头看向梁文。

"酒楼的采购确实是按照规定程序进行的，问题出在后厨负责配菜的员工身上。他私下进了一批冻肉，每次用一小部分替换掉餐厅的好肉，把换出来的新鲜牛肉、牛腩给自家亲戚开的大排档用。"

"还有这种操作？"牛凯一愣，没想到竟然是监守自盗。

"是啊，怪不得他们的经理那么理直气壮，估计他们自己也气得吐血了。"梁文笑道，"我们从这个员工入手，跟出来一条新的走私链，他们这次学聪明了，每天凌晨先用快艇送到江心，然后快速卸货分散到多条小船，化整为零地把货出掉。"

"他们的小船是哪里来的？"牛凯皱眉。

"这就是我要说的，我们顺藤摸瓜，抓了一个和快艇对接的中间人，外号'勺子'。据他说，这些小艇是最近从南方运来的，就是渔民常用的普通小渔船，直接加装马达就变成一个小快艇。这种小船虽然速度不算快，但成本极低，还不到两万就能改装完成。很多渔民就把自己的船拿去改装，然后再出租给走私犯，皆大欢喜。"

"改装小艇的人真是个人才啊！"牛凯冷笑一声，"直接说吧，接下来怎么整？"

梁文说："我们已经说服'勺子'做我们的线人，三天后他会再去和改装小艇的人见面付尾款，到时候我们派人假扮成'勺子'和对方接头，摸清对方底细。如果机会合适就直接收网。"

"好！"牛凯一拍大腿，"就这么办，人选定了没有？"

哪知梁文却有些犹豫："可是，这个'勺子'有点问题，我们现在找不到合适的人。"

"怎么回事？"牛凯站起来，"难道这个'勺子'有什么特别的地方？"

"这个，'勺子'是个瘸子。"梁文为难地看着牛凯。

"什么？瘸子？"牛凯也诧异了，"哪条腿？"

梁文没说话，眼神儿却瞟向牛凯的假肢，那意思再明显不过，就是你这条腿。

"哈哈哈，这怎么感觉像是量身定做的。"牛凯一把抓过梁文手里的资料，目不转睛地看起来。

"凯哥，我觉得这个任务不太合适你，要不我们再想想其他办法？"梁文还在做无谓的挣扎。

啪！

牛凯合上资料夹，眯着眼道："勺子三十二岁，临安市人，六年前因为故意伤害被判刑三年，出狱后又因为和人斗殴被打断右腿。之后去南方混迹了几年，今年上半年才到广府市活动。"

"与其说是走私犯，不如说他是个捎客，专门帮各种团伙牵线搭桥，美其名曰资源整合。"梁文说，"而且据他交代，每次接收改装的小艇时都不是当面交易，而是对方快递给他一个信封，里面有一张地图和一串密码，他按照地图到达一个保管箱，用密码打开后才能得到真正的交货人联系方式。每次这个交货人都不一样的，应该是那些渔民的代表，他们把快艇交给'勺子'，收取租金。"

牛凯皱眉："这样的话，我们就算冒充他也没用。"

梁文点点头说："按照过去的方式确实没用，但三天后他们要见面交钱，也就是改装快艇的人收钱的日子。因为是现金交易而且钱在'勺子'手上，所以他可以要求当面交易。"

"这么巧？"牛凯有些不敢相信，这简直是瞌睡有人送枕头啊。

"是啊，我们开始也不敢相信。但确实挺巧的，如果我们晚几天抓到他都会错过这次见面。"梁文有些郁闷道，"也许这就是天意吧。"

"不管怎么样，这个机会摆在眼前，我们就得接住喽。"牛凯兴奋道，"大家做好准备，三天后行动。"

"力健健身俱乐部"是一家开了十几年的老牌运动俱乐部，广府市每个区都有他家的店铺，其中最大的一家坐落于广府市第一中学新校区的旁边。

广城一中是全省重点高中，每年考上清北大学的学生数量一直稳居全省前三。因为名声在外，广城一中的发展也是日新月异。学校最新的校区就在曲江南岸的经济开发区内，位置依山傍水，自然环境非常优越。

这天上午，一辆悬挂广城车牌的新能源轿车缓缓驶入广城一中新校区旁边的"力健健身俱乐部"。车门打开，一个微微佝偻着腰背、头发浓密、脖子挂着一串佛珠的男人一瘸一拐地下了车。

这个人的右腿似乎受过伤，以一种十分不自然的姿势向外侧扭曲，每迈出一步都会让身体不由自主地向右歪，好像吃饭用的勺子。

勺子一拐一拐地走进俱乐部接待厅，现在正值上班时间，大厅里人并不多，大多数都是俱乐部工作人员，他们看见一个残疾人进来，不免有些惊讶。

"我要游泳。"勺子从口袋里掏出一张会员卡，递给前台小妹。

"好的，先生，请您稍等。"前台服务员知道这种卡是半年前俱乐部新店开张做活动时推出的优惠卡，不记名，按次使用，一般都是些喜欢贪小便宜的客户领走的。

服务员不着痕迹地扫了一眼勺子的瘸腿，笑容也淡了几分。

"您好，这张卡只剩最后一次使用机会，下次再来就不能再使用了。请问您需要办一张新的会员卡吗？"服务员礼貌地问。

"不用了。"勺子摇摇头交了一百元押金，拿起手环一瘸一拐地朝更衣区走去，旁边原本热情的业务员们见状也都停下脚步，大概实在不觉得这个老板有继续办卡的实力。

勺子慢悠悠地进了更衣区，除了他自己手上的手环外，从口袋里又掏出一个手环，两个手环竟然一模一样。他按照手环上的号码来到对应的柜子前，将手环贴近感应锁，一声"滴滴"的电子音后，柜门打开。

一个手提袋正安静地靠在柜子里面。

勺子没急着取出手提袋，而是抬头看看四周，确认没有监控摄像头，这才把手提袋拿出来。打开一看，里面只有一只老式手机。

勺子拿出手机，发现通讯录和通话记录都是空的，只有一条短信保存在手机里，发送号码是虚拟的。

短信里写了一句：拿好手机，我会联系你。

勺子收起手机，再次检查了一遍柜子，然后拿着手提袋离开更衣区。

外面的服务员们正百无聊赖地聚在前台聊天，看见这个刚进去的瘸子又拐着腿出来了，大家纷纷露出不解。

勺子没理会他们的好奇，径直来到前台，把手环递过去。

"先生，您还没有运动就要走吗？"服务员提醒道，"如果您退还手环，那就不能再运动了，否则只能重新办卡。"

勺子点点头："退掉吧，临时有事，不运动了。"

"好的。"服务员有点郁闷，但还是麻利地办完手续，将一百元押金退给勺子。

勺子想了想，又把另一个手环递过去："这个手环是我朋友的，一起退掉吧。"

服务员诧异地看了他一眼，没说什么开始办理。但她在电脑上操作了一会儿，表情却微微一顿，古怪地望着勺子说："请问您是勺子先生吗？"

"是啊，怎么了？"勺子奇怪为什么服务员会知道自己的名字。

"这里有一个信封，说是退手环押金时交给您。"说着，服务员从身后的柜子里取出一个棕色信封，还有一百块钱交给勺子。

"谢谢。"勺子表情不变，接过信封和押金便离开了俱乐部。

回到车上，勺子微微出了口气，拿起信封仔细端详起来。不用问，勺子就是化妆后的牛凯，但是这个流程和之前演练过的不一样啊。

那个被警方抓住的勺子可没说过前台还有信封要取，事实上，每次接头他都是先收到对方的快递，按照上面的指示去做，从来没有出现过加戏的情况。刚才，牛凯是临时突发奇想，觉得以勺子的性格，对于手环押金应该不舍得丢弃，这才要求退掉那个手环的。

没想到对方连这个环节都算到了，如果来的人不是勺子而是其他人，很可能不会去退这一百块押金，那么就会错过这个信封。

牛凯没急着拆开信封，而是先用对讲机联系梁文，把情况通报给他们。随后，他才小心地拆开信封，看见里面放着的一张纸条：

"神庙公岛，一个人来，手机上岛后可用。"

市局刑警支队二大队会议室，牛凯、梁文、铁有水、王胜利、秦威等人围着一幅地图陷入沉思。

他们是市局新组建的"1211专案组"成员，正在研判牛凯取回的证据。

地图上用红色水笔标注出一个距离广府市两百多公里的海上小岛。

这里已经不属于广府市的辖区，而是属于隔壁临安市的管辖范围。临安靠海，海岸线总共有三百多公里长，而沿着海岸还有许多个大大小小的岛屿。

神庙公岛就是距离海岸线比较远的一个无人岛，除了岛上建设的防洪堤坝和一个灯塔外，早期生活在这里的渔民已经全部迁往内陆，所以这座岛除了看守灯塔的工人外，应该不会有其他人生活才对。

"怪不得我们一直没有发现他们改造快艇的位置，原来是把地点放在海岛上了。"铁有水摇着几乎看不到头发的圆脑袋说，"这个位置，我们想要登岛恐怕也很困难，隔着很远就会被岛上的人发现。"

"是的，这里太危险了，而且易守难攻，如果真有意外的话，想救援都来不及。"秦威忧心忡忡地道，"另外，这座岛大多是岩石，几乎没有平地，这对牛凯来说困难又会加倍。"

"没错，我觉得还是直接上岛抓人吧，只要我们行动迅速，岛上的人想跑也跑不掉。"梁文认真看着地图说，"根本没有冒险的必要。"

牛凯沉吟片刻道："如果我们想抓的人不在岛上呢？张全志已经躲藏了这么多年，他会这么轻易地把自己的位置暴露给外人？"

大家都不说话了，其实所有人都明白，万一张全志不在岛上，而警方又突然登岛抓捕，那只会打草惊蛇，以后再想抓张全志就会更加艰难。

"还是我去吧。"

沉默良久，牛凯终于下定决心，他看看其他人说："我们的人做好准备，挑一个能见度低的晚上，这样距离登陆点可能不需要太远，一旦收到我的信号就立刻登岛支援。"

铁有水说："我们必须做足充分准备才行，我建议请几个熟悉当地地形的老渔民过来，帮我们绘制简易地图，提前规划好登陆和撤退的路线，包括岛上的地形地貌，哪里可能用于隐蔽等等。"

"同意。"梁文点头，"我们这就准备，同时把方案呈报给局领导审批。"

商量好后，大家各司其职分头准备，牛凯则拿着岛屿航拍图陷入沉默。

"在想什么？"王胜利走过来递了支烟给牛凯，"害怕张全志不在岛上？"

牛凯点点头："我在想，万一张全志不在岛上，我们该怎么办。"

"看来你已经判断他不在岛上了。"王胜利笑了笑，"你不怕这是一个圈套吗？"

"怕？当然怕，不过想想自己也没什么好失去的，又没有那么害怕了。"牛凯吐了个烟圈儿，"总是要有人去做的，不是吗？"

"是啊，总是要有人去做的。"王胜利不知道想起什么，同样感慨道。

29

孤身上岛

　　三天后的傍晚时分，一排水警执法艇从临安市的港口出发，浩浩荡荡向深蓝色的大海驶去。除了最前面的小艇没有任何标志外，其他十几条执法艇都是全副武装。这是广城和临安两市专门为了这次神庙公岛的任务抽调的精干力量，全是受过海上执法专业训练的特警。

　　牛凯仍旧装扮成勺子的模样，一个人驾驶快艇在最前方行驶，他的脚边放着一个黑色皮箱，里面装着交接用的现金，全部用隐形药水提前做好记号。

　　随着夜幕降临，海面上的能见度逐渐下降，正巧这两天沿海地区有小到中雨，天空的云层很厚，不仅看不到星星，连月光都被遮挡得严严实实。

　　太阳彻底落下，天地间最后一道光明也隐入远方的地平线。带着咸味的空气似乎被一只无形的大手快速搅动，海风渐起，混着浪花落在每个人的眼睛里，让人无法分辨到底是海水还是雨水。

　　阴云压得更低了，天地之间的距离似乎在慢慢接近，灰蒙蒙的世界里看不出颜色，只有海浪声、马达声隐约勾勒出世界的轮廓。

神庙公岛距离海岸线六十多海里，快艇需要行驶一个多小时才能抵达。晚上八点多，灰暗的海平面上突然冒出一点灯火，随后逐渐变大，越来越明亮。

"各小组注意，前方出现灯塔，距离神庙公岛还有两海里。"

对讲机里传来后方指挥艇的通报。

"灰兔收到。"牛凯冲着衣领内的微型麦克风道，"申请按计划登岛。"

过了一会儿，指挥艇的声音再次响起："开启无线电静默，所有船只关闭大灯，五分钟后关闭马达。灰兔按计划执行。"

"是！"牛凯回答完毕后，将挂在耳畔的耳麦关闭并取下，只留下备用的微型麦克风，其他的设备全部藏在快艇船壁的暗格里。

随着身后执法艇的马达声逐渐消失，海面上彻底陷入黑暗，只有牛凯一艘快艇的灯光顽强地射向前方，仿佛一把刺破黑暗的利剑。

雨下得越来越大，整个天地之间除了灯塔的光柱外已经什么都看不见了。

牛凯不得不降低速度，缓缓向神庙公岛靠近。大概过了半个小时，一座高大的黑影突兀地出现在视线之内，像一堵巨大无比的高墙横挡在快艇前方。

牛凯熟练地驾驶快艇，轻盈地向旁边绕开。他已经无数次预演过登岛步骤，知道现在看到的是神庙公岛西侧的崖壁。整座岛屿只有这一块最为险峻，其他三个方向都是地势平缓的斜坡。

岛上唯一的码头就在崖壁的背后，只要绕过去，不用十分钟就能抵达登陆点。

牛凯仰起脑袋，看着面前高耸的崖壁，心里不禁赞叹起大自然的鬼斧神工。而在崖壁最高处，则矗立着一座几十米高的灯塔，上面的巨大光柱正缓缓转动，仿佛远古巨神的目光俯瞰着整片水面。

随着快艇逐渐绕过崖壁，几盏灯火映入牛凯的眼帘。

码头就在前方几百米处，似乎还能看到人影晃动。

牛凯咽了口唾沫，从口袋里掏出磨牙棒塞进嘴里，眯起眼睛，慢慢嚼着。

很快，快艇缓缓靠向码头。可以看见，这个码头非常小，只有几个泊位，岸边还有一间房子，里面亮着灯。似乎是听到马达的声音，屋子的门打开，走出一个中年男人。

"哪里的？"那个人拿着照明灯射向牛凯。

"我是来给志哥送钱的。"牛凯一边大喊一边举起手里的皮箱晃了晃。

"过来吧。"那人指了指身前一个泊位，示意牛凯过去。

牛凯按照指示将快艇靠岸，又费力地把船上的缆绳丢到岸上，那个人接过缆绳绑在岸边，继续用射灯照着牛凯喊道："你干啥来的？"

"我是勺子，按要求过来送钱给志哥的。"说着又举起皮箱，还从口袋里掏出那只老款手机，"老板说用这个手机联系。"

那人看了一下，这才点点头，示意牛凯上岸。

牛凯一手抓着皮箱，另一只手抓住岸边的扶手，想要爬上码头。但他的右腿不便，再加上风高浪急、重心不稳，尝试了几次也没有成功。

"大哥，帮个忙，拉我一把。"牛凯懊恼地说。

那个人见牛凯真的上不来，有些不屑地吐了口痰，这才嫌弃地伸出手把牛凯拽上岸。

因为刚才的动作幅度较大，牛凯觉得右腿膝盖钻心地疼，他狠狠咬了几下磨牙棒，心里暗自祈祷，千万别在这时候掉链子。

上了岸，牛凯装作很不满的样子："你就是接头的吗？明知道我腿脚不方便，还定在这个鬼地方交接。他奶奶的，要是再这样，老子就找别家合作了。"

说着，他拿起皮箱一瘸一拐地朝小屋走去，嘴里仍旧骂骂咧咧的："赶紧给我倒杯热水，我都快冻死了！"

"等等，别动！"那人看牛凯朝小屋走，立刻大喝道，

"站在原地，哪儿也不许动。"

牛凯闻言停下脚步，不满地骂道："老子快冻死了，你不交接还磨蹭什么？"

那人一面警惕地看着牛凯，一面掏出对讲机小声说了几句，随后听见对讲机里传出的声音，这才点了点头道："我们老板要你上山，你顺着这条路往上走，一会儿就能看见他。"

说完，那人把自己手里的射灯递给牛凯，然后扭头跳进快艇拔下发动机的钥匙。

牛凯冷冷地看着这人将钥匙塞进裤兜，恨恨地骂了一句，这才一瘸一拐地往山上走去。

从码头到山顶大概有两公里的样子，道路是石头铺就，虽然异常湿滑但好歹还算是一条小路。

牛凯一手提着箱子，另一只手打着射灯，还要防备滑倒，短短两公里的路走了足有半个小时。来到山顶时，牛凯已经累得气喘吁吁，身上的汗水混着雨水如同小溪般流下，右腿也越来越痛，完全是凭着毅力坚持。

他抬眼打量眼前的山顶平台，这里大概一个足球场大小，中间是一座二三十米高的灯塔，塔身有灯，将整片平台照亮。可以看出，灯塔已经修建了几十年，平整的石头外墙布满岁月的痕迹。山顶边缘并排建有两间房屋，不过屋里黑着灯，看不出是否住人。

雨越下越大，牛凯赶紧走到灯塔入口，推开虚掩的铁门，闪身入内。

"总算进来了。"牛凯嘴里大声抱怨，一边抖了抖身上的雨水，一边用射灯四处打量。灯塔里面略显憋闷，外面的风雨和海浪声被墙壁隔绝，好像是从另一个世界传来，显得遥远而诡异。

牛凯看了半天，发现除了正中间一个旋转的石头台阶外，四周空荡荡的什么也没有，脸上不免露出失望的神情。

"怎么又是台阶？"牛凯气急败坏地骂道，"不知道老子腿不方便吗？故意的吧？"

说着，他一屁股坐在台阶上大口大口地喘起粗气，看样子好像确实走不动了。

"你就是勺子吧？"灯塔顶部传来一个上年纪的声音，"这里已经好多年没外人来过了。"

牛凯立刻起身，警惕地看着上面，一个人影正顺着台阶慢慢走下来。

"你就是志哥？果然啊，闻名不如见面。这几年你可没少发财啊。"牛凯冷笑一声，拍了拍手里的皮箱道，"光这一趟给你的钱就够我吃一辈子的了。"

"没错。我是赚了一点钱，但钱是有了，可花钱的地方却没有啊。"随着志哥的声音逐渐拉近，一个头发灰白的男人一步步从台阶上走下来。

牛凯站起身面向志哥，警惕地上下打量对方。

他发现志哥和专案组掌握的张全志的照片很像，只是不知道为什么会变得这么苍老，五十多岁的人头发已经全白了，而且面容十分憔悴的样子。尽管如此，牛凯还是可以肯定，面前的人就是张全志。

不过，让他有些疑惑的是，张全志竟然真的在岛上等他，这未免有些太容易了。

"说说吧，志哥非要选这里见面，有什么要求？"牛凯表面上很是不满地道，"你这儿不过就是个破塔，以后再合作的话，我可不会再来了。"

"你一个人带这么多钱过来，也让我很意外。"张全志轻笑道，"你就不怕我黑吃黑吗？"

牛凯眼神冷冷地看着对方："你什么意思？我勺子在道儿上混了这么多年，你以为是白混的吗？我既然敢来，就有信心你动不了我。"

张全志居高临下地盯着牛凯："也没错，说白了我们只是个造船的，又不是杀人放火的亡命徒。你敢一个人过来，我也就相信你一回。"

"把钱放下，你就可以离开了。"

牛凯提着箱子却没有动，冷笑一声："大老远的让我跑过来，合着真是送钱给你啊。"

"你还想怎么样？"张全志面无表情道。

"我要你手下改装快艇的独家代理权！"牛凯斩钉截铁

道，"以后凡是你们的产品，都要由我代理，我提成百分之四十，怎么样？"

"难怪你一个人这么痛快就来了，原来是打着这个主意。"张全志摇了摇头道，"勺子，我劝你一句，做人不能贪心。因为，贪心的人都不会有好下场。"

牛凯毫不示弱道："我也劝你一句，时代变了，新的玩法你们老年人不会明白的。只有跟我合作，你们的生意才会越来越好，否则我有办法让你们的船开不进曲江，你信不信？"

"哼，年轻人，太猖狂对你没有好处。"张全志说着抬了下手，灯塔里顿时冲进来十几个壮汉，全是一米八几的大个头儿，浑身上下肌肉盘结，一个个盯着牛凯面露不善。

牛凯环顾了一下四周，发现其中几个大汉手里还拿着手枪，看样子不是制式武器，应该是自己造的。难怪之前撞船时走私犯手里有枪，看来这帮人的机械技术确实了得，连枪都造出来了。

"欺负我人少是吧？我告诉你，晚上十一点前，如果我没有回到码头，那么我的人就会把你和你的生意全部告诉警察。你要是想试试，就尽管动手。"牛凯毫无惧色地看着志哥，一副胸有成竹的样子。

志哥摇了摇头缓缓道："不够，这个条件还不足以让我放你回去。我的手下全是凭本事吃饭，去哪儿都能活得很好。我杀了你，一样可以过得潇洒自在。"

说罢朝手下使了个眼色，两个彪形大汉一左一右把牛凯夹在中间，伸手就把他身上里里外外全部翻了一遍。不知道是不是有意，牛凯藏在衣服内里的微型麦克风也被对方顺手拽了下来，还踩了两脚上去。

牛凯心里一沉，抬头看看志哥，发现他并没有特别的表情，看样子还不知道自己的身份。

只是，通讯中断后，指挥部肯定不会等待太久，何况现在已经确认张全志就在岛上，支援警力很快就会登岸了。

于是，牛凯任凭那两个打手把自己五花大绑，按在地上，脑子却飞快运转，松开抓着皮箱的手，大声道："箱子可以给你，但里面的钱我已经全部喷上特制药水，谁碰过这些钱，警方的警犬都能闻出来。我要是少一根汗毛，你不仅一分钱拿不到，还要失去整个市场，这个选择应该不难吧？"

没想到，张全志听完牛凯的话却哈哈大笑起来，直接用手指着牛凯说："你呀，还是太年轻了。"

牛凯皱起眉头，心里有种不祥的预感。

30

陷入黑暗

张全志指了指地上被踩碎的微型麦克风："你以为我没发现这东西？"

"如果我没猜错的话，警察们的快艇已经要上岸了，对吧？"

牛凯没有说话，只是冷冷地看着对方，事到如今，说什么也没有意义了。

"来吧，给你看样东西。"张全志朝手下摆摆手，一个大汉手里拿着平板电脑走到牛凯面前，屏幕里出现了若冰的身影。只见她被反绑手臂，坐在椅子上，嘴里还塞着一个大馒头。

没错，若冰嘴里塞的不是袜子，也不是抹布，而是一个大白馒头，不过这个北方的老面馒头个头很大，就算是若冰的嘴也被堵得严严实实，发不出一点声音。

牛凯脸色铁青地看着张全志，语气冰冷："放了她，要什么条件我们可以谈。"

"我是该叫你牛警官呢？还是勺子呢？"张全志有些兴

奋地拍拍手，笑道，"我早就告诉过你，年轻人要懂得见好就收，可你怎么就听不进去呢？"

"你到底想怎么样？"牛凯急了，因为视频里的若冰嘴被堵得太久，脸色已经通红，再这样下去很可能会引起窒息。

张全志收起笑容，指着牛凯："先给你们的支援说一声，让他们后退五海里，否则我就无法保证人质的安全了。"

"麦克风已经被踩碎，我没办法通知他们。"牛凯无奈地道。

"好说，我不是送给你一部手机吗？"张全志嘿嘿笑着。

"好。"牛凯这才明白，为什么对方要给自己准备一部手机，原来就是为了让自己联系后方。不得不说，这个张全志的心思实在太过诡谲，他不让牛凯用岛上的通讯器材就是怕警方通过技术分析掌握他们的通讯规律，牛凯自己带上岛的老款手机则没有这个隐患。而且，就算警方提前在手机里做了手脚，他们也不担心，反正联系的是警察自己一方。

旁边的大汉将搜走的手机递还给牛凯，牛凯打开手机，发现这里竟然也有移动信号。

"梁文，是我，若冰在张全志手上，马上通知支援警力停止登岛，后退五海里。"牛凯拨通电话，把对方的要求讲述一遍，随后手机便被大汉夺了过去。

牛凯看了那大汉一眼，没有说话。

"好了，现在我们可以开诚布公地聊聊了。"张全志似乎彻底放松下来，干脆像牛凯刚才一样坐在台阶上，"我怎么想都没想明白，你这个瘸腿警察为什么死盯着那么多年前的案子不放呢？杀人不过头点地啊，已经二十五年了，到底图什么？"

牛凯冷笑一声："这么说，刘家祖宅地下的两具尸体都是你杀的了？"

"都这时候了，还想套我话？"张全志摇了摇头，"看来，咱们的沟通方式有问题。"

说着，他冲手下挥了挥手，那人不知怎么做的，视频里的若冰突然抽搐起来，硕大的身躯瞬间绷直，几十秒后才猛地瘫软下来。

"停，把电停下来！"牛凯没想到对方连电椅都用上了，顿时气得双目圆睁，额头上青筋暴起，如同一头发怒的狮子，"张全志，一人做事一人当，对女人下手，你不是男人！"

张全志轻蔑地瞥了牛凯一眼，再次摆手。

视频里，电椅再次通电，若冰整个人瞬间绷直，两只眼睛瞪成铜铃大小，连头发都竖起来，发出令人心碎的呜咽。

"张全志，你想怎么样？"牛凯脸色阴沉得能滴下血来，神情也冷静下来，所有人都能感受到他体内酝酿的滔天怒火，仿佛一座即将喷发的火山。

"这还差不多。"张全志面无表情地让手下停止对若冰的折磨，然后缓缓道，"想做我的对手，首先要确定自己有这个资格。"

"你确实很聪明，但你这么聪明的人怎么会不知道自己的处境？我很好奇，你打算怎么做？"牛凯一字一句道。

"是啊。自古说的好，民不与官斗。"张全志叹了口气，"我当然知道，把你引到这里的那一刻，我就已经很难全身而退了。但是，这么多年我都熬过来了，也许老天还会再帮我一次。"

"哼，祈求老天爷？那你也得先问问那些被你害死的人答不答应。"牛凯冷哼一声，"既然你这么怕死，为什么还要把我引过来？"

"不要着急，所有的疑问都会有一个答案，如果没有那就编一个吧。"

说完，张全志站起来，看了看时间道："跟你啰唆了半天，时间已经差不多了。咱们走吧。"

"去哪儿……"

牛凯还没说完，脑袋就被一个黑色头罩罩住，手脚全部被捆上，然后抬了出去。

张全志看着牛凯被抬走，这才恢复了之前的从容："都安排好了？"

"老板，都安排好了。"手下回答。

"那就让他们尽情享受吧。"

说完，张全志走下台阶，朝大门走去。

不过，在走到门口的时候，张全志停下脚步，回头深深地望了一眼，有些依依不舍地摸了摸斑驳的石壁，然后在手下的簇拥下离开。

牛凯感觉自己被抬出灯塔，走了没有太远又来到一间房子里，屋子里面黑黢黢的，什么也看不见，只能凭感觉感受四周的动静。

很快他被固定在一张冷冰冰的铁质椅子上，手脚都被捆住，随后那些人取下罩在牛凯头上的黑色头罩，然后急匆匆离去。

砰！

大门被关上，屋子里彻底陷入黑暗。但没过多久，一盏昏暗的灯亮起，还有一个电视屏幕也同时亮起。

牛凯看见屏幕里出现小岛码头的画面，几个男人正抬着一个人走向泊位。

"若冰！"

牛凯一眼认出被抬着的正是若冰。此刻，若冰已经被电晕过去，手脚捆绑得死死的，被他们扔进牛凯驾驶的小艇当中。

之前在岸边接待牛凯的中年男人从口袋里掏出发动机钥匙，插进小艇的钥匙孔，打开点火开关，小艇便响起震耳的轰鸣声。

他们想做什么？牛凯努力想挣脱手脚上的绳索，但对方捆得太紧，他挣扎了许久都没有用。

随后，他看见那群人搬来许多雷管放在小艇上，就在昏迷的若冰身边。这么多雷管一旦爆炸，若冰怕是连骨头渣都剩不下来。

不仅如此，那些人还在源源不断地安装雷管，整个码头下面全部装满了炸药，看样子竟然是想将所有警察一网打尽。

看到这里，牛凯哪能不知道对方的意图，于是拼命挣扎起来，但他的手脚全部被死死捆住，根本没有挣脱的可能。

一分钟、两分钟……

牛凯死死咬住磨牙棒，还在拼命摩擦绳索，手腕上早已血肉模糊，但他仍旧不愿放弃。

这时，他从屏幕里看见码头上，那个拿走他手机的大汉，从口袋里掏出牛凯的手机，朝着镜头晃了晃，然后丢进海里。

牛凯彻底绝望，这个手机确实被警方动了手脚，在里面安装了定位装置，原本希望可以借助它确定张全志的位置，但没想到对方连这个细节都预料到了。

怎么办？梁文他们肯定不会坐以待毙，他们会想尽办法潜入小岛，只要他们靠近码头，就会必死无疑。

牛凯疯了一样死命挣扎，但用尽了所有力气也没有丝毫办法，只能眼睁睁看着屏幕里静静停靠在码头的小艇，以及即将发生的惨剧。

就在这时，他的右腿一阵钻心疼痛侵袭而来，险些让牛凯昏厥过去。不过，牛凯却眼睛一亮，像是看到了希望。

没错，他的右腿虽然被绑住，但那条腿是假肢，他只要将假肢卸掉，就可以获得更多活动的余地。

于是，他用尽全力将右腿向上抬，想要从假肢的连接腔里抽出来。但假肢的固定十分牢固，想要硬生生地把腿拔出来，忍受的痛苦不亚于将腿打断。

但是，牛凯知道，这是自己唯一的机会。他深吸一口气，调整了一下嘴里的磨牙棒，然后用尽全部力量一点点将残肢从连接处向上拔出。那些固定假肢的绳扣原本是为了让他走路更加稳固，如今却成了折磨牛凯的最大障碍。

啊……啊……啊！

剧烈的疼痛让牛凯全身上下不断抽搐，两只眼睛完全充血，连眼白都变得一片血红，嘴角也早已咬破，鲜血顺着脸颊不住流淌，看起来如同地狱里爬出的厉鬼。

不……啊！

我、不、答、应……

谁、都、不……能……死！

嘣！

一声脆响，牛凯的断腿终于从假肢中硬扯出来，原本已经痊愈的伤口再次崩裂，鲜血汩汩地冒出来，想止都止不住。

　　但牛凯根本顾不上这些，他强忍着炙烤灵魂般的剧痛，挪动身体，把腿抬高到手边，然后用捆在椅子上的手揪住裤腿，一点点掀起，再顺着摸到断腿上绑着的固定器。

　　这些零件是金属制成，他取下一个已经被拉得变形的挂钩，然后挪动身体，用嘴咬住挂钩一点点摩擦捆绑手腕的绳索。

　　也许是最近牛凯天天咬磨牙棒的成果，他的咬合力增加了很多，连续磨了十几分钟后，手上的绑绳终于被磨断。

　　呼……

　　牛凯整个身体瘫软下去，如同一条快干死的鱼，张着大口无力地开合着。

　　好累啊！

　　要是能睡一觉就好了……

　　一个声音在牛凯耳畔来回穿梭，引诱他堕入那无边的黑暗。

　　只要睡一会儿就好啊！

　　"嘶……"

　　一阵剧痛袭来，让牛凯猛地睁开双眼。

　　原来是不知不觉间，铁钩扎进手腕的肉里，疼痛再次将他拉回现实。

　　不能睡觉！

牛凯强打起精神，看了看身边，赶紧解开绑着自己的绳索。

现在他的假肢已经彻底不能用了，他只能拿在手里当作武器。

牛凯一蹦一跳地来到门口，发现门没有上锁，他一把拉开，外面的海风卷着雨点猛地灌进来，让他几乎睁不开眼。

没时间了！

牛凯身上没有任何通讯设备，只能用最快速度赶到码头，阻止赶来的警察登陆。他看了看方向，发现自己所在的房子正是灯塔旁边的那排屋子，来时的山路在大雨中依稀可见，只是连续的大雨已经让地上满是积水，想要顺利下山并不容易。

牛凯摸索着跳出屋子，身上瞬间被雨水打湿，连鞋里都灌满了水。他才蹦出去十几米，就滑倒在泥水里。

"啊……"

牛凯惨叫一声，强撑起身躯，继续向前跳去，但没多久再次摔倒。

右腿的伤口已经麻木，但血水仍流个不停。牛凯知道自己这样根本坚持不到码头，只能坐在地上，脱掉外衣快速缠住伤口，再打一个死结。随后，他干脆不跳了，而是手脚并用地在地上爬行起来。

这样一来，因为身体能保持平衡，所以速度反而快了许多。半小时后，牛凯连滚带爬地从山上下来，码头的灯光已经离得不远。张全志的手下已经全部撤走，此刻码头上除了那艘快艇，没有一个人影。

虽然码头近在眼前，但牛凯的体力也透支到极限，连续的失血让他的力气飞速流逝，连向前爬的力气都没有了。

不能倒下！

牛凯眼前一阵天旋地转，大脑连思考的能力都已丧失，只能凭着本能机械地向前挪动。

一百米，九十米，八十米……五十米，三十米，二十米……十米！

只差最后几米了。

牛凯甚至已经触到快艇停泊的泊位，但他却再也坚持不住，重重地摔在地上。

此时此刻，虽然心里万般不甘，但他还是绝望地看着近在咫尺的快艇，陷入无尽的黑暗。

31

阴云散去

雨仍在下，天地间似乎连成一体，只有狂妄的海风在其间肆虐不休。

在海风咆哮的震耳声浪中，海面上隐约传来马达的响声，听声音似乎是许多快艇接连驶来。如果牛凯还清醒的话，一定知道这是接应的警力到了，他们正准备登岸。

但是，警察们不知道，码头下面装满了炸药，一旦他们上岸，等待他们的将是残酷的爆炸。

此刻，牛凯正趴在距离海边不远的栈道上，一只手保持着奋力向前的姿势，另一只手则用力抓着地板上的缝隙，想要发力再向前一点。

然而，他已无法醒来。

随着马达声越来越近，十几艘执法艇在海浪中若隐若现。不出五分钟，他们就可以靠近停泊，抢滩登岸了。

这时，原本停靠在码头边的小艇上，被捆绑的若冰发出一声呻吟，她被电击昏厥了近一个小时，现在终于醒了过来。

"唔……"若冰茫然地睁开眼睛，"这是哪里？我为什么在这里？"

随即，她发现自己手脚都不能动弹，连嘴里都塞着东西。

对了，自己被一群坏蛋绑架了，还被运到一个海岛上……

若冰紧接着想起了之前发生的事，她吓得赶紧挣扎，想要呼救。但嘴里的东西黏糊糊的，让她难受，也发不出任何声音。

不过，雨水的浸泡似乎让堵在嘴里的东西变得松软许多，若冰大口呕了几口，便将嘴里的馒头吐了出来。

"真是可惜了。"若冰这才发现嘴里塞的竟然是馒头，怎么突然觉得有些饿呢。

她赶紧晃了晃脑袋，把杂念抛到脑后，然后冲着岸上大喊起来：

"救命啊……救命啊！"

若冰的嗓门又高又亮，穿透力很强，连不远处的快艇上都能听见。

梁文和王胜利此刻正在指挥艇上焦急地看向不远处的码头，他们本来已经可以登陆，但却被铁有水阻止。

铁法医觉得码头上安静得过了头，怕是有陷阱。

本来大家还有些犹豫，可听到若冰的呼救声，梁文决定先派一艘快艇过去查看情况。于是，一艘执法艇开动马达，向着码头疾驰而去。

就在快艇距离码头不到两百米时，岸上突然亮起一串彩灯，红红绿绿的煞是醒目。

驾驶快艇的警察下意识地减慢速度，只见岸边码头上一个人影跌跌撞撞地走了几步，手里挥舞着一个闪着彩灯的物体。

"凯哥！是牛凯。"执法艇上的梁文激动地欢呼起来，"这是他的假肢，上次他说过，他的假肢是德国原装进口的，还自带夜光功能，就是这个颜色，我绝对没记错。"

"让前面的快艇回来！"铁有水立刻道，"凯哥让我们不要靠近。"

"凯哥！"若冰也发现了牛凯，同样激动地叫起来。

"若冰，快告诉执法艇，不要过来。有炸弹！"牛凯用尽最后一丝力气，声嘶力竭地冲若冰喊了一声，再次摔倒在地，彻底失去知觉。

"凯哥！"若冰见到牛凯浑身是血的凄惨模样顿时急了，眦眦欲裂地大吼一声，发出震天的爆响，"你别死啊！"

说着，若冰全身用力，竟然生生地绷断了绑着自己的绳子，然后一个箭步冲上码头，抱起昏迷不醒的牛凯，哇哇大哭起来："凯哥，你醒醒啊，你可千万不要死！你死了，我怎么跟刘歆交代啊！"

震耳欲聋的嘶吼声在海风中传出很远，似乎真的把牛凯呼唤醒来。

　　"若冰，走，有炸弹。"牛凯醒来第一件事情就是提醒若冰逃走，"让所有快艇不要过来。"

　　"好，我带你一块走。"若冰抱起牛凯，冲着海上吼了几声，然后飞快地向山上跑去。

　　"等一下，放我下来。"牛凯被颠得连晕厥都做不到，只能用微弱的声音阻止若冰，"我要关掉炸弹引爆器，你放我下来。"

　　"不行，我可不能丢下你。"若冰倔强得很，根本不听牛凯的，"要是刘歆知道我丢下你自己跑了，非得恨我一辈子不可。"

　　"我是警察，我还有任务。"牛凯怒道。

　　"管你什么警察不警察的，反正我不让你回去。"若冰跑得很快，一会儿工夫，码头已经看不见了。

　　牛凯郁闷得不行，他说得嗓子都干了，奈何若冰一句都听不进去。

　　就这样，若冰抱着牛凯一口气跑到了山后，彻底远离了码头的方向。

　　"现在你可以放我下来了吧？"牛凯无奈地说。

　　若冰一口气跑这么远，也累得够呛，放下牛凯后一屁股坐在地上，大口大口喘着粗气。

"你怎么被抓到这里的？"牛凯好奇地问。

"我接到你的短信，叫我去吃包子，我就去了。结果你没来，我先吃了几个包子，然后就什么都不知道了，醒过来就到了这里。"若冰气呼呼地说，"我还没吃饱呢，饿死我了。"

"等我们回去，我请你好好吃一顿。"牛凯被若冰一番折腾竟然恢复了一些气力，安慰对方道，"不过在这之前，咱们得想办法帮我同事登岸。否则咱们也没办法走。"

若冰想了想说："那可不行，你不是说码头上全是炸弹吗，这时候怎么能回去呢？"

牛凯知道这姑娘是个死心眼，也不想再劝，只能闭上眼睛思考接下来该怎么办。

经过刚才的折腾，大雨终于停了，阴云散去，一轮明月高悬天际，将整个小岛照得十分明亮。

"凯哥，你看那是什么？"若冰饿得心慌，在山坡上焦急地走来走去，突然发现山坡下面有些光点在晃动。

"扶我过去看看。"牛凯的腿伤复发，靠自己的力量根本站不起来，只能让若冰帮忙。

"就是那里，有光点晃来晃去的那个地方。"若冰一手扶着牛凯，一手指着山下。

牛凯看了一会儿，沉声道："应该是快艇上的照明灯，这是张全志和手下逃走的地方。"

"张全志，就是抓我过来的那个坏人吧？"若冰想起自己被折磨的惨状，心里燃起熊熊怒火，"凯哥，咱们过去把他们都抓住吧。"

"这太危险了，他们手上有枪。"牛凯缓缓摇头，"我还受了重伤，必须想办法通知梁文他们才行。"

"可我们没有手机啊。"若冰郁闷道，"要不我们点一堆火？"

"我还有一个通讯器。"牛凯表情严肃，"就藏在我来的那艘小艇上，所以我们必须回去。"

"不行，万一炸弹爆炸怎么办？"若冰连忙摆手，脑袋摇得像个拨浪鼓。

"放心，他们的炸弹是用雷管做的，引爆器就放在码头旁的小屋里面，我过去关掉引爆器，炸弹就不会爆炸了。"牛凯只说了一半，其实引爆器是遥控的，张全志在码头上安装了摄像头，只要警察登陆他就会引爆炸弹。刚才因为警察没有进入圈套，所以他并没有引爆。

但牛凯不敢耽搁，只能尽量说服若冰带自己回到码头，到时候他自己进去拆除引爆器，让若冰留在安全地带就行。

"若冰，现在岛上只有咱们两个，如果让那群坏蛋跑了，我们以后就再也抓不到他们了。难道你被他们这样折磨就算了吗？"牛凯痛心疾首道，"你忍得了，我忍不了啊！"

"放屁，我也忍不了啊！"若冰大怒，腾地站起来，大声说，"咱们这就去拆掉炸弹。"

说完，再次背起牛凯朝码头跑去。

没多久，两人再次看到码头，但若冰却停下脚步，把牛凯放下："凯哥，你在这儿等我，我去给你取通讯器。"

"什么？"牛凯大惊，"不行，你不知道藏在哪里，只能我去才行。"

若冰不服气地道："你告诉我位置就行，不然我就直接过去找，你想让我浪费时间那就别告诉我。"

"我说不行就是不行。"牛凯万万没想到若冰竟然这么大胆，"会死的！"

"那我自己去找。"若冰也不墨迹，转身就朝码头跑去，牛凯想拦却根本阻拦不住。

"若冰，通讯器在船头侧面的暗格里，上面有一个凹下去的圆洞就是。"牛凯没有办法，只能大声喊着告诉若冰。

"知道了。"若冰头也不回地跑向码头，嘴里嘟囔着，"刘歆啊刘歆，这次我要是没死，以后天天去你家吃饭。"

"若冰……"牛凯瘸着腿，奋力地跟在后面，却只能看见若冰越来越远的背影。

与此同时，在岛的另外一边，十几个壮汉正搬着一箱箱的值钱设备往快艇上运。

张全志站在岸边，看着手机上的实时监控，嘴角露出一抹笑意："竟然跑回去了？胆子倒是不小啊。"

"既然这么想死，那我就成全你们吧。"张全志嘿嘿笑着，"等那个瘸子到了码头，就一起送他们上西天吧。"

说完，他转身登上最大的那艘快艇，再也不看身后的小岛。

身边的手下点头应是，拿出遥控器，一边盯着屏幕一边准备引爆。

通向码头的山路上，牛凯疯了似的冲向码头旁边的房子，几乎每蹦几步就会跌倒，整个人摔得像个滚地葫芦。

可就在他快接近码头的时候，却突然改变方向，从侧面迂回向另外一侧。

张全志的手下正通过监控查看牛凯的动向，没想到他身影一闪竟然跑出了监控视野。这下子，他也不知道该怎么办了，想要向张全志报告，可对方已经上了快艇，根本没有搭理自己的意思。

算了，再等等吧。

就是这一下犹豫，给牛凯提供了绝佳的机会，只见他的监控闪了几下便彻底黑屏。

"老板，监控被破坏了。"手下连忙向张全志报告，但后者在船上被海浪声干扰根本听不到他的喊声。

等他跑到近前报告后，张全志立刻下令引爆。

手下第一时间按下起爆按键，等了许久也没有听到码头方向传来爆炸声。

"快点，再试试。"张全志气急败坏地叫道。

手下连续按了好几次，没有任何反应。

"坏了，他肯定破坏了引爆器。"张全志脸色一变，冲着手下大喊，"东西丢掉，马上离开！"

手下们听到后立刻扔下搬运了一半的设备，慌里慌张地爬上快艇，准备逃跑。

码头上，牛凯擦了擦额头的冷汗，看着眼前被砸碎的引爆器，心里一阵后怕。幸好张全志用的是老式手机作为引爆装置，只要砸碎手机，让它无法工作就可以破坏爆炸。

如果张全志用的是电视上那种计时器或者其他高科技玩意儿，牛凯肯定不知道怎么拆除。到时候，他和若冰只能在天上互相埋怨了。

"凯哥，是这个东西吗？"若冰拿着通讯器，一脸兴奋地跑了过来。

"没错，就是它。"牛凯点点头，把通讯器戴在耳朵上，里面正传来梁文焦急的声音：

"凯哥，收到请回答！"

"阿梁，是我。"牛凯沉声道，"张全志就在岛上，现在正准备逃跑，他们在岛的另一侧还有一个码头，立刻派人拦截。"

"收到！"梁文的声音透着兴奋，"你怎么样？"

"我没事儿，若冰也很好。"牛凯长出一口气道，"咱们埋伏在岛周围的力量全部通知到位，绝不能让他们跑掉！"

"放心吧，这次不管多少艘快艇，绝对插翅难飞！"梁文胸有成竹道。

很快海面上响起巨大的马达轰鸣声，数不清的快艇射灯骤然亮起，远远看去，竟是将整座小岛团团包围。

张全志他们的快艇虽然速度极快，但吨位却很小，在重重包围中想要突围只能不惜代价地硬闯。

在一艘快艇冲向执法艇却被轻而易举地撞翻沉海后，他们只能绝望地放弃。

要知道，这里可是风高浪急的大海，不是平静的内陆江河可比，人员一旦落水基本上等于宣告了死刑。

整个围捕行动用时不到十五分钟，警方将一伙人全部抓获。然而，在清点完人数后，却发现张全志竟不在其中，连被撞翻的快艇上的人都全部救了回来，仍然不见张全志的踪影。

"怎么回事？"梁文等人面面相觑，他们可以肯定，所有想逃走的快艇都被拦截下来，不可能有漏网之鱼。

"凯哥，张全志不在这些快艇里。"梁文焦急地和牛凯通报，"他很可能还在岛上，你们要小心。"

"明白。"牛凯正筋疲力尽地靠在码头边的房檐下，若冰也坐在旁边喘气。

两个人相互依偎着，好像一对恩爱的情侣一般。

"凯哥，你说咱们能活着回去吗？"若冰高大的身躯斜靠在牛凯身上，即便坚强如牛凯也有些吃不消，只能微微皱眉，露出生无可恋的表情。

"应该，没事吧？"牛凯气若游丝地道，"只要你别压死我……"

"啊，对不起，凯哥，我没注意。"若冰连忙道歉，把身体坐正一些，"我刚才以为自己要死了，我好难过啊。"

"没事儿了，都过去了。"牛凯声音越来越小，已经快要支持不住，"我们上船，先和大部队会合。"

若冰点点头，起身扶着牛凯慢慢朝快艇走去。

这时，身后传来一个阴恻恻的声音："连个招呼都不打，就想走吗？"

若冰转过身，看着从山路上下来的张全志和他手里的枪，顿时吓得手足无措。

"我就说，你这种人怎么可能会和手下一起逃跑。"牛凯冷笑一声。

"呸！王八蛋，你这个坏人。"若冰一想起自己受的折磨就恨得牙根痒痒。

"少废话，让这个女的留下，你跟我上船。"张全志掏出手枪，指着若冰道，"不想死就滚远一点。"

牛凯挡在若冰身前："我听你的，放过她。"

张全志点点头："快点上船。"

说着，他也一步步向牛凯逼近。

"凯哥……"若冰很是犹豫。

牛凯轻轻拍了拍若冰："没事儿的，他让我上船是为了用我当人质逃跑，我不会有事的。"

"好吧，你要小心点。"若冰不好多说什么，只能走到一边。

牛凯没了若冰搀扶，只能吃力地挪向快艇。

张全志不耐烦地跟在牛凯身后，在他刚到船边时一脚踹在牛凯后背。

"唔……"

牛凯痛哼一声，摔进快艇。

张全志立刻解开缆绳跳了进去，飞快启动马达．小艇灵活地转身掉头，向着外围执法艇冲去。

"牛凯，你一定要活着回来啊！"若冰的叫声回荡在海岸边，久久不息。

"投降吧，你跑不掉的。"牛凯躺在船上，无力地看向张全志。

"哼，我这个人，年轻的时候吃喝玩乐都享受过。中年的时候，却像乌龟一样缩在壳里不敢见人。接下来啊，该到养老的时候了。"

"监狱是个不错的选择。"牛凯咧嘴笑了笑，却牵动伤口，痛得龇牙咧嘴。

"如果我告诉你，我从来都不是一个坏人。你信吗？"张全志自言自语道，然后看向牛凯。

……

32

死里逃生

"张全志，你已经被包围，马上放下武器投降！"数艘执法艇挡在小艇前方，几道光柱将小艇上照得亮如白昼。

牛凯经过连番折腾，已经陷入了昏迷，躺在小艇里一动不动。张全志则用枪顶住牛凯的脑袋，朝着巡逻艇方向大吼："让开，否则我一枪崩了他！"

指挥艇上，所有人都紧张地看着迎面而来的小艇。

"怎么办？赶紧让开吧。"梁文急切地说，"这人是个疯子，凯哥会没命的。"

"不行，让他离开的话，牛凯才真的危险了。"铁有水斩钉截铁道，"只能赌一把。"

王胜利也道："船上有狙击手吗？"

梁文摇头："没有，海上执法谁也想不到会遇上这种情况。"

"那就只能赌了。"王胜利咬牙道，"总之不能放他离开，否则牛凯就真的危险了。"

"让开！让开！"张全志眼看就要撞上执法艇，急得狂吼，"再不让开，我就杀了他！"

砰！砰！

说着，他朝着海面连开两枪，巨大的枪声让所有人心脏悬了起来。

果然，枪声响起后，两艘执法艇缓缓向后退去，但它们后退的速度很慢，只留下一道狭窄的缝隙，看样子张全志的小艇不一定能顺利通过。

"混蛋，让开啊！"张全志状若疯癫地全速冲刺，竟是要强行从两条执法艇之间硬闯过去。

执法艇上，梁文紧张得攥紧拳头，连呼吸都忘记了，瞪大双眼看向小艇。

其他人也差不多同样状态，连大气都不敢出，眼睁睁地看着小艇朝船头冲过来。

啊——啊——啊！

"我一定不会死的！"

张全志疯狂大吼，两眼通红地盯着前方，同时一手操作方向，另一只手拿枪顶住牛凯。

可他并没有发现，原本趴在船上没有动静的牛凯不知何时已经睁开了眼睛。

哗啦啦——

海浪被疯狂冲来的小艇搅得如同沸腾，还没来得及向两边排开便被马达卷入海底。

就在小艇钻进两条执法艇中间的瞬间，两条执法艇竟猛地向前一合，恰巧将小艇卡在中间。

吱滋——吱滋——

一阵令人牙酸的摩擦声钻进每个人的耳朵，让人浑身泛起一层鸡皮疙瘩。

与此同时，执法艇船头上分别冒出几名特警，他们同时向小艇上抛出数道绳索，其中一根正巧落在牛凯手边。

张全志没想到警方竟然想出这种办法，当绳索落下时本能地举手格挡。就在这一瞬间，牛凯猛地翻身，一只手死死抓住绳索，整个人从小艇上滚入大海。

一切都只是瞬间，但所有配合都好像提前演练过无数次，各方配合得妙到毫颠。

等张全志反应过来后，牛凯已经拽着绳索不见踪迹。

与此同时，多艘执法艇从更远处向张全志包围而来，这下，张全志彻底成了瓮中之鳖。

"啊！"张全志明白自己大势已去，发出绝望的怒嚎，缓缓举枪塞进口中。

砰！

一声枪响，在浪花翻腾的海面上久久回荡。

哗啦啦——

海面上响起一串水浪声，牛凯拽着绳索从水里慢慢升起。

他面容冷峻，眼神冰冰地望向波光粼粼的海面，不知在想什么。

"如果我告诉你，我从来都不是一个坏人。你信吗？"张全志自言自语的声音在牛凯耳边响起。

"当年，我只是一个小混混，靠投机倒把和兑换外币混日子，可我没想到刘天德竟然骗我，打着兑换外币的幌子抢我的钱。"

"为了万无一失，刘天德还叫了一个老家亲戚做帮手，这个人名叫刘灿。他们两个人把我捆起来，抢走我身上的钱。不过，刘天德不想手上沾血，拿到钱就离开了，让刘灿自行处置我。要不是我聪明，用钱引诱刘灿，让他留下我一条命，我根本活不到现在。"

"后来，我想逃跑，被刘灿发现。搏斗中，我用衣架勒死了刘灿，把他埋在原本给我准备的坑里。我杀了人，从此不敢回家，只能四处躲藏，但每年12月，我都会去刘家给他烧纸，希望他做鬼以后不要找我麻烦。"

"就这样过了几年，我去烧纸下山的路上遇到马乐挟持陈小聪上山，惊慌之下，我跳下山沟逃走，却把挎包落在山上。当天晚上，我想回去找挎包，却看见绑在柱子上的陈小聪。那时候，我已经东躲西藏了太久，吃尽了苦头，所以我不想再过这种日子。"

张全志的声音带着几分追忆："当时我只想用陈小聪敲诈一点钱花，可没想到他却主动告诉我，他叔叔陈有德有很多很多钱。不过，陈小聪并不知道，当年刘灿在临死前为了求生，告诉我一个秘密，他老板的儿子陈有德曾经用砖头砸伤过一个叫郝老三的人，而且还逃脱了惩罚。"

"我听到陈小聪说陈有德是他的叔叔，心里很开心，觉得这是老天让我发财。不过，当时风声太紧，我没有马上动手，而是过了半年以后才打电话给陈有德。这家伙一听到郝老三的名字果然很是紧张，但他实在太过贪婪，既不想给钱，还想要我永远闭嘴。"

"所以我又杀了陈有德。因为陈有德不像刘灿，他有社会地位，失踪以后肯定会有很多人找他。所以只能把他埋深一些，万一有人到这里挖尸的话，一具刘灿的尸体足够打发了。"

"那么，陈小聪呢？你把这个孩子怎么了？"牛凯问道。

张全志突然转身看向牛凯，举起枪托狠狠砸在牛凯头上……

剧痛袭来，牛凯陷入黑暗，但他耳畔回响着张全志如同恶魔般的声音：

"如果我能跑出去，一定告诉你。"

张全志，你到底还是没有跑出去，但你说的那些话既解开了一些疑团，却又留下了更多疑团。

牛凯躺在医院病床上，看着窗外一根长得贴近窗户的光秃秃的树枝，发呆。

那根树枝挺有个性，其他树枝都是向着有阳光的一侧生长，可它却偏偏与众不同，摆脱了群体的喜好，独自发育，伸向窗户。

"你在发什么呆？"穿着一身护士服的刘歆抱着一摞资料走进病房，口罩上方的两只眼睛明亮又灵动，"是不是在想若冰？"

牛凯愣了一下，脑子里回想起若冰一个人冲向码头时的背影，心里竟泛起一种异样的感觉。

"她怎么样？"牛凯问道。

刘歆笑了笑："好得很，饭量比以前更大了，每天都拉着我去吃夜宵。"

"这次真是辛苦她了，多吃点压压惊。"牛凯欣慰地点点头。

"你是不是喜欢她了？"刘歆的语气里有些黯然，"虽然她不是美女，但我知道她其实是个宝藏女孩，就看谁有福气捡到了。"

牛凯笑道："怎么可能，她一顿饭能吃三斤肉，我那点工资可养不起。"

刘歆没再继续这个话题，而是走过来认真检查了一下牛凯的伤口："基本愈合得差不多了，这次算你命大，失血一千多毫升，再晚点来医院就直接去火葬场了。"

"是啊，她救了我一命。"牛凯感叹道，"等我出院，一定好好请你们吃一顿大餐。"

"一顿可不行，若冰在我家蹭吃蹭喝好几天了，你得补回来。"刘歆走向门口，"没事儿我先回急诊去了，你出院再说吧。"

牛凯点点头，继续看向窗外，发呆。

最近发生的一系列案件，随着张全志的伏法而画上句号。

市局刑警支队二大队办公室，梁文和铁有水坐在会议桌前喝茶，桌子上一字排开摆放着埋尸案的现场照片。

两人一边品茶，一边看着尸骸图片指指点点，看样子好像十分享受。

"刘灿的直系亲属都不在了，所以我们从他几个堂兄妹那里详细询问了刘灿的身体特点，目前看来，埋在上面的尸体应该就是刘灿。"铁有水指着照片上的几处标记点说，"这些部位都是刘灿曾经在工地干活时受伤留下的旧伤，和他的亲属描述完全一致。"

"还有陈有德的身份确认也差不多，他哥哥陈有才已经去世，没有直系亲属在世，只能通过亲友的作证来对比。从体貌特征来看，基本是符合的。"

梁文啜了口杯子里的单丛茶，满足地眯起眼睛："不过还是没有充分的证据啊，检察院不可能接受咱们的推测。只能当作未办结的案子移交档案室，希望以后技术进步，从尸骨上提取出有力的生物证据了。"

"这个就只能留给后人去努力了。"铁有水感慨道，"张全志畏罪自杀以后，我们从他们设在神庙公岛的快艇加工厂里搜出了大量证据，还找到了高闯的身份证和郝贵的身份资料，基本可以确定，他就是当天驾驶大飞撞击牛凯所在执法艇的驾驶员。"

"他可真能折腾，冒充了这么多人，杀了郝老三、陈有才和小飞。再加上之前的刘灿和陈有德，一共害死了五条性命啊。"梁文感叹不已，"竟然还有脸说自己是个好人。"

"如果不是凯哥和若冰，码头下面藏的那些雷管爆炸，还不知道要死多少人。"铁有水一想起来也是心有余悸，"可能最开始的时候，他确实有些委屈，但后面躲藏了那么多年，人性也就慢慢没有了。"

"所以说啊，千万不要考验人性。"梁文总结道，"等案子结束，凯哥、老朱、老钟和小刀他们出院了，咱们一起去吃铁锅炖，好好放松一下。这阵子可真是把我累够呛啊！"

"对，让牛凯同志请客，谁让他这次又露脸了呢。"铁有水赞同道。

还有几天就是元旦了，牛凯看着墙上的日历，坚持要在新年到来前出院。主治大夫没有办法，只好同意了他的请求，但却千叮万嘱，让他出院后也要坚持康复训练，不能走太多路，不能疲劳。

于是，在12月30日这一天，牛凯终于出院。

和他一起出院的还有老朱、老钟、小刀，他们几个已经提前约好，今天出院后一起去吃几道硬菜，好好庆祝一下。

二大队的同事们全体参加，若冰和刘歆更是不可或缺。

下午五点多，餐厅里最大的房间已经热闹非常，所有人都觉得压在心里几个月的大石头终于落地，身上异常轻松，所以也格外兴奋。

随着一个如同货车轮胎大小的铁锅端上圆桌，屋子里响起一阵欢呼。

牛凯在众人的推举下，端着一杯可乐首先起立发言。他简短地回顾了这半年来两次生死危机的心路历程，由衷感谢同事们的支持和帮助，尤其对热心群众若冰女士的嫉恶如仇重点表扬，并承诺以后若冰想吃什么，他都绝无二话，绝对管够。

若冰闻言乐得嘴都合不拢，激动地拉着刘歆大喊："你一个人说了不算，还得刘歆点头才行。"

大家这才恍然大悟，敢情这两人已经好上了。于是庆祝活动开篇即高潮，所有人尽情欢呼起来，气氛热烈到极点。

牛凯笑呵呵地看向刘歆，后者毫不示弱地望向自己，不知怎么，牛凯却有些心虚。刘歆似乎感受到牛凯一瞬间的犹疑，眼神微微一暗，却很快掩饰过去。

当晚的大餐所有人都吃得非常尽兴，连户外的寒冬也无法掩盖屋内火热的激情。

餐厅门口，牛凯站在房檐下抽着烟，一个个烟圈儿缓缓飘向天空，仿佛人间许向上天的心愿，缥缈又执着。

"想什么呢？"老朱不知什么时候来到身后，"案子破了，还抱得美人归，事业爱情双丰收，还有什么想不开的？"

"案子破了吗？"牛凯摇摇头，"其实大家心里都清楚，只是没人说破而已。"

"为什么？"老朱笑道，"别搬出你以前那套论调啊，我刚出院，医生不让我生气。"

牛凯递了支烟给老朱，后者摆摆手："戒了。"

牛凯给自己点上："他们怕我钻牛角尖呗，这次死里逃生，一半是运气，一半是若冰。下次怕是没这么幸运了。"

"这还差不多。"老朱点点头，"谁都不傻，这些案子过了那么多年，除了当事人以外不可能再找到证据了，所以注定没有结果。而张全志的死，让唯一的可能性也湮灭了。所以，就算还有疑点，也没有任何可能找到真相。与其沉浸在里面，还不如相信这个结果，让过去的过去。"

"这样对大家都好，不是吗？"

牛凯摇摇头，叹了口气："主要是对我好，但是对同事们来说并不好，对死去的人来说也不好，还有失踪的陈小聪，他如果还在世的话应该也结婚生子了，陈有才夫妇也不会痛苦大半辈子，还有冯乐也许不用在监狱里度过半生。"

"还有很多人啊，比如小飞、郝老三，还有刘小毛的爷爷刘天德，不光是无辜的人，还有那些逃脱了惩罚的人。"

牛凯继续说，"太多事情没有答案，我计较不过来。但是，人命关天，不能不计较，不能不在乎。"

"那你能怎么办呢？"老朱伸出手，做出一个夹烟的手势。

牛凯立马会意，给他递上烟，奇怪地看着老朱："你不是戒了吗？"

"干咱们这行的，骗不了自己啊！"

"没错，是骗不了自己。"

33

北风渐起

12月31日，对很多人来说只是普通的一天，唯一的特别只是因为这是一年中的最后一天，再过十几个小时，新年即将到来。

然而，对某些人来讲，今天却有着特殊的意义。

比如，冯乐。

当初的一念之差，让这个老实巴交的木工工头走上歧途，最终身陷囹圄。

二十年的刑期，冯乐从三十岁的青年变成了五十岁的中年人，妻离子散，背上一辈子洗刷不掉的污点。

上午九点，监狱高墙下的小门准时打开，冯乐拎着背包从里面走出。

"回去好好生活，木工也算是一技之长，凭着这门手艺起码能保证你衣食无忧。"管教民警陪着冯乐，语重心长道，"只要肯努力，生活一定会越来越好。"

"谢谢管教，我会好好做人。"冯乐认真地回答，将背包扛在肩膀上，看了一眼远方灰暗的天空，深吸一口深冬寒冷的空气，"家都没了，生活得再好又有什么意义？"

"外面的世界没有高墙围绕，但你的心里可不能没有底线。"管教最后叮嘱一句，"万一遇到解决不了的困难，记得找警察、找政府，别再蛮干了。"

冯乐点点头，看着铁门在自己身后缓缓关闭。

这就是自由的感觉，自己期盼了二十年的自由啊！

只是，天大地大，何处是我的容身之所呢？

冯乐背着并不算重的行囊，朝着大路走去，至于这条路通向哪里，似乎已不再重要。

北风渐起，天气愈发寒冷，道路两旁光秃秃的树枝被吹得瑟瑟发抖。

一辆老旧的捷达缓缓驶来，轮胎压在路面的枯叶上发出"咯吱咯吱"的声响。

冯乐孤零零的身影一点点出现在视线内，汽车的速度似乎更慢了些，像是舍不得打扰对方，就这样安静地跟随。

监狱位于苍阳山深处，通向外界的路要走二十几公里才能到达最近的村镇。

冯乐和身后的捷达车就这样一直走啊走，仿佛永远没有尽头。

嘀嘀——

一辆公交车从对面开来，这是监狱和市区联系的唯一公共交通工具。

冯乐抬头看看公交车，又回头看了看跟在身后几十米外的捷达轿车，向公交车招了招手。

公交车司机早已见怪不怪，每天上午九点是监狱释放犯人的时间，公交车都会在这个时间过来接人。今天是年底最后一天，不知道为什么只有一个人出狱。

嘎啦啦——

年久失修的公交车门打开一半便被卡住，发出古怪的声音。司机示意冯乐推一下车门，后者照做后车门终于开启，这才顺利上车。

车上空荡荡的，只有冯乐一个人，他坐在座位上，将背包抱在胸前，抵御冬季的寒冷。

"真是见鬼了，怎么就出来你一个？"司机戴着厚厚的口罩，抱怨着扭过头，打量了一下冯乐："两块钱，到江北客运站。"

冯乐掏了掏口袋，从里面拿出一卷人民币，小心地从中抽出两张一元的，想要递给司机。

"不用给我，扔投币箱里。"司机指了指车门口的投币箱，"现在都用手机支付，谁还用现金？"

冯乐看了看那个铁箱子，有些不敢肯定："你让我把钱扔进这里？"

"是啊，无人售票，每人两元，上车投币。"司机一边开车一边指着投币箱外面刷的红字，"全国的公交车都是无人售票，你以后就习惯了。"

冯乐看了看，果然像司机说的那样，只要把钱投进这个铁箱子就能买票，于是他也把钱投了进去。

回到座位，冯乐把钱卷好，塞进口袋，如同二十年前那样。

只是，如今那个吵着要买煎饼果子和烤红薯的小孩却不知去了哪儿。

公交车发出轰隆隆的怒吼，在萧瑟的冬季行驶在孤独的公路上，北风从四面八方灌进空荡荡的车厢，吹得冯乐脸颊生疼，睁不开眼。

见冯乐上了公交车，后面的捷达也加速开走，一点停留的意思都没有。

冯乐的眼神儿始终跟着那辆破捷达，直到它消失在视野之外，这才收回目光。然后犹豫了一下，小心地问道："请问，现在广府市哪里有比较便宜的房子出租？"

"租房？那得上网找才便宜，要不就去城中村看看吧。"司机专心开车，头也不回道，"像你们这种情况，最好就在江北找个城中村，便宜点的房子四五百块一个月，要是只租床位，那就更便宜，不到两百块。"

"哦。"冯乐咽了口唾沫，不自觉地摸了摸口袋，里面装着他在监狱工作赚来的钱，不算多，但也有大几千块钱，足够他找个地方落脚再去赚钱。

"饿了吧？"司机透过后视镜看见冯乐吞口水的样子，笑道，"监狱里真是小气，都要出来了，还不给吃饱。每次接上你们这样的，都喊着饿。我座椅后面放着饼干，先吃两块垫垫肚子吧。"

冯乐不好意思地摆摆手："不用了，谢谢你。"

"别客气了，饼干是以前出来的人放在这儿的。等你以后有条件了，也可以放点吃的在我这儿。老话说的好，只有穷人才能体谅穷人嘛！"司机解释道。

"这样啊。"冯乐看了看司机的座椅，发现后面果然摆着一个小纸箱，里面放着苏打饼、小蛋糕之类的食品，于是伸手拿了一块蛋糕。

"那我就不客气了啊。"冯乐撕开包装，小口小口地吃起来。

真香啊！

自己已经多久没尝过蛋糕的滋味了？十年？二一年？

不对，自己犯错之前也没舍得买过。

"是不是很好吃？"司机笑着看向冯乐，"多少年没吃过蛋糕了？是不是进监狱之前就没舍得买过呀？"

冯乐抬起头，疑惑地看向司机，却觉得公交车好像猛地一晃，整个世界倒转过来。

他想努力看清司机的样子，可眼睛明明睁得很大，却发现一片阴影在眼前越来越浓，好像是一片墨渍浸染了眼前的世界。

这是怎么回事？冯乐的大脑变得迟缓，甚至连那些很重要的事情都无法想起了。

是啊，好像有件很重要的事情，自己却怎么也忘不掉，又想不起。

直至那个黑色的世界将他彻底吞噬……

发动机发出声嘶力竭的轰鸣，公交车仍然行驶在路上，但原本平坦的路面却变得崎岖颠簸。

司机仍旧专心开车，好像根本不在乎后面的乘客。

过了一会儿，车厢里响起欢快的口哨，伴随着司机的笑声："我早就说过，省着那些钱干什么呢？都二十多年了，这个坏毛病还是没改掉啊！"

丁零零……

一阵电话铃声，把昏昏欲睡的牛凯从太极拳的意境里拉回现实。

他赶紧收起架势，掏出手机往办公室里走去。

老朱鄙夷地瞪他一眼，带着众人一起来了一招神龙摆尾，煞是威风。

"喂？"牛凯躲进办公室，连忙接听电话。

"牛队，我是市监狱的小陈。"电话那头传来一个年轻的声音，"上午冯乐已经出狱，我还开车送了他一路，直到他坐上公交车才离开。"

牛凯关切道："他状况怎么样？有什么异常没有？"

"都很正常，上午出狱的只有他一个人，监狱门口连个鬼影子都看不见。你就放心吧。"小陈笑道，"我跟他聊了几句，能感觉到他还是很想回归社会，过正常人的生活。而且他懂木工，有这个技术在手，到哪儿都饿不着，所以不用担心。"

牛凯松了口气："那就好，他比较特殊，我还是要关注一下，希望他能尽快适应社会。"

放下电话，牛凯想了想，又给梁文打去电话，但响了两声对方直接挂断。过了一会，梁文发来短信："有任务，干活中。"

牛凯摇头苦笑，觉得没什么遗漏，于是继续到门外和老朱他们练太极拳。

冯乐睁开眼睛，发现自己躺在一片杂草地上，手脚被绑住，身下的地面冰冷异常，半边身子冻得没了知觉。

旁边是一条上山小路，看样子许久没人走过，路面杂草丛生、遍地垃圾。

"睡醒了？"公交车司机的声音从口罩里传来，显得有些沉闷，"那咱们就出发吧。"

"你是谁？到底想干什么？"冯乐竭力压抑住内心的惶恐，"我没有得罪过你，为什么要绑架我。"

"呃……这个问题问得好啊！"司机嘿嘿一笑，"答案会有的，不用我告诉你，你自己也会找到的。"

说完，司机拖起一根拇指粗的麻绳，开始向山上走去。

冯乐手脚被捆根本没有反抗的能力，只能任由对方拖着自己向山上行去。

山路崎岖，路面布满碎石，冯乐不知道对方哪里来的那么大力气，自己一百多斤的大活人在他手里似乎和一条死狗差不太多。很快，他的脸上、手上、脚上已经磨破皮肉，鲜血淋漓，疼得他几乎昏厥。

"救命！救命啊！"冯乐发出绝望的嘶吼，但荒山野岭的，哪里会有人听到。

"我求求你了，放了我吧。我坐了二十年牢，今天刚出狱，我想好好活下去，求求你了。"冯乐的声音带着哭腔，他从来都懂得，向人求饶示弱并不丢人，只要能够活下去，尊严又值几个钱。

"求饶？如果求饶有用，那还要法律做什么？"司机冷笑一声，"这个世界公平得很，因果循环、报应不爽，出来混迟早都要还。"

"你，你是……是你！"冯乐突然反应过来，声音里带着无尽的惊恐，"你还没死，你没有死啊！哈哈、哈哈，原来你一直都没死。"

"嗯？我没有死，你还挺高兴的。"

"是啊，我没有杀人，我没有杀人啊！"冯乐状若疯癫地又哭又笑，大吼道，"我没有杀人，你们看一看啊，陈小聪还活着，他还活着呀！"

啊啊啊！

呜呜呜！

冯乐压抑了二十年的情绪此刻终于彻底爆发，那个行尸走肉般活了二十年的人，此时此刻终于重新找回了做人的感觉。

陈小聪有些无语地看着突然魔怔了的冯乐，索性停下脚步，让他好好发泄一通。

许久之后，冯乐终于平静下来，他好奇地看着陈小聪："你是怎么活下来的，当年究竟发生了什么？是那个我带你上山时遇见的人把你带走了对吗？"

冯乐心里有太多疑问，一连串问出来还嫌不够，恨不得陈小聪马上给他讲个痛快。

不过，陈小聪却没有满足他心愿的意思，见他不再发疯，继续拖着他往山上走去。

"你究竟要干什么？想杀了我报仇？"冯乐躺在地上，浑身上下早已血迹斑斑，在土路上留下一道长长的血痕。

陈小聪并不理会，只是一步步坚定地向山上走去，即便他体力过人，但拖着一个成年男人爬山也是不小的负担，渐渐地也变得气喘吁吁。

"你干脆在这里杀掉我吧，省得你那么费劲儿爬山了。"冯乐建议道，"我早就不想活了，从我被抓的那一刻起，我就知道是这个结局，反正我父母已经去世，老婆孩子也不知道去了哪里，活着还有什么意思？你给我一个痛快，我谢谢你了。"

"死？"陈小聪站住，摘下口罩，又从包里掏出一瓶水咕嘟咕嘟灌了两大口，"死是一件很幸福的事情，世间的所有烦心事从此再也不会给你带来困扰，这么好的事情我怎么会便宜你呢？"

"你大概不会忘了，我可是个很会占便宜的人呢。"

"你到底想怎么样？"冯乐惊恐地看着陈小聪，"你就是个魔鬼。"

"魔鬼？不，这个世界上魔鬼太多了，少的是制服魔鬼的人。"陈小聪摇摇头，继续向山上前进，"有点耐心，二十年的牢都坐了，也不在乎多等几十分钟，对吧。"

就这样，陈小聪走走停停，用了快两个小时，终于在一个山洞前站住。

"这里，你应该不陌生。"陈小聪用手指了指面前的山洞，"当初你把我绑过来就是想关在这里的，没错吧？"

冯乐呆呆地看着山洞，点了点头："是的，我和工友有一次来苍阳山玩，无意中发现了这个山洞，所以我绑架你的时候，就想把你放在这里。等我拿到钱，再过来带你回家。"

"你看，你如果当初按照计划去做的话，后面的一切意外就都不会发生了，你也不用坐牢。甚至早就拿着工钱回家过年去了，到时候，你可以带着你的老婆孩子去赶集，你也可以给你的孩子买个冰糖葫芦、煎饼果子、烤红薯什么的。"

"求求你，别说了，我真的不知道会这样啊！"冯乐已是泪流满面。

"不行啊，我等了二十年，为的就是当面跟你说这些话。现在可不能半途而废。"陈小聪摇摇头，"而且，不要只觉得自己坐了二十年牢是件多不幸的事。相信我，你如果没有坐牢，那才会真的后悔。那些没有坐牢的人，现在已经都在盒子里长眠了。嘿嘿……"

冯乐甩了甩脑袋，又歪着头在肩膀上蹭了蹭脸上的泪痕："你想怎么做，尽管来吧，我都认了。"

陈小聪眉头皱了皱，似乎有些不满意："你还真是个蠢货，当年最大的错就是选了你这个窝囊废。"

"什么意思？"冯乐呆呆地看着陈小聪。

"还能是什么意思？我爸那个笨蛋，把家里的积蓄一股脑借给我叔，结果一分钱都要不回来，我想帮他要钱，于是就给他出了个主意，找个农民工假装绑架我，他再去报警，这样警察就会逼着我叔叔凑钱赎人。"陈小聪不耐烦道，"谁知道，竟然找了你这个蠢货，胆子小就算了，连绑架都不会，结果就是害死了所有人！"

"这……怎么会是这样？你是说，当时出主意让我绑架你的，也是你和你爸安排的？"冯乐不可置信地望向陈小聪，突然大吼道，"为什么要这样？为什么要这样啊？"

"为什么？这个问题你得问问你自己。"陈小聪越来越烦躁，"等会儿你就有大把的时间了，仔细想，认真想，想不出来……就去死！"

说完，陈小聪拖着冯乐进了山洞。

"啊！救命！救命啊！"

冯乐吓得嗷嗷直叫，不知道陈小聪给他下了什么药，让他连挣扎的力气都没有，只能发出凄惨的号叫，但却没有任何作用。

扑通……

陈小聪来到山洞最里面，将冯乐一脚踢进石砾成堆的角落，拍了拍手道："行了，你就在这儿慢慢等死吧，说起来这地方还是你自己选的呢。这下子，你有的是时间了，好好地、慢慢地，想清楚吧。"

说完，他从包里掏出三支香烟，逐个点着后插在脚下的石缝里，然后对着冯乐拜了四下。

"我养父告诉我，人死为大，再十恶不赦的罪犯死了以后也值得上一炷香。"陈小聪拜祭完毕，转身离去，"这就当作你黄泉路上的香火吧，下辈子投个好胎，别再这么蠢了。"

"不要，救救我……"

冯乐绝望的声音在山洞里回荡不绝。

34

昭然若揭

"爸，妈，你们怎么来了？"

广府市火车站广场，牛凯还没下出租车就看见父母拎着大包小包站在马路牙子上，一边搓手一边张望。

"儿子，我不是跟你说了不用来接我们，你怎么这么不听话呢？耽误了工作怎么办？"牛妈妈一见儿子就忍不住念叨起来。

牛凯挠挠头，想要接过父母手里的行李，往出租车上搬。

"行了，你现在这个样子还搬什么搬！"牛爸爸瞪了牛凯一眼，没好气道。

"唉！"牛妈妈也叹了口气，眼睛升起水雾。

"你们这是……"牛凯愣住，心说坏了，难道他们知道自己的事儿了，试探地问，"你们是不是听到什么了？"

"废话！你受伤这么大的事，怎么能瞒着我们呢！"牛爸气不打一处来，举起巴掌，但却迟迟没有落下去。

"算了，回家再说吧。"牛妈忍不住抹了抹眼泪。

一家人相对无言，坐上出租车回家。

回到牛凯许久不住的家里，牛凯爸妈一进门就被屋里厚厚的灰尘惊呆了，又一边干活一边骂了牛凯一个多小时，总算把屋子收拾干净。

"妈，你们别忙了，等会儿我叫个钟点工来打扫，你们别累着了。"牛凯从爸妈的行李里拿出一个保温桶，拧开盖子，里面的饺子还冒着热气，他赶紧塞了两个到嘴里，露出陶醉的表情，"还是老爸老妈包的饺子好吃啊！"

"臭小子，你洗手了没有？"牛妈看着儿子永远长不大的样子，心里一阵酸楚，眼睛又红了。

"哎，妈你别难过了。我现在不是恢复得很好吗？你看看我走路完全看不出来呀。"牛凯满不在乎地在客厅来回走了几圈，"而且组织照顾我，让我在档案室上班，再也不用熬夜加班了。"

"行了，你这么能耐，干脆把另一条腿也锯掉算了。"牛爸气呼呼道，"我和你妈生气的是你不告诉我们，这么大的事，我们还是从电视上看到的，你是不是打算一直瞒着我们呐！"

牛凯咧嘴一笑："这不是怕你们伤心嘛，现在伤好了，这不就让你们知道了。"

牛妈叹了口气："你现在成了这样，还有哪个姑娘愿意跟你过日子啊。"

牛爸烦躁地摆摆手："这个混账爱咋咋地，我是管不了了。"

"这饺子真好吃，还有吗？"牛凯一会儿工夫已经把一盒饺子吃了个精光，他知道，自己这时候只能通过这种方式安慰父母。

费了好大功夫，牛凯才把父母安抚好，时间已经到了中午，他们决定出去吃饭。

"儿子，你跟妈妈说实话，现在腿还疼不疼？"牛妈的眼神始终没离开过牛凯的假肢，时不时问上几句。

"妈，我不是都给你看过了嘛，伤口已经愈合了。"牛凯很无奈，拿着菜单一口气点了一大桌特色菜，全是父母爱吃的。

"唉，我就是一想起来你吃了这么多苦，受了这么大的罪，心里就难受。"牛妈叹息一声，"我听说现在医学进步很快，心脏都可以移植，咱们回头移植一条腿给你接上，行不行？"

牛凯瞪大眼珠，惊诧地看着老妈："这个主意你都想得出来？就算有这个技术，谁会把腿给我啊。"

"用我的。"老妈以为有戏，顿时斩钉截铁道，"不行，我是女的，那就用你爸的。反正他也退休了，天天在家看电视，用不着腿也不影响生活。"

牛爸一听吓得一个激灵，赶紧放下筷子，用手捂住自己的右腿："不行，不行，我还要下楼跟老楚头儿他们下棋呢。"

"放屁，你下楼哪里是去下棋，你是为了看隔壁小区跳广场舞的老太太。"牛妈柳眉倒竖，雌威大发，吓得牛爸不敢再说话。

"好了好了，医生说过，不能移植别人的胳膊腿，移植过来也长不活，万一感染了，还会有生命危险呢。"牛凯赶紧忽悠道，"再说了，我现在已经适应了，难道再把腿敲断吗？"

牛妈一听顿时不说话了，只是泪眼婆娑地看着牛凯的腿，长吁短叹起来。

"那个，新闻上说你是在江面抓走私犯受的伤，开船撞你的那个罪犯抓住了吗？"牛爸问。

牛凯点点头："抓到了，前两天我们捣毁了他们改装快艇的基地，头目也畏罪自杀了。"

"那就好。"牛爸松了口气，"这种亡命徒死了好，你说走私就走私吧，怎么这么狠呢？我和你妈当时看见新闻，都快吓出心脏病了。"

"他们的快艇经过改装，马力非常大，可以装很多货物，一船货物的价值就上百万，再加上快艇本身上百万一艘的价值，所以才会铤而走险。"牛凯解释道。

"那他们不知道撞警察要坐多少年牢吗？又不是他们自己的货，干啥这么拼命。"牛妈妈一副不太相信的表情，"反正要是我给老板打工，才不会这么拼命。"

牛凯一愣，皱眉深思起来，脑子里闪电般划过一个念头，开船撞击自己的真是张全志吗？他躲藏了这么多年，几

个月前警方也没有发现刘家祖宅埋尸案，按理说张全志没有
理由挑衅警方，更不可能主动开船撞击警方。

而且，他为什么要冒充郝贵去给陈有才制造交通事故，
他也没有杀陈有才的理由。

这样看来，小飞、郝老三等人的死仍旧疑点重重，除非
有另外一个凶手，否则怎样都无法解释。

"儿子，你看看。这是我和你妈最近收集的报纸，上面
全是讲你的英雄事迹的。"牛爸从包里掏出一个A4纸大小的
绘画本，每一页都贴着报纸上裁剪下的新闻报道，全是各大
媒体宣传牛凯英勇事迹的新闻。

"我们从电视上知道了你的事以后，心里就犹豫了，不
知道应不应该过来看你。"牛爸继续道，"想来看你，但是
怕你还没做好准备。不来吧，我们又放不下心。所以就找了
很多报纸、杂志，把和你有关的消息剪下来，贴到一个本子
上，每天都要翻一翻。"

牛凯看着老爸手里的剪报，鼻子有些发酸："我没事儿
了，你们放心吧。"

一家三口默默地吃完饭，回家休息。

牛凯拿着父母精心制作的剪报本坐在床上，显得有些心
事重重。

隔壁屋里传来父母窃窃私语的声音，虽然听不真切，但
牛凯知道父母还在担心自己的身体。

一想到年迈的双亲为了自己精神憔悴，牛凯禁不住悲从

中来，眼角滑落的泪珠滴在剪报本上。

不知不觉，牛凯就这样进入梦乡。

轰——

震耳欲聋的爆响在牛凯脑子里炸响，巨大的冲击力瞬间把牛凯掀到空中，然后重重地摔在船上。

牛凯猛地睁大眼睛，看见对面一艘通体乌黑、没有任何标志的快艇如离弦之箭飙射而出，向自己所在的快艇冲来，留下身后一长串荡漾不止的浪花。

两艘快艇谁都没有减速，对面黑色的走私艇反而将油门轰到最大，黑艇后部改装的八台大马力发动机火力全开，如同离弦的箭矢，径直朝执法艇冲撞过来。

瞬息间，一白一黑两艘快艇如两颗流星，迎面撞在一处。

嘭——

一声惊天动地的巨响在江心传开，无形的气浪将水流向四周推开，扬起十几米高的水花，整个天地为之一静，紧跟着传来无数惊呼。

牛凯在撞击的瞬间再次弹向天空，然后快速向江面坠落。

整个过程发生在须臾之间，牛凯直到此刻才反应过来，自己再次重现了撞船时的情景。

只是，这一次他并不在档案室，手里拿着的也不是案件卷宗，而是自己受伤过程的剪报。

牛凯没有时间琢磨，在落入江中的瞬间，他拼命伸出手，死死地扒住失去动力的执法艇船沿，避免身体被再次卷入马达的螺旋桨中。

巨大的冲击力让牛凯的五脏六腑发生位移，难受得几乎呕血，但他死命地咬紧牙关，总算没有晕厥。

这时，他看见对面黑色快艇的发动机并没有彻底熄火，八台大马力马达中，只有五台失去动力，剩下三台还在工作。驾驶快艇的人正努力调整方向，黑色快艇很快调转船头，在江面上一个甩尾，将船尾调转到面向牛凯的方向。

三台仍在工作的马达发出刺耳的啸叫，船尾的螺旋桨不断地旋转，如同死神的镰刀，一下下在江面下搅动。要不是牛凯刚才死命扒住船沿，现在恐怕已经被螺旋桨绞成肉泥。

是他！

牛凯猛地抬头，看向黑艇的驾驶员，那个人戴着黑色口罩和墨镜，穿着一件灰色连帽衫，将脑袋罩住，根本看不出外表。但从他的身形看，应该长年保持运动，体型很是健壮。

牛凯脑海里现出张全志开着快艇冲向执法船的一幕，两相对照，可以确定不是同一个人。

这时，第二艘执法艇及时赶到，船上的特警拼命拦截，但黑色快艇上的走私犯竟拔枪朝江面射击，子弹在空气中划出道道白痕，射入江中。执法艇上立即还击，但被耽搁了一下，黑色快艇在那人的操纵下流畅地蛇形走位，很快将执法艇甩到后面，然后迅速远去。

就在黑色快艇越开越远时，牛凯看到驾驶快艇的那个男人转过身朝自己看了一眼，似乎在说：我就在这里，来抓我啊！

呼……

牛凯从梦中惊醒，大口喘着粗气。

也许是在家的原因，他的腿并没有剧烈疼痛，所以很快就恢复了清醒。

但那个驾驶黑色快艇的神秘人却更加清晰地出现在他脑海之中。

你究竟是谁？

牛凯看了看表，已经下午三点半了，他穿好衣服准备返回办公室。

虽然上午已经向单位请了一天假，但他现在心神不宁，总觉得哪里不太对劲儿，还是回单位才放心。

和父母说了一声，牛凯朝办公室走去。

他家距离市公安局很近，走路不用五分钟，所以很快就来到单位。他没有回档案室，而是先去了二大队办公室，到了门口发现办公室黑着灯，连门都关着。这说明二大队所有人都外出上任务了。

奇怪，昨天晚上吃饭的时候还没听说有任务啊？

牛凯觉得心里的不安更加强烈了，但究竟是哪里不对，他又想不清楚。

就这样，他心事重重地回到档案室，坐在位子上发呆。

老朱不知去了哪里，整个屋子只有牛凯一人，显得有些冷清。

百无聊赖中，牛凯抽出一张白纸，用笔在上面再次把所有案件当事人列出来，经过一番写写画画，最后只剩下两个人名：冯乐、陈小聪。

牛凯突然想起什么，抓起电话拨通一个号码："喂，老王，帮我查查，有个叫冯乐的人白天几点到了你们汽车站。他今天出狱，坐公交车去的江北汽车站。对，多谢了。"

说完，挂掉电话，点起一根香烟慢慢抽着。

一根烟还没抽完，电话再次响起。

"对，是这个名字，不会错的。"牛凯接通电话，"什么？没有来过？怎么可能，监狱的陈管教上午告诉我，他亲眼看见冯乐上了公交车。监狱门口只有一趟公交，中间又不停站，肯定是到江北客运站。"

"什么？今天上午公交车坏了，临时停运？"牛凯声音陡然升高，"公交车呢？还在修理厂吗？我这就过去。"

牛凯知道自己的不安源自哪里了，就是冯乐。因为他是这一系列案件里唯一确定还活着的人，现在他也失踪了，那凶手的身份似乎也昭然若揭了。

陈小聪，会是你吗？

35

有的放矢

牛凯坐着出租车一路狂奔，赶到江北客运站的时候，王胜利也一起到了。

"什么情况？"王胜利顶着两只熊猫眼，一看就是昨晚又熬夜加班了。

"冯乐失踪了，监狱的小陈看着他上了公交车，可车站这边却说因为车辆故障临时停运。"牛凯飞快解释道，"公交车的目标很大，让兄弟们赶紧查监控，看一下这辆车到底把冯乐拉去哪里。"

王胜利点点头，马上前去安排。两个人到客运站调度室，和负责人详细询问公交车的去向，对方告诉他们：公交车发生故障后都会送到指定的维修厂，因为通往监狱的这趟公交路线乘客很少，所以他们每天只安排两趟车运行，上午一班、下午一班，而修理厂那边中午的时候已经将车送回来了。

"这么说，擅自开走公交车的人肯定是修理厂的人。"

"没错，是这样的。"

两人立刻马不停蹄地赶往修理厂，果然一调查就发现在修理厂工作的一个工人中午外出后再也没有回来。

"他的个人信息和照片呢？拿给我们看一下。"

负责人不敢怠慢，马上找出这个工人的信息：

张聪，男，二十七岁，身高一米八二，体重七十三公斤，临安人，两年前入职，一直在从事汽车维修工作，性格内向，技术过硬，喜欢独来独往，很少和人交流。

不过，张聪却没有留下照片，只有一张模糊不清的身份证复印件，上面的人像已经模糊成一团，根本无法分辨。

牛凯气得瞪了负责人一眼，很多企业为了节省成本都会招聘一些临时工，这样可以逃避购买社保，不签劳动合同。

"那你看看这张照片，是不是张聪。"王胜利从手机里找出陈小聪小时候的照片，拿给负责人。

后者仔细看了半天，犹豫道："应该就是他，虽然年龄不对，但看起来是一个人。"

两人很是无语，无奈地摆摆手，让负责人走开。

"怎么办？"王胜利问。

"马上组织人手，一边寻找冯乐，另一边通缉这个张聪。"牛凯眼神坚定地说，"既然张聪有重大嫌疑，咱们就先找到他再说，汽修厂没有照片，但户籍系统里有，他插翅难逃。"

两人分头行动，王胜利向单位汇报，组织力量沿着视频轨迹对公交车去向进行追查，很快发现公交车在上午九点三十八分到十一点二十五分之间曾经离开过公路。再根据车辙轨迹，又找到公交车曾经沿着一条小路驶向苍阳山。没过多久，又发现冯乐被拖拽时留在小路上的血迹，最后发现了被困在山洞里奄奄一息的冯乐。

而牛凯则向市局汇报了陈小聪很可能就是近期系列杀人案的嫌疑人，哪知分管刑侦的周局却告诉他说，二大队昨晚收到举报，今天有一批走私冻品将通过水路运往内地，所以刑警支队的力量全部被抽调过去把守江面了。

"通过曲江运输？"牛凯眉头一下皱起来，"我怎么觉得很不对劲儿呢？"

"你是说这个陈小聪故意放出这个消息，把我们的人引到江上？"周局也意识到问题，"你觉得他这样做是为什么？"

牛凯想了想："我觉得他根本就不是为走私集团提供改装快艇的，而是走私团伙的真正老板，所以他才会在我们拦截时拼命逃窜，也才会把我们的视线全部吸引到江面。实际上，他很可能想通过其他方式走私。"

说到这里，牛凯突然意识到一件事，白天的时候江北分局也动员了大批力量进山搜救冯乐，现在市局刑警、江北分局的绝大部分警力已经全部调走，那么陈小聪的计划就一目了然了。

"而且，我们一直认为他藏身在改装快艇的工厂，可事实上他的隐藏身份却是汽修厂的工人，再加上他杀害小飞的行为，我认为他还有一个以汽修为掩护的场所。"

"而且这次走私的货品很可能就是通过这个渠道运输。"

周局听完表情严肃起来："很有可能，而且在我们讨论这件事的时候，他可能已经行动了。从时间上算，从中午公交车还回修理厂开始，到现在已经过去了四个多小时，加上他们交接和运输的时间，在今晚六点前必须将他们拦下来。"

"牛凯，我会立刻安排专人做好准备，但陈小聪团伙的具体位置必须尽快查明，否则准备再多警力也发挥不了作用。"

"明白，我一定全力以赴！"牛凯大声道。

回到刑警支队，留守在家的全体同志已经全部集中在这里待命，大家看向牛凯，等他下达指令。

老朱端着大茶缸站在队伍前面，问道："牛队，有什么工作尽管安排吧。"

牛凯点点头："现在已经查明，近期的系列杀人案嫌疑人陈小聪化名张聪，一直在江北一家汽修厂当工人。现在很可能利用汽修渠道运送走私品进入内地，他为了保证运输顺利，利用假情报调开了我们的人和江北分局的大部分警力，说明他们的渠道不是水路，也不是苍阳山的小路，最有可能的反而是江北市区的道路，但是他们使用的车辆一定不是普通车辆，起码是不会引起警方注意的车辆。大家尽快查一下，今天有没有大批量的特种车辆或者某种非营运车辆通过江北。"

"另外，我们还要地毯式排查全市，尤其是江北区的汽车修理厂，陈小聪的窝点很可能就在其中。"

"最后，通知交警部门，检查今天中午十一点到现在，所有途经我市的道路，凡是有大批车辆集中或者固定间隔通过的，都要梳理汇总，所有可疑情况都要上报。"

……

二十多分钟后，各部门筛查情况已经有了初步结果，道路上的可疑情况多以货车为主，但大多是外地车辆经过广府市，均没有停留记录。

办公室里，牛凯坐在椅子上，面前摆着广府市地图，旁边的烟灰缸里已经满是烟头，他总觉得陈小聪肯定用了某种手段骗过所有人，但自己却偏偏想不到是什么。

这种稀里糊涂的感觉实在难受，而且随着时间推移，太阳渐渐偏西，很快就要五点钟了。

还有不到一个小时。

几分钟前，前方传回消息，梁文他们带队在江面上守了整整一天，连个鬼影都没看见，这说明陈小聪确实故意放出假消息把警力调走，而他一定不是无的放矢。

牛凯痛苦地抓了抓头发，巨大的压力让他的精神几乎崩溃，表情也难看到了极点。

这时，老朱走过来，拍拍牛凯肩头："都查了一遍，没有特别的发现。"

"唉，以后还有机会，别给自己太大压力。"

"要不你先看看这个吧。"王胜利拿着一份笔录走进屋里，交给牛凯，"这是冯乐清醒后做的笔录，里面也许会有线索。"

牛凯接过笔录，仔细看了起来，然后摇摇头道："他很谨慎，什么都没有说。只有这里，算是证实了一点我们的怀疑。"

说着，他指了指笔录上陈小聪说过的一句话："我养父告诉我，人死为大，再十恶不赦的罪犯死了以后也值得上一炷香。"

说到这里，牛凯看向王胜利："技术科应该已经提取了陈小聪祭拜时点燃的三个烟头，他点烟的时候经过嘴唇，很可能留下了生物检材，这样就可以提取到他的DNA样本。"

"没错，这项工作下午已经完成了。"王胜利点点头，"而且和陈有才夫妻的血样进行过比对，确实就是陈小聪。"

"还有，他说的养父一定是张全志。可张全志在临死前却死活没有透露出陈小聪的下落。"牛凯回忆道，"而且我之前就有一种感觉，张全志好像是故意让警方找到他的行踪，他这样做的目的可能就是为了掩饰陈小聪的存在。"

老朱讶然道："不会吧？这个杀人犯竟然和陈小聪的感情这么深？为了掩护陈小聪甘愿自我牺牲？"

"这不奇怪，这么多年，张全志东躲西藏，恐怕就是和陈小聪一起生活的。也许他已经把陈小聪当成了自己的儿子。"牛凯道，"冯乐的笔录说，他当年被人说服去绑架陈小聪就是被人蛊惑，而蛊惑他绑架的主意就是陈小聪想的。难怪陈有才会同意和绑匪合作，因为冯乐本来就被他们玩弄于股掌之间。"

"而且，陈有才夫妇死时的表情十分满足，一定也是因为看到了陈小聪的真面目，从而了却心愿。"

说完，牛凯再次目不转睛地盯着地图上江北区划，陷入沉默。

随着时间一分一秒地推移，牛凯有些绝望地闭上眼睛。

啪嗒——

手里的签字笔掉在桌上，骨碌碌地滚到一旁，笔尖上的黑色墨水滴在地图上，洇湿了一大片。

牛凯回过神儿来，发现墨水已经染黑了一大片。

老朱赶紧伸手把签字笔挪开，嘴里嘟哝着："现在的笔质量可真差劲儿，怎么一碰就漏了这么多油。"

"等等！"牛凯伸手拦住老朱，眼睛明亮地盯着他道，"我知道了，咱们忽略了陈小聪的汽修厂！"

"什么意思？"

"汽修厂，陈小聪的工厂不一定非得修汽车！"牛凯兴奋地道，"广府市背靠山区，许多老百姓不一定买得起汽车，什么摩托车、电动车、三蹦子、老年代步车，五花八门。陈小聪的汽修厂修理的不一定非得是汽车，可以是摩托、三蹦子这种车辆。"

"你是说，他们运货用的也是这种车？"

"很有可能。我知道江北区的城中村，很多店铺都使用三轮摩托拉货，一辆车可以拉两三百公斤的货。"牛凯肯定道，"我们把关注点放在汽车上，自然就忽略了这种运货方式。它们就像刚才掉落的签字笔，笔油一点点渗透、漫延，然后覆盖一大片区域。"

"好，我马上通知交警，让他们上路查车，尤其是拉货的三轮摩托。"老朱一拍大腿，赶紧跑去安排。

牛凯也拿起手机给刘大头打过去："刘总，请你帮我查一下，最近广城有没有集中招聘大批摩托车驾驶员的广告，我有急用。约会？行，好，我都答应！"

放下电话，牛凯咬着磨牙棒不停地在办公桌前走来走去，连衣领上沾着的烟灰都没发现。

果然，办公室电话响起，一个同事接听后兴奋地发出欢呼："牛队，跨江大桥上查获几辆三轮摩托，正在运送冷冻鸡脚，总计五百公斤。"

"好！"牛凯激动道，"马上调查货源地和目的地，一旦确定，马上收网。"

案情一旦突破，之前的所有谜团立刻迎刃而解，周局当即下令，全市警力全力追查这批走私冻肉的来源和去向。各个辖区的力量也第一时间上路围堵，还在路上的运货人成批被查扣，缴获的走私冻品数量越来越多。

办公室里，牛凯看着不断增加的战果数字，表情仍旧严肃："货源地还没查到吗？"

"是的，他们接货的地点是流动的，全是从冷冻货柜车接到的货，然后分散运送到城市郊区的隐蔽路口再次装车。这样大货车就可以绕过城区，躲避检查。"王胜利说道，"从我们查扣第一辆三轮摩托开始，这些货车就已经转移了，现在只能通过询问每个司机和视频追踪的方式来查找他们的踪迹。"

"哼，怪不得要把刑警调开，原来是在这儿等着我们啊！"牛凯怒极反笑，"这个陈小聪真是算到了一切，他知道查看视频轨迹是刑警的看家本领，所以提前散布假消息，把刑警队的人都引到江面巡逻。这样就算我们查到了三轮运输的渠道，也不可能马上找到他们的货源地点。"

王胜利点头："而且，就算我们现在把所有人叫回来，恐怕也会落入他的圈套。"

"没错，现在警力部署在江面，一旦把人抽回来，他们很可能就会从水路转移。"牛凯眯着眼睛道，"所以我们现在左右为难，怎么选择都会陷入被动。"

"现在怎么办？"王胜利脸色难看地问。

牛凯还没说话，电话响起，原来是刘大头的消息来了："牛队长，我这里还真有点料，一周前，有个皮包公司在中介市场招聘临时司机，要求会驾驶摩托车。你知道我们公司历来注重口碑，对这种皮包公司从来不感冒……"

"刘总，麻烦直接说重点！"牛凯无奈地道，"等案子破了，我就带着令妹回家见见我父母，怎么样？"

　　"好，你早说嘛！"电话里传来刘大头的哈哈大笑，"我叫人调查了那间皮包公司，发现他们公司的人全是临时雇的，指挥他们的是一个叫刘小毛的人。"

　　"什么？刘小毛？"牛凯和王胜利脸色一变。

　　他们千算万算也没有想到，竟然是刘小毛。

　　刘大头洪亮的声音还在回荡："我还查到，这家伙在江南郊外有一片农场，那些招聘的司机里面有我的人，怎么样，这下你可以改口叫我一声大舅子了吧！"

　　"多谢了！"牛凯道了声谢，马上拿起外套朝门口走去。

　　"江南郊外的农场，陈小聪就在那里。"

　　"出发！"王胜利低喝一声，紧跟着牛凯向外走去。

36

金蝉脱壳

江南区，是广府市自然条件最为优越的区域，这里位于北纬23度，是举世公认的最适合人类生活和经济作物生长的地理位置。

此刻，一个警车组成的车队正风驰电掣地向着郊外一座不起眼的农场驶去。这座农场占地不大，但却背靠曲江支流，面朝宽阔的省道，地理位置十分优越。

牛凯坐在车上，看着窗外飞速闪过的田野还有远方天际一抹殷红的晚霞，不知在想什么。

"老朱，你说我们这次会不会再次扑个空呢？"半晌后，牛凯揉着眉头问。

"怎么这样说？"坐在一旁的老朱想了想，"你是觉得陈小聪连我们现在的行动都算到了？"

牛凯点头道："他用公交车绑架冯乐，还故意在苍阳山上的小路留下血迹，这么明显的线索一定会被警方发觉。这和他杀害小飞的作案手法风格完全不同。"

老朱赞同道："是啊，小飞到底怎么被害我们现在还没有完全搞清楚。他为了一个学徒，都可以策划得天衣无缝，那么在他最关心的事情上怎么可能留下明显线索？"

"所以，他为什么会让刘小毛出面招聘？"牛凯觉得自己竟然没有一点即将破案的喜悦，"经过了这么多轮，我觉得现在还是没有十足的把握啊。"

老朱感慨不已："这家伙简直是个怪胎，怎么会有这么多心眼，实在太可怕了。"

"所以，我们现在也是被他牵着鼻子走。"王胜利说，"想要抓他，就必须跳出这个局。"

"说的容易，我们到现在处处被动，人困马乏的，还能怎么办？"老朱郁闷道，"这么多年，我还是头一次遇见这么难缠的对手。"

"不，陈小聪肯定逃不掉，他的身份和底牌已经全部暴露，抓住他是迟早的事。而且他自己也明白这一点，我们现在的被动只是因为以前他隐藏得太好了。"牛凯沉声道，"他就是利用了这一点，打了我们一个措手不及，所以我们一定不能着急。"

"不着急不行啊，这家伙这么聪明，肯定是打算干完这一票就远走高飞，搞不好准备跑路到国外也说不定。"老朱道，"那样的话，再想抓他可就难比登天了。"

"跑到国外？"牛凯自言自语道，猛地抬头看向老朱，"我知道了，咱们一直都忽略了一个人！"

"谁？"

"刘天德！"

广府市古都国际机场。

一辆七座商务车停在出发大厅前，电动车门缓缓拉开，一个年轻小伙从车上跳下来，正是刘小毛。

刘小毛下了车，脸色复杂地向身后看了看，感慨道："终于，还是要走了啊！"

一个相貌普通、年龄大概三十岁的男子从后排钻了出来。

如果牛凯在这里一定可以确定，眼前这个男人就是张聪，也就是陈小聪。

不过，此刻陈小聪特意做了个发型，让他从外表上看竟和刘小毛有些相似，再加上两人都是三十岁左右，不熟悉的人猛地一看也分不清谁是谁。

"你先去办登机手续，到安检前会合。"陈小聪快速叮嘱道。

刘小毛却很是不安，小声道："警察那么聪明，会不会已经发现了？"

陈小聪冷哼一声："你别忘了你爷爷是怎么安排的。配合我过海关，否则，我就把你爷爷的事告诉警察。杀人可是重罪，到时候国际刑警一旦通缉你爷爷，你们家在海外的生意就彻底完蛋了。"

"好好，我答应你还不行吗？"刘小毛被唬住，只能把手里的护照交给陈小聪。

后者看了看刘小毛手里的护照，嘴角微微上翘，去柜台办理值机手续，竟然十分顺利。

刘小毛恋恋不舍地看着陈小聪拿着自己的护照和机票走向安检口，犹豫道："你为什么非要用我的身份出国？"

"我这样做是为了保护你爷爷。警察很快就会锁定我的身份，到时候我成了通缉犯，如果有出国境的记录，岂不是立刻怀疑到你爷爷头上？"陈小聪耐心解释，"如果我用你的护照就不一样了，我的身份仍然留在国内，这样警方永远都不会怀疑到我已经去了国外。懂了吗？"

"还有，等我进去以后，你就到出发大厅门口守着，只要看见警车过来你就拼命往马路上跑，把警察引开。"陈小聪叮嘱道，"记住，你如果被抓到就说自己是在运动，警察不会拿你怎么样的。"

"可我害怕啊，警察要是开枪的话，我不就死定了吗？"刘小毛脸色刷白地道。

"不会，机场人流很多，警察不敢开枪。你只要大胆地跑就肯定万无一失。明白吗？"

"明白了。"

刘小毛点点头，心里吐槽：把我留在国内还让我引开警察，警察能放过我才怪？可他又不敢反抗爷爷的决定，只能捏着鼻子认了。

陈小聪拿着刘小毛的护照和登机牌来到安检处，办理安检的工作人员检查了他的护照，并按程序照相识别后，仔细看了看陈小聪和护照上的照片，最后还是挥手放行。

人群缓缓向前，陈小聪面无表情地接过护照，随着人流向前移动。

"先生，等一下！"

突然，柜台里负责办事的女工作人员站起来，冲陈小聪喊道，"请留步。"

陈小聪身体微微一颤，停在原地，一颗心差点跳出嗓子眼，但他还是强装镇定地转过身，平静道："有什么事吗？"

"你的登机牌忘了拿。"工作人员将登机牌递给陈小聪，后者微微一笑，点头道谢，然后继续排队。

很快，队伍逐个通过安检。陈小聪的身影也消失在人流之中。

安检门外的刘小毛看着陈小聪顺利通过安检，心里甭提多不是滋味，接下来自己可就惨了，难道只能按照陈小聪安排的，偷渡出国吗？

刘小毛一想到接下来等待自己的悲惨境遇，就有种欲哭无泪的感觉。

过了安检，就剩下海关这最后一道关口了。陈小聪一手拎着行李，另一只手拿着证件，慢悠悠地选择了最长的队伍末尾，不急不躁地开始排队。

随着人流的缓慢移动，陈小聪渐渐接近海关柜台，只要通过这里，他就天高任鸟飞，再也没有人可以束缚他了。

与此同时，一辆警车风驰电掣地冲到机场出发厅门口，车还没停稳，就见一道身影以百米冲刺的速度朝着马路狂奔而去，正是提前等候在门口的刘小毛。

刘小毛一边跑一边扭头往身后看，发现那辆警车竟然直接加速朝自己开了过来，顿时吓得魂飞魄散。不过他也不傻，知道自己两条腿跑不过四条腿，急忙掉转方向横穿马路到了对向车道。

警车上，牛凯和王胜利见状急忙掉头，可刘小毛此时已经冲进出发大厅对面的停车场。他们两人没办法，只能下车追赶。

"站住！"王胜利一马当先，很快就把牛凯甩在身后，死死咬住刘小毛。

刘小毛一想到自己被警察抓住的后果，吓得连吃奶的劲儿都使出来了，没命地往前狂奔。再加上他年轻力壮，连王胜利都有点追不上。

正不管不顾地往前冲呢，路口突然冲出一辆警车，把路堵死。刘小毛闷头往前猛冲，一时不察，竟直接撞在车头侧面，发出嘭的一声巨响，然后软软地摔在地上。

王胜利很快赶到，看见从驾驶位下来的牛凯，上气不接下气地冲他伸了个大拇指。

两个人七手八脚地把刘小毛拽起来，后者跑脱了力，再加上撞得不轻，一阵剧烈地呕吐，胆汁都快吐出来了，浑身上下臭烘烘的，甭提多恶心了。

"不是陈小聪！"牛凯皱紧眉头，心里有种不妙的预感。

"怎么是你？陈小聪呢？"王胜利也不嫌脏，用手拍拍刘小毛沾着痰液的脸颊，厉声问道，"快点告诉我，陈小聪人呢？"

刘小毛晕头转向地看了看眼前两个人，他认识那个瘸腿的警察，当初在自己家祖宅，对方还问过自己话，好像是个队长，顿时有些心虚。

牛凯一瞪眼："刘小毛，坦白从宽，你现在交代的话属于自首，否则就要从严惩处了。"

"他，进去了。"刘小毛哆哆嗦嗦地指着出发大厅，"用了我的护照。"

"追！"

王胜利转过身就朝出发大厅跑去，牛凯则掏出手铐把刘小毛铐在门把手上，然后也朝出发大厅赶去。

一进大厅，牛凯心里就凉了半截，国际安检处本来人就很少，每天出发的国际航班只有二十分钟后的一班飞机，哪里还有陈小聪的身影。

这时，王胜利已经和安检人员说明情况，机场公安也赶到现场协助处置。

等牛凯和王胜利按规定接受完安检，进入海关出关区域的时候，已经又过了十几分钟。

两人赶到海关前时，已经是空荡荡的一个旅客都没有了。

"还是晚了啊！"

牛凯和王胜利无比沮丧，人出了海关理论上就算出境了，他们已经没有办法再将人带回来。尤其是刘小毛乘坐的飞机还是外国航空公司的，一旦登机，就更不能抓人了。

就在他们垂头丧气的时候，候机楼外传来一阵震耳欲聋的声响，紧接着，一架飞机冲出跑道直插云霄，正是当天最后一架飞往国外的航班。

37

天网恢恢

广府市公安局刑警支队二大队。

梁文、铁有水等人看着眼前人头攒动的办公室，既兴奋又无奈，表情很是纠结。

王胜利、老朱两人从堆积如山的资料里抬起头，朝二人招招手："快点过来帮忙，这些东西都是从陈小聪的农场里缴获回来的发货单据，近几年他们走私的底单都在这里。"

"这么多账本，他这生意做得可真够大的啊。"铁有水看着同事们忙碌的样子，不由感慨，"可惜啊，最后还是让他跑了。"

"凯哥呢？"梁文问道。

老朱冲办公室天花板努努嘴："楼顶抽闷烟呢。"

"一起上去瞧瞧吧。"铁有水叹了口气。

楼顶天台边，北风带着哨音一遍遍席卷而过，刮得人脸蛋子生疼。

牛凯嘴里叼着烟，手里不停地揉捏着磨牙棒，神情有些落寞地望向远方。

"干了这么多年，头一次碰见这种事。"

见大家都来到天台，牛凯也不矫情，收回目光，紧了紧衣服领子，从口袋里掏出烟盒丢给梁文。

"今天下午的战果很突出，接下来一段时间市场上都不会出现走私冻肉了。"铁有水笑道，"你可是立了大功。"

"屁，人都没抓着，算立哪门子功？"牛凯撇撇嘴，"就差一点，再早十分钟，这家伙就跑不掉了。"

"都是我的失误，忽略了刘小毛这家伙，没想到他竟然是陈小聪一伙的。"梁文惭愧地低下头，"自从知道他爷爷参与了抢劫张全志的案子后，我们就应该第一时间把刘小毛控制住的。"

"这不怪你，因为没有证据指向刘小毛也参与作案。"王胜利摇摇头，"他的作用是在陈小聪逃跑时出力协助，此前的所有事情都和他没有关系，这也是陈小聪精明的地方。"

"我想不明白，陈小聪是怎么拿到刘小毛的身份的？他们明明不是一个人啊。"老朱奇怪道，"机场安检难道连这个也区分不出来吗？"

"他用的是自己的身份。"牛凯叹息道，"好一个狡兔三窟。"

老朱惊讶不已："这怎么可能？"

牛凯说："我们也是审讯刘小毛才明白的。"

三年前，陈小聪主动联系刘小毛的爷爷刘天德，告诉他张全志还活着的消息。

……

"什么？你说你是谁？"刘小毛位于东南亚某国的家族庄园里，刘天德握着电话听筒的手死死攥紧，"你想怎么样？"

一个年轻的声音带着阴恻恻的意味从遥远的大洋彼岸传了过来："我需要你物色一个和我年纪相仿的人，以我的照片办理一本护照，然后让他入境带给我，将来我需要用到它。这对于你来说，并不困难是吗？"

"你想让我帮你跑路？"刘天德的声音听不出喜怒，沉吟良久道，"我能得到什么？"

"在我使用这本护照前，我会让张全志永远消失。"那个声音透出的寒意让即使见惯风浪的刘天德都忍不住打了个寒战。

"好。此事一了，我们再无瓜葛。"刘天德深吸一口气道。

老朱弹了弹烟灰："你是说，刘小毛的护照是用陈小聪的照片办理的，所以他入境以后，理论上这本护照就可以给陈小聪使用了，对吗？"

"没错，刘家现在的小国家三天两头搞政变，护照的签发极其混乱，再加上刘小毛和陈小聪两人都是二十多岁，共用一张照片其实并不容易分辨。"牛凯点点头，"因为是外国护照，在刘小毛入境时，海关人员也没办法分辨到底是不是同一个人，只能人工核对照片和本人的相似度，就给了他钻空子的机会。"

"所以，陈小聪拿着这本护照出国的时候反而不会有风险，因为护照上的照片本来就是他自己。"铁有水恍然大悟，"真是……聪明啊！"

大家明白了这一点，彻底陷入沉默。

丁零零……

电话铃声将牛凯从沉默中拉回现实。

"喂，我是牛凯。你是……"牛凯的表情从凝固逐渐变得激动，"你说什么？是真的吗？飞机返航了？"

"什么？飞机返航了？"所有人都露出不可思议的表情，比买彩票中五百万还要让人难以置信。

"怎么回事？凯哥！"梁文激动地凑上来，恨不得把脑袋塞进手机听个真切。

牛凯放下电话，脸上因为激动都有些扭曲："刚刚机场公安局通报，陈小聪乘坐的飞机在空中出现险情，机长决定返航。"

"哦耶！"众人爆发出欢呼，"赶紧去机场，这次说什么也得把这小子拦下来！"

"走，出发！"牛凯大喝一声，把烟头砸在地上，脸上露出前所未有的兴奋。

一个小时前。

"先生，请问您需要喝点什么？"一个身材高挑的女空乘推着小车停在一个戴着鸭舌帽的年轻人身边，温柔地问。

"有香槟吗？"年轻人抬起头，露出一张脱离了青涩但却仍然很年轻的脸庞，上面还挂着淡淡的微笑。

"不好意思，我们只有红酒和啤酒。"女空乘能感受到年轻人的心情很好，于是也微笑地道。

"那就来杯牛奶吧。"

"你很幽默。"女空乘笑得更热烈了，动作娴熟地为年轻人倒好牛奶，"我们的航班将飞行五小时，有什么需求可以随时叫我。"

"谢谢！"年轻人接过牛奶，轻啜一口，脸上露出抑制不住的笑意。

随着飞机进入平流层，客舱内的气氛渐渐变得轻松起来，许多人开始走动，还有人领着孩子在通道散步。一切都看起来很是和谐。

"啊！"

突然，一声尖叫打破了这种和谐。

"服务员，快点，我老婆要生了。"一个惊慌失措的男人大喊起来。

机舱里顿时炸开了锅，人们纷纷看向尖叫传来的方向。

空乘们立刻赶了过去，关切地询问情况。

"我老婆明明是下个月预产期，不知道怎么回事，刚才觉得肚子有些不舒服，现在竟然流血了，好像羊水也破了。"男人焦急地喊道，"求求你们，快点救救她吧。"

"哪位乘客是医生，快点帮忙想想办法啊。"隔壁座位的大妈使劲儿喊道，"救人一命胜造七级浮屠，阿弥陀佛！"

这……

陈小聪本来准备喝杯牛奶好好睡一觉的，谁知道自己眼罩都准备好了，却碰见这么一出。脸色不由得阴沉下来。

机舱里的乘客相互询问，可偏偏没有医生。

"这可怎么办？再不处理，大人小孩都危险了。"那个大妈紧张得叫道，"乘务员，你们快点跟机长说，掉头飞回去吧。"

乘务长是个年近五十岁、经验丰富的老空乘，她接受过急救训练，在对孕妇进行初步检查后，脸色也变得十分难看："请问，你太太在上飞机前吃过什么不干净的食物吗？"

"没有啊，我们来机场前就在市区餐厅吃过一份牛腩煲，当时我们还觉得味道很不错呢。"男人已经吓得六神无主了，结结巴巴道，"难道是那份牛腩不干净吗？天啊，这怎么可能！"

"很有可能是吃了不洁食物。"乘务长表情严肃地看着男人，"你太太平时身体怎么样？有没有基础病？"

男人慌忙道："她有哮喘，还对坚果和牛奶过敏。"

乘务长脸色更难看了："你先照看好你太太，我马上向机长报告，看是否需要紧急返航。"

说完，乘务长急匆匆地向驾驶舱走去，却被一只手拦了下来。

"先生，对不起，我有紧急事情要向机长汇报。请您让一下。"乘务长强压下脸上的怒意，尽量保持礼貌。

"你好，我搭乘这趟航班也是要去救人，请务必不要返航。"陈小聪看着乘务长的眼睛一字一句道，"希望你把这个情况一起告诉机长。"

"好，好的。"乘务长没想到拦路的年轻人也声称要去救人，但时间紧急，她没有考虑太多就向驾驶舱走去。

过了几分钟，乘务长匆匆返回，来到陈小聪身旁问："请问先生，您说的去救人具体情况能告诉我吗？"

陈小聪沉声道："具体事情我不能说，但保证是人命关天的大事。"

"这……"乘务长犹豫了，"先生，如果您不如实告知的话，我们很难准确评估现在的情况。所以，您看……"

"这个孕妇的情况虽然紧急但却并不致命，即便羊水破了也可以坚持到飞机落地后再去医院，或者在飞机上生产也可以。"陈小聪表情冰冷地看向乘务长，"但如果你们坚持返航的话，就会影响其他生命的安危了。"

"好，我明白了。"乘务长不再啰唆，直接朝驾驶舱走去。

就在这时，孕妇的丈夫大叫起来："亲爱的，你怎么了？快救人啊！"

原来，那个孕妇突然捂着肚子露出痛苦的表情，看样子已经坚持不了多久了。

驾驶舱内，大胡子机长正在和空管紧张沟通，他已经决定先找最近的机场紧急降落，幸亏他们起飞时间较短，还没有飞离大陆，如果飞到大洋上空的话再想返航至少也要两三个小时。

"机长先生，后面的男客人要求不要返航，但他拒绝告诉我们原因，只说关系到其他生命的安全。"乘务长再次汇报。

"我的天，这位乘客是疯了吗？难道他没有看到一位孕妇已经危在旦夕了？"机长气得吼道，"告诉他，我决定立即返航，救人要紧。至于他说的那些鬼话，等他下飞机以后去和警察解释吧！"

一旁的副机长提醒道："要注意别刺激到他，我们先返航，但不要告诉他这个决定，防止他做出极端行为。"

"你说得对，请通知机上的安全员，拿上武器，给我盯死这个家伙。"机长点头道。

乘务长匆忙走回客舱，但让她意外的是，陈小聪的座位上已经没有人了。

"刚才那位先生去哪儿了？"乘务长意识到不妙，赶紧问旁边乘客，但旁边的人也不知道。另一个乘务员朝机舱后部洗手间指了指，示意乘务长。

这时，机舱里响起广播，机长先用英文随后用中文通知大家，请所有人回到座位系好安全带。机组人员正在和指挥中心沟通，会尽快确定救援方案，请所有人耐心等候。

所有乘客按要求坐好，乘务员则一起将病人抬到飞机后部空闲的座位，尽力安抚情绪。

机舱里除了孕妇偶尔发出的叫声，其他人都只是小声交谈，气氛紧张而又压抑。

忙完孕妇的事，乘务长走向飞机后部的洗手间，用力敲了敲门："先生，请您回到座位。"

连敲了四五分钟，就在乘务长耗尽耐心准备强行破门的时候，洗手间的门猛地从里面拉开，陈小聪脸色铁青地走了出来，一句话都没有说，回到座位坐下。

乘务长疑惑地看了陈小聪一眼，然后仔细检查了一下卫生间，一切正常。

难道这家伙真的只是去卫生间？

乘务长又检查了一遍，还是没发现问题，只能返回去照顾病人。

飞机平稳地飞行了二十多分钟，乘客们透过舷窗已经可以看到地面上星星点点的灯光，看样子飞机已经到达了某座城市的上空。

"这是哪里？我们要降落了吗？"乘客们议论纷纷，却没有答案。

陈小聪靠在座椅上，闭着眼睛似乎是睡着了，自从洗手间出来后，他就再也没有提出过任何要求。这也让乘务长暗自松了口气。

"麻烦，给我一条毛巾。"照顾孕妇的乘务员叫道，"她出了太多汗，还有些呼吸困难。"

后面的乘务员见状马上取了一条毛巾递过去，很快前面的人又将毛巾送回让她给毛巾沾一些水。

后者拿着毛巾匆匆走进洗手间，在水龙头里接了一些水沾湿毛巾，送给照顾孕妇的同事。

乘务员用湿毛巾仔细地给孕妇擦了擦脸，还小心翼翼地帮她垫在脖子下面，协助散热。

然而，当她刚做完这些，原本情况稳定的孕妇突然张大嘴巴剧烈地喘息，很快脸色变得青紫，如同一条被捕捞上岸的鱼，嘴巴拼命地开合但却仍旧无法呼吸。

"天啊！老婆，你要坚持住！"丈夫吓得不停呼唤，但孕妇根本控制不住地四肢抽搐，嘴里涌出白沫，似乎遇到了生死危机。

乘务长见状马上冲上来，对孕妇进行急救，但努力了半天，孕妇的气息还是无法避免地渐渐衰弱，直至彻底没了呼吸。

"怎么会这样？"乘务长目光呆滞地看着躺在座椅上的孕妇，她不敢相信，刚才还活生生的大活人，转眼之间已是命悬一线。

机舱里的乘客们也顾不得机长的命令，纷纷解开安全带上前查看情况，所有人都无奈地摇头叹息，而那个丈夫已经彻底傻了，他根本不相信刚才还好端端的妻子如今竟然没了呼吸。

"老婆？你醒醒啊！"丈夫仍旧抓着尚有余温的妻子的手，一遍遍地呼唤，"咱们马上就到医院了，你醒醒啊！"

嘭！

就在所有人不知所措的时候，飞机终于降落了！

38

困兽犹斗

牛凯和机场公安局的同事们守在停机坪旁，身边的救护车闪烁着蓝白相间的灯光，在夜色中显得格外刺眼。

每个人的心情都很沉重，没想到航班返航竟是因为机上一名孕妇突发疾病，而且现在已经没有了呼吸。

"搞不好会一尸两命啊！"老朱不断地摇头，"怎么会这么邪门儿呢？"

"会不会是陈小聪搞的鬼？"铁有水小声道，"有他的地方总是不太平。"

牛凯咬着磨牙棒，轻声说道："等会儿机舱门一开，我们立刻协助医院救人，然后盯紧机上每一个人，绝不能让陈小聪跑了。"

随着飞机的落地，大量救援车辆赶到客机周围，舷梯车也开到飞机身侧。

牛凯等人第一时间冲上舷梯，守在舱门两侧。

吱……

机舱门传来扭动开关的声响，舱门即将打开。

然而，过了十几秒钟，舱门仍然纹丝不动，并且再次被锁死。

"怎么回事？"

"为什么不开门，出什么事情了？"

机舱外的人们不知道发生了什么，机场地勤则赶紧通过对讲系统联系机组，牛凯他们则缓缓掏出手枪，做好强突准备。

很快，地勤传来消息，机组人员收到信息，孕妇发病是因为有人携带传染病毒进入机舱，为了稳妥起见，飞机暂时不得开启舱门。

怎么会这样？

牛凯等人心急如焚，他几乎可以肯定这是陈小聪搞的鬼，但现在却毫无办法。

按照相关规定，一旦飞机上出现高致病性传染病毒，整架飞机都要做特殊处理后才能开启。而且进入机舱的人也必须是卫生防疫部门的专业人员。

这样一来，陈小聪自然有了浑水摸鱼的机会。

啪！

牛凯一拳狠狠地砸在栏杆上。

"凯哥，我们得撤了。"梁文凑上来道，"防疫部门有规定，飞机只能先隔离消杀。"

牛凯虽然万般不愿，也只能和大家一起下了舷梯。

他们站在远离飞机的位置，看着飞机被缓缓拖走，心里甭提多沮丧了。

"不行，我们必须第一时间登机。"牛凯咬牙切齿道，"我敢肯定，陈小聪一定会想办法逃跑，而且时间拖得越久，我们抓到他的机会越低。"

"阿梁，去联系疾控部门，我们要派人第一时可进入机舱。"牛凯斩钉截铁道，"绝不能让陈小聪跑了。"

"是！"梁文立刻前去联系。

机舱内，原本安静的人群此时已经闹成了一锅粥。

"放我们出去！"

"你们凭什么把我关在飞机上，我不想死！"

"那个孕妇是感染了传染病，先把她运走！"

乘客们已经丧失理智，拼命挤到客机前面，尽量离那个生病的孕妇远一点。

就连孕妇的丈夫此刻都起身站到走廊上，既想看着妻子但又害怕被看不见的病毒感染。

乘务长和几个空乘努力劝说乘客们回到座位，听从指挥，但她们的话已经没人听了。

"怎么会这样？"乘务长在刚才人群拥挤的时候被人推倒在地，脸上和胳膊上都受了伤，看起来十分狼狈，"是谁说有病毒的？"

一个空乘心有余悸地看着暴怒的人群，小声道："我们刚才正在照看病人，可乘客中突然有人叫了起来，说看见有人传纸条过来，提醒她远离病人，可能会感染致命病毒。"

"然后，乘客们就开始躁动，谣言也越传越离谱。"另一个空乘急得哭起来，"我也不知道怎么会这样！"

于是，机舱里形成了诡异的一幕，乘务员和病人守在飞机后部，乘客们则挤在机舱前半部分，好像泾渭分明的两个阵营。

"快看，他们在给飞机喷消毒剂！"有眼尖的乘客发现地勤人员开始向飞机机身喷洒消毒剂。

"不行，我不想死，我要下飞机！"许多原本半信半疑的乘客看见这一幕彻底失控，人们争先恐后地涌向机舱门，而空乘们想要阻止也根本不可能了。

有乘客直接打开紧急逃生门，然后充气滑梯瞬间打开，人们争先恐后地跳下飞机，四散奔逃。

这一切都发生在不到一分钟的时间里，不仅飞机机组人员没有预料到，连地面的工作人员也没想到。等大家反应过来发生了什么事情，上百人已经陆续逃离飞机。

牛凯和同事们正坐在警车上准备返回航站楼，突然梁文用手指着窗外叫道："坏了，怎么那么多人跑出来了？"

大家连忙看向飞机，只见已经半截身子拉进机库的飞机竟然停在原地，而无数乘客正发疯似的四散奔逃。

"快，请求支援，把人拦住！"牛凯大喝一声，表情难看到了极点。

机场方面也第一时间采取措施，关闭所有通向外界的通道，然后组织力量寻找乘客。

一时间，整个国际到达区都陷入混乱，幸好广城机场的国际航班很少，当天已经没有新的航班起降，否则还不定会发生什么。

即便如此，工作人员还是费了九牛二虎之力才把四处逃窜的乘客找回来，并用大巴拉到候机楼暂时休息。

机场公安局的民警则逐个核对乘客们的身份和证件，确保没有任何疏漏。

忙完这一切，时间已经过了一个多小时。

牛凯他们焦急地在人群中寻找了好几圈，果然连陈小聪的影子都没见着。

"人丢了！"梁文气恼地跺脚道，"陈小聪，老子一定不会放过你！"

"他一定还藏在机场里面。"铁有水道，"要么没有下飞机，要么躲在什么地方了。"

"找，挖地三尺也要把他揪出来！"牛凯说，"通知机场，每一个角落都不能放过，一定不能让他跑掉！"

就在这时，一辆救护车从候机楼外驶过，看样子应该是要离开机场。

"这辆车！"牛凯指着救护车道，"拦住它。"

"这是抢救病人的救护车，车上只有病人和她丈夫。"梁文解释道，"刚才我们已经检查过了。"

"不对！"牛凯大声道，"陈小聪一定不会放过这个机会，他肯定藏在车上。"

"怎么可能？"梁文大惊失色，拔腿就朝楼下冲去。

"牛队，你怎么这么肯定？"铁有水奇怪地看着牛凯，有些不解，"我们刚才检查过好几遍了。"

"我相信我的直觉，你们带上人，开警车追上去，务必要把救护车拦下来。"牛凯怒吼道，声音把周围乘客都吓了一跳。

铁有水皱皱眉，他从来没见过牛凯这么蛮不讲理的样子，深深地看了牛凯一眼，还是答应一声匆匆下楼。

牛凯见同事们被自己支开，表情严肃地环顾了一圈候机厅的乘客，这才找到机场负责人小声道："飞机上有一名极度危险的犯罪嫌疑人，我怀疑他就藏在这附近，麻烦你一定要把这些旅客控制住，没有得到警方通知前，任何人不得离开。"

负责人点头，但他为难道："短时间没问题，但很多旅客都是境外人士，我们没办法阻拦太久，希望你们尽快找到罪犯。"

牛凯点点头说："麻烦，现在带我去飞机那里，我要上机检查。"

"好。"负责人安排同事带牛凯去飞机停靠的机库，叮嘱道，"按照规定，如果防疫部门确定飞机安全，我们就只能放行，时间有限，请尽快。"

很快，牛凯来到飞机下面，看见许多后勤人员正在忙碌，有的在给飞机消毒，有的在重新安装逃生门。

进入机舱后，牛凯看到机组人员还留在里面。除了两名飞行员外，只有五名女空乘。

"请问谁是乘务长，麻烦介绍一下机舱里的情况，任何一个细节都不要放过，好吗？"牛凯直接问道。

"好。"乘务长将航班上发生的事情完整讲述了一遍，其中陈小聪的怪异表现也没有丝毫遗漏。

牛凯听完来到机舱后部的洗手间，用手在水龙头上摸了一下，然后放在鼻子下面闻了闻道："是牛奶！"

"牛奶？"乘务长和几个女乘务员惊呼起来，"那个孕妇对牛奶过敏，我的天，原来他把牛奶藏在水里。"

"对了，在孕妇发病前我正好送了一杯牛奶给那个人。"乘务员不可置信道，"他一定是听到孕妇的丈夫告诉我他的妻子对牛奶过敏，所以才躲进洗手间把喝下去的牛奶吐出来，然后污染了飞机上的供水系统。他究竟是怎么做到的？简直就是魔鬼。"

"现在说这些也没有用了。"牛凯叹了口气，心里也不得不佩服陈小聪的智商，竟然在这么短的时间里想出这样的点子，并且造成这么大的混乱。

牛凯强迫自己冷静下来，眯起眼睛缓缓扫视整个机舱，脑海里想象着逃生门打开后，乘客争先恐后跳下飞机的场景。

陈小聪，你会怎么做呢？

牛凯在陈小聪的座位上坐下，陷入沉思。

良久之后，牛凯抬起头问："请问，机舱是否有通道连接飞机的其他部位？比如行李舱之类的。"

　　"放心，没有机长允许，没有任何人可以下到行李舱去。"乘务长摇头道，"而且当时人员拥挤，他根本不可能打开通道的增压密封口。"

　　"那就好。"牛凯点点头，脸上露出失望的表情。

　　半小时后，牛凯再三确认飞机上没有陈小聪的踪迹，只能失望地返回候机楼。

　　而梁文他们也早已垂头丧气地等候在这里，不用想，救护车上确实没有可疑人员。

　　大家掩饰不住地失望，谁都不想说话。

　　"他应该已经跑了。"老朱站起身，眼睛望着窗外黑乎乎的天空，叹息道，"按规定，飞机很快就会检查完毕，到时就得起飞了。"

　　"不行！"牛凯斩钉截铁道，"不抓到陈小聪，谁也不能离开。"

　　"可是国家有明文规定，我们想拦也拦不住啊！"梁文气愤不已地看着牛凯，"凯哥，我们已经尽力了。"

　　"可他是杀人犯！他的手上有好几条人命啊！"牛凯突然大吼起来，压抑多时的情绪终于忍不住爆发了，"还有我们这些受伤的人，老钟的脊柱、小刀的胸腔、我的右腿，这些难道都算了吗？"

　　"我们也不想的，但确实没有办法啊！"铁有水也梗着脖子吼道，"你说的我们都知道，为了这些，我们已经没日没夜地在办公室熬了几个月，谁也没有抱怨。但不能因为这样，就完全不顾我们的感受，我们也是人，也有父母爱人子女，也他妈的想当几天正常人！"

"你想过正常日子，别人就不想吗？"牛凯彻底暴怒，红着眼吼道，"可那些死去的人呢？我呢？你既然穿上这身衣服，就注定了再也不是普通人！"

"那又怎么样？我就是受够了这种日子，我他妈的也是人！"铁有水声嘶力竭地大吼，把旁边候机的乘客吓得噤若寒蝉。还有好事的乘客拿出手机悄悄拍摄起来。

牛凯却毫不示弱，和铁有水越吵越大声，梁文、老朱和王胜利则在旁边苦苦相劝，场面一度十分混乱。机场的工作人员看着这个场面，谁都不知道该怎么办了，只能悄悄去旁边向上级汇报。

与此同时，一个身穿防护服的防疫人员，趁着众人不备悄悄退出候机大厅，快步来到停机坪的角落，隐入黑暗。

几分钟后，一个人影从夜色中快步走出，这次他换上一套机场地勤的服装，戴着鸭舌帽和口罩，手里提着一个黑色工具箱，急匆匆地向飞机走去。

候机楼里，二大队的人还在争吵。这时候，梁文突然大叫一声："都别吵了，飞机要走了！"

这下，所有人安静下来，看向窗外。

不知什么时候，候机楼的乘客们已经再次登上飞机。在机场地勤的指挥下，飞机正缓缓向跑道驶去。

大家不再说话，不约而同地聚集在巨大的落地窗前。只见飞机上闪烁着红蓝相间的指示灯，渐渐加速，巨大的轰鸣声灌入所有人的耳朵，然后飞机以一个优美的姿势飞向夜空。

牛凯看着逐渐消失在视野里的飞机，深吸一口气缓缓吐出几个字来："陈小聪。"

39

插翅难飞

飞机很快进入预定高度，许多乘客经过一夜折腾早已疲惫不堪，登机后便进入梦乡，昏暗的机舱内只有发动机嗡嗡的响声四处回荡。

乘务员们也按照机长要求不再配送食物，只匆匆巡视一圈后便回到座位，安静地等待飞机降落。

不知过了多久，飞机开始缓缓下降，机舱的灯光逐渐明亮，机长的声音在喇叭中响起："尊敬的各位旅客，我们很快就要到达目的地了，应地面防疫部门要求，本次航班将在备用机场降落，并进行入境消毒，待检疫工作完成后方可下机。机场已安排大巴，护送各位旅客回到市区，感谢您的配合！"

乘客们小声抱怨了几句，但也没有太多意见，不管怎么说，总算到达目的地了。

"奇怪，这次怎么只飞了三个多小时就到了？以前不都是五个小时吗？"有乘客奇怪道。

"尊敬的乘客，本次航班因为航线调整原因，飞行时速比原航程时速提高，因此提前1个小时抵达。"机舱里再次响起机长的声音。

大家这才明白，敢情飞机还能提速啊。

现在是凌晨四点多钟，因为降落在备用机场，周围黑黢黢的什么灯光都没有，一看就是在野外。

大家心里虽然不愿意，但也没有办法。

随着飞机逐渐停稳，一群身穿白色防护服的工作人员推着一个破破烂烂的舷梯靠在飞机旁边，这个舷梯不知道多少年没有用过，四个柱子锈迹斑斑不说，人一踩上去还摇摇晃晃的，感觉随时都会散架。

"唉，每次回来都这样！"乘客们不仅没有生气反而不约而同地露出了果然如此的表情。

不少人一边骂骂咧咧，一边起身拿着行李准备下飞机。

而陈小聪故意压了压帽檐，身体往座位下面缩了缩，似乎在观察其他人的反应。

咯吱……

机舱门打开，外面传来一句口音奇怪的英语，大意是让所有人排好队，一个一个下飞机。

人群对此见怪不怪，大多嘀咕几句便按照顺序向外走去。

陈小聪仔细观察了很久，见人群缓缓移动到自己所在的位置，他也起身跟上队伍。

出了机舱，外面吹来一阵凉意，空气里也带着些许自由的气息。

陈小聪有种想要大喊一声的冲动，但他还是忍住了，跟着人群慢慢走下飞机。

这个机场似乎不大，远处的候机楼连灯光都不是很明亮。乘客们下了飞机只能拖着行李步行前往到达大厅，大家又是一通抱怨，可身旁的防护服们根本没有搭理的意思，一副爱走不走的模样。

陈小聪摇摇头，心里的激动也稍微淡了几分。

很快，所有人走进到达大厅，这里需要入关检查。

"这里怎么这么破啊？"

"是啊，还不如我老家县城的汽车站呢。"

人们一进来就被破旧的设施惊呆了，大家好歹也是经常出国的人士，世界上大大小小的机场都见过，但是谁也没碰见这么破旧的机场。

大厅并不算大，但里面空荡荡的，只有一排排拉好的警戒带，和一排铝制办公台，看起来像是二十世纪八十年代的建筑风格。

几个身穿防护服的人坐在高高的办公台后面，逐个检查乘客的护照，对本国居民则很快放行，对国外来的则装模作样地检查一番。

陈小聪亲眼看见有乘客偷偷将一百元钱夹在护照里递上去，很快就被允许通关。

这……

排在后面的众人发出鄙夷的声音，但大部分还是乖乖地掏钱。

队伍缓缓前进，轮到陈小聪的时候，他也将夹着钞票的护照递了上去，原本以为很快就能通过，可等了半天也没听见对方的声音。

嗯？

陈小聪抬头看了看，只见坐在高台后的那家伙正在反复打量护照和自己的脸，同时用蹩脚的英语道："摘下帽子、口罩，让我看到你的脸。"

原来是自己忘了摘口罩。

陈小聪松了口气，把帽子和口罩都摘了下来，露出自己那张平平无奇的脸。

对这一关他丝毫没有担心，因为护照上的照片本来就是他自己的，所以当身后突然走来两个身穿防护服的人一左一右地将自己夹在中间时，他甚至都没反应过来发生了什么。

"刘小毛！"原本坐在高台后的官员用中文缓缓念着护照上的名字。

"我是该叫你刘小毛呢，还是陈小聪呢？"

只见那个官员慢慢揭开防护服的头罩，露出一张中国人的面孔，正是牛凯。

"怎么回事？你怎么会在这里？"陈小聪哪里还不知道自己中计，可他无论如何也想不明白，为什么自己刚下飞机，中国警察竟然已经在这里等着了。

难道，这里根本就不是国外？

"牛凯，你骗我！"

"没错，这里是广府市已经废弃了十几年的旧机场。"牛凯说，"我们是警察，现在有一宗刑事案件需要你协助调查，请跟我们走一趟吧。"

陈小聪短暂的惊讶过后，长长地吸了一口气："原来在候机楼的时候，你们吵架也是演戏。我服了，心服口服！"

"少废话，论演技我们拍马也赶不上你。"押着陈小聪的铁有水嘿嘿一笑，"不过，论抓犯罪分子，可就没人能比得过我们了！"

整个候机楼瞬间灯光大亮，外面无数警察早已准备就绪，陈小聪看看周围密不透风的人墙，终于崩溃，整个人无力地瘫软下去。

三个月后。

天堂烧烤店。

二大队的所有人再次聚在一起，刘歆和若冰也坐在其中，大家兴高采烈地聊着什么。

牛凯坐在刘歆旁边，笑道："案子已经查清，今天正式移交检察院起诉，那些被害的人终于可以瞑目了。"

"没想到，我快退休前竟然还能遇见这么离奇复杂的案子。"老朱抿了一口小酒，感叹道，"张全志本来是受害者，但是反杀了刘灿，然后逃亡躲藏几十年，中间还杀了陈有德，却又收养了陈有德的侄子当成亲生的儿子养大。哪里知道自己养大的却是一头白眼狼，他要是泉下有知的话不知道会不会气得跳起来。"

"是啊，张全志一直以为他是在牺牲自己为陈小聪铺路，却不知道陈小聪早就连他一起算计了。"铁有水点点头，"这个陈小聪是我见过的最聪明的罪犯，没有之一。"

"而且心狠手辣。"梁文说，"几年前就开始准备，先是对自己的亲生父亲下手，然后借张全志的案子要挟刘天德，为自己最终逃亡海外做准备。而且为了把警方的视线引向张全志，故意安排刘小毛挖出尸体，并连续杀害相关的郝老三、小飞等人，实在是一个恶魔。"

"可惜，刘天德还在海外。"王胜利感慨一声，"想把他引渡回来，不知道要等多少年。"

"我相信，天网恢恢，疏而不漏。"牛凯举起酒杯道，"大家别忘了，陈小聪之所以会落网，最关键的是那个孕妇在飞机上突发疾病。而她之所以会发病，正是因为起飞前吃了陈小聪团伙走私的冷冻牛肉，这些是巧合吗？我觉得既是巧合，也不是巧合。"

"凯哥，你说话能不能别这么玄乎啊？"若冰拿着一把肉串，塞得满嘴流油，"我听不懂了。"

"哈哈，简单说，就是冥冥之中老天爷都会惩罚陈小聪这个恶人啊！"牛凯笑道，"万幸的是，那个孕妇最终还是被抢救回来，否则这个世界上又要多两个冤魂啊！"

"是，今天不说这些不高兴的事情。我们大家一起干杯，庆祝恶魔陈小聪伏法！"铁有水大声道，"另外，还要隆重宣布，牛凯同志有了革命伴侣，哈哈！"

"是吗？谁啊，我怎么不知道。"老朱佯装不知，催促道，"牛凯赶紧给我们介绍一下子。"

牛凯端起酒杯，从座位上站起，和他一起站起的还有身旁的刘歆。

"各位，我现在正式向大家介绍一下，我的女朋友……"牛凯正要说话，口袋里的手机突然响了起来。

与此同时，铁有水、梁文的电话也接连响起，大家对望一眼：又来任务了！

（全文完）